供应链产品质量风险管理策略研究

陈静 魏航 谢磊 | 著

上海遠東出版社

图书在版编目(CIP)数据

供应链产品质量风险管理策略研究/陈静,魏航,谢磊著.
—上海：上海远东出版社,2018.11
ISBN 978-7-5476-1424-2

Ⅰ.①供… Ⅱ.①陈…②魏…③谢… Ⅲ.①产品开发—供应链管理—质量管理—风险管理—研究 Ⅳ.①F273.2

中国版本图书馆CIP数据核字(2018)第241157号

策　　划 曹　建
责任编辑 祁东城
封面设计 李　廉

供应链产品质量风险管理策略研究

陈静　魏航　谢磊　著

出　　版 上海远东出版社
(200235　中国上海市钦州南路81号)
发　　行 上海人民出版社发行中心
印　　刷 昆山亭林印刷有限公司
开　　本 710×1000　1/16
印　　张 11.75
字　　数 204,000
版　　次 2019年1月第1版
印　　次 2019年1月第1次印刷
ISBN 978-7-5476-1424-2/F·635
定　　价 58.00元

前　言

自20世纪90年代以来，供应链管理模式的兴起，极大地促进了制造企业外包战略的实践应用。在新的运营模式下，产品的生产与销售逐渐发展成为原材料供应商、零部件供应商、制造商、物流运输商、分销商、零售商等众多企业的合作过程。研究表明，供应链管理模式对加快企业市场需求响应速度、提升企业核心竞争力、增强生产柔性化、提高成本-效益协同性等方面有着突出的贡献。然而，随着供应链趋于全球化、精益化、敏捷化的发展趋势，供应链多主体、跨地域、多环节的特征越发凸显。在这种趋势下，产品的生产、销售乃至售后服务都将由供应链节点企业共同完成。这种多主体多环节的合作生产过程无疑增加了企业产品质量控制的难度。任何一个主体或环节发生问题都将引发产品质量风险事件，给企业造成巨额经济损失，影响企业的可持续发展。因此，如何降低供应链产品质量风险、缓解因产品质量问题引发的财务危机已成为运营管理领域中极为重要的研究方向之一。

实践中，企业多采用如供应商质量认证、原材料或零部件入厂检测、生产过程监控或产成品质量检验等风险事前防控策略，提高产品的可靠性，降低缺陷产品进入市场的概率。又如，利用含有惩罚机制或质量激励机制的成本分担或质量担保合同，将产品质量风险造成的经济损失转移给供应链上的其他成员，在一定程度上缓解企业的财务危机。然而，随着我国产品质量法律法规制度的进一步完善，消费者维权意识的不断增强，国外产品质量监管的日益严格化，我国企业在今后将承担更大的产品责任。在供应链内进行风险转移的方式已不足以应对因产品质量风险引发的巨额经济损失。因此，寻求新的避险方式已迫在眉睫。

Billington 等(2002)认为通过购买保险或期权、期货、远期等金融衍生工具，企业可从财务角度有效实现风险对冲。事实上，在国内外管理实践中，已有利用商业保险应对产品质量风险的实例。利用这类商业保险，企业可将产品质量问题引发的经济损失部分或全部转移至第三方金融机构。然而，商业保险是以牺牲企业利润为代价实现产品质量风险对冲的。面对高昂的保险购买成本和小概率未来发生的巨额经济损失，企业应如何根据风险与收益的权衡制定最优的商业保险策略规避产品质量风险成为理论及实践界亟待解决的重要问题。此外，与风险事前防控策略，主要通过降低产品缺陷率以达到控制产品质量风险的方式不同，商业保险作为风险事后缓解策略，主要通过弥补产品质量风险事件发生后的经济损失以达到风险规避的目的。在供应链产品质量风险管理中，哪种策略更有效成为企业构建高效产品质量风险管理体系所必须考虑的问题。

在现有运营理论研究中，多数文献研究如何利用风险事前防控策略或成本分担合同管理供应链产品质量风险。如 Reyniers 和 Tapiero(1995a, 1995b), Balachandran 和 Radhakrishnan(2005), Babich 和 Tang(2012), Chen 和 Deng(2013)等。少数文献研究了商业保险在供应链产品质量风险管理中的作用。如 Serpa 和 Krishnan(2015)研究了制造商如何利用商业保险缓解供应链质量改进的“搭便车”问题。在他们的研究中，行为主体为风险中性的。然而，随着供应链及其运作环境复杂性的加剧，成员企业目标冲突、信息不对称、合作中多重边际化等问题的存在，使得企业收益的不确定性进一步凸显。企业目标已不仅仅是风险中性情况下的期望利润最大化或期望成本最小化，而是要求在损失最小化的前提下实现企业的运营目标(Gan 等，2005；Gotoh 和 Takano, 2007)。这时，企业所持有的差异化风险态度(即风险偏好)成为企业决策的重要影响因素。

为此，本书基于风险偏好理论，通过数理模型的构建及优化求解，重点分析风险规避程度如何影响制造商商业保险策略的制定以及供应链产品质量风险管理策略的选择，以期为帮助风险规避制造商确定商业保险的应用边界、构建高效的供应链产品质量风险管理体系提供理论依据及策略建议。

本书按以下逻辑思路和技术路线展开工作：

(1)对产品质量风险管理理论研究现状进行归纳总结。该部分对本书研究所涉及的相关理论知识进行了归纳总结,以期为本书研究的展开提供合理的理论依据及创新视角。(2)对商业保险在产品质量风险管理中的作用进行研究。该部分基于风险与收益的权衡,以CVaR方法测度制造商的风险规避偏好,研究商业保险的购买问题。(3)对商业保险与入厂检测的选择进行研究。该部分以单周期风险规避制造商的生产模型为基础,研究制造商供应链产品质量风险管理策略的选择问题。(4)基于质量激励视角,对商业保险与入厂检测的选择进行研究。该部分以一个风险规避供应商和一个风险中性制造商的两级供应链为研究对象,基于博弈理论,通过构建制造商零部件采购合约的决策模型,比较研究商业保险策略与入厂检测策略对供应商质量激励的作用。

本书主要的研究结论及管理启示有:(1)商业保险可通过一个不变的边际成本来控制质量缺陷造成的经济损失,当企业风险规避程度较高时,商业保险比风险事前防控策略在管理供应链产品质量风险时更具成本优势。当制造商的风险规避程度较高时,商业保险可促使企业转变运营决策,帮助企业进入市场参与交易。当企业的风险规避程度较低时,即使没有商业保险,企业也可从事生产经营活动。但是,当商业保险的购买成本足够低时,利用商业保险降低产品质量风险事件造成的经济损失可帮助企业改善运营绩效。(2)供应商的风险规避程度通过质量成本加成及期望经济损失加成影响采购价格,进而影响制造商的期望利润。当供应商的风险规避程度较低时,风险事前防控策略失效。只有那些能够完全消除产品质量缺陷或供应商赔偿责任的策略,如商业保险策略,才能帮助供应商和制造商达成交易。(3)商业保险与入厂检测在管理供应链产品质量风险时并不总是替代关系,在一定条件下两种策略具有互补性。(4)商业保险与入厂检测的实施不一定造成零部件质量水平的下降。当质量成本和检测成本/保险购买成本非常低时,入厂检测策略/商业保险策略与质量改进之间具有互补效应。只有当供应商的风险规避程度较低且质量成本较高时,更具成本优势的入厂检测策略/商业保险策略才会对质量改进产生替代作用。

目　录

第一章
绪　论

第一节　研究背景

近年来,因供应商质量问题引发的产品召回事件屡见不鲜。Ford 汽车制造商曾指出,公司 76%的产品质量问题源于一级供应商(Sherefkin,2002)。2009 年,因油门踏板存在质量缺陷,汽车制造商丰田在全球召回 400 万辆汽车,召回成本约 30 亿美元。2013 年,因变速器潜在质量缺陷,大众汽车公司及其合资企业不得不从中国召回配有潜在缺陷变速器的汽车,召回总数高达 38.418 1 万辆。据全球咨询企业艾尔西汽车市场咨询公司(LMC Automotive)估计,此举可能造成这家欧洲最大的汽车制造商损失 6 亿美元以上。2015 年,因安全气囊存在质量缺陷,全球汽车制造业经历了有史以来最大规模的产品召回,至少 19 家汽车制造商的约 6 000 万～7 000 万辆汽车受到波及,召回成本高达 250 亿美元。安全气囊的供应商高田公司也因此于 2017 年宣布破产。2016 年,因供应商的电池缺陷,三星电子不得不在全球范围内召回近 250 万部 Galaxy Note 7 手机,同时暂停该旗舰机在 10 个国家和地区的销售。专家估计总召回成本约 50 亿美元。

Balachandran 和 Radhakrishnan(2005)指出,一旦缺陷产品进入市场将产生外部故障成本。外部故障成本包括直接成本(如维修、运输、赔偿等成本)和间接成本(如品牌形象或市场价值的损失)两部分(Baiman 等,2000;Hora 等,2011)。高昂的外部故障成本不仅降低了企业的实际盈利水平,造成企业现金流短缺,问题严重时甚至引发财务危机。2003 年,因点火线圈质量缺陷，大众汽车制造公司不得不在美国召回 50 万部汽车。Automotive News 估计召回总成本高达 8 300 万美元。然而，为大众汽车提供点火线圈的供应商的年收益仅 4 000 万美元。该事件令这家零部件供应商面临破产(Sherefkin 和 Armstrong，2003)，而供应商的破产危机迫使购买企业承担更多的产品责任(Chao 等，2009；Serpa 和 Krishnan，2016)。可见，有效地控制供应商质量、降低供应链产品质量风险造成的经济损失与企业可持续发展息息相关。

实践中，大多数企业利用运营策略应对供应链产品质量风险。根据类型学的定义，这些运营策略又可分为风险事前防控策略和风险事后缓解策略两大类(Bandaly 等，2012)。利用风险事前防控策略，如供应商的质量认证、零部件入厂检测、延期付款、多源采购等策略，企业可降低缺陷产品进入市场的概率，从源头控制产品质量风险事件的发生。另一方面，利用含有惩罚机制或质量激励机制的成本分担/质量担保合同，将产品质量风险事件造成的经济损失转移给供应链上的其他成员，在一定程度上缓解企业的财务困境。然而，需要指出的是，风险事前防控策略是不精确的，它并不能完全消除风险。随着大型跨国公司的崛起、全球供应链的复杂化、监管及惩罚机制的日渐严格、消费者维权意识的提升、研发及生产成本压力的加剧以及社交媒体的介入使产品召回规模及成本不断扩大①。成本分担机制已不足以应对巨额经济赔偿。因此，寻求新的避险方式已迫在眉睫。

一些学者如 Billington 等(2002)和李婕(2008)认为通过购买保险或期权、期货、远期等金融衍生工具，企业可有效缓解财务危机。事实上，在国内外管理实践中已有利用商业保险应对产品质量风险的实例。如产品责任险、产品召回保险及产品保修保险等(张娓，2010；吴祥佑，2011)。利用这类商业保险，企业可将产品质量缺陷引发的经济损失部分或全部转移至第三方金融机构，从财务角度实现风险的对冲(Jarrell 和 Peltzman，1985；Barber 和 Darrough，1996)。

几年前，英国一家零部件供应商为德国某汽车制造商新车供应的方向杆存在设计缺陷，该缺陷导致新车上市不久便被召回，总召回费用高达 150 万英镑。不过，由于这家供应商购买了召回保险，其实际承担的损失仅为预测可能支付费用的十分之一②。最终，该事件并未对这家供应商造成严重影响。为了避免供应商因产品质量问题陷入财务危机，欧洲一些汽车制造

① http://www.bizcommunity.com/Article/1/33/170937.html

② 案例来源：http://www.shfinancialnews.com/xww/2009jrb/node5019/node5051/node5062/userobject1ai98465.html

商在采购合同中要求供应商购买指定保额的产品责任险和产品召回保险(Aldred, 2004)。美国的大型汽车制造商,如GM,专门建立了保险池(Insurance pool)帮助供应商应对保修成本引发的财务危机。大型零售商,如沃尔玛,不仅利用第三方机构检测供应商产品,更要求所有供应商购买产品责任险并将其列为附加保险人①。在航空制造业,空客、波音等国际航空制造商均为自己定制了航空产品责任险的全球保单,并由国际保险市场进行承保。2015年3月,我国由财政部、工信部及保监会联合推进旨在促进国家重大技术装备应用推广的"首台(套)重大技术装备保险补偿政策"正式出台。利用该项补偿政策,装备制造企业的显性成本以及在产品质量责任方面的隐性成本得以大幅降低,提高了我国大型装备产品的国际竞争力②。另一方面,保险公司,诸如Zurich和Starr,也为制造商提供召回保险的定制服务,服务范围包括消费类电子产品、食品及服装等。ACE Westchester, ACE全球金融服务公司的子公司,于2014年为中小制造企业开发了一款用于应对零部件质量缺陷导致产品召回的金融服务,名为"ACE Recall Plus"。

然而,需要指出的是,尽管越来越多的企业开始关注商业保险在供应链产品质量风险管理中的作用,但在实际应用中却存在如下问题:

(1) 商业保险策略制定缺乏优化。必须看到,购买商业保险需要企业预先支付一定数额的保费。投保额度越高,商业保险的购买成本越高。高昂的保费导致企业整体盈利水平下降。可见,商业保险是以企业利润为代价实现供应链产品质量风险的对冲。如果投保期内未发生质量问题,这笔保费将成为企业的沉没成本。因此,面对高昂的保险购买成本和小概率未来发生的巨额经济损失,企业只有根据风险与收益的权衡制定商业保险策略才能充分发挥商业保险的避险价值。

(2) 商业保险策略的制定与企业运营决策分离。实践中,商业保险可将产品质量风险转移给第三方金融机构,质量问题对供应商的不利影响得到了缓解。这种缓解作用可能导致供应商忽视质量改进,甚至引发道德风险。因此,企业在商业保险策略下应对质量激励机制进行调整,以便更有效地控制供应商的质量水平,如重新制定产品的采购价格、成本分担比例等。

(3) 商业保险策略的制定与风险事前防控策略的制定分离。商业保险是一种风险事后缓解策略。与风险事前防控策略主要通过降低产品缺陷率

---

① https://corporate.walmart.com/suppliers/minimum-requirements

② http://insurance.hexun.com/2015-11-05/180375434.html

以达到控制产品质量风险的方式不同，商业保险主要通过弥补产品质量风险事件发生后的经济损失以达到风险规避的目的。由于两种策略的避险机理各不相同，企业进行供应链产品质量风险管理时需要根据风险及收益的权衡选择更为有效的风险管理策略。商业保险策略与风险事前防控策略分开制定，可能导致企业供应链产品质量风险管理成本过高而避险效果不尽如人意的情况发生。因此，比较研究风险事前防控策略与商业保险策略在供应链产品质量风险管理中的运作机理，将风险事前防控策略的制定与商业保险购买决策进行联合优化，可进一步提高企业的运营绩效，保障企业的可持续发展。

第二节　研究的目的及意义

本书借助产品质量风险管理理论、金融工具在供应链风险管理中的应用研究及风险偏好理论，通过数理模型的构建及优化求解，重点分析风险规避程度如何影响制造商商业保险策略的制定以及供应链产品质量风险管理策略的选择，以期为帮助风险规避制造商确定商业保险的应用边界、构建高效的供应链产品质量风险管理体系提供理论依据及策略建议。

本书的理论贡献主要体现在：

(1) 为企业利用商业保险管理供应链产品质量风险提供理论依据及策略建议。供应网络复杂化，加剧了企业产品质量的不确定性。近年来，频发的产品质量风险事件给诸多知名企业造成的巨额经济损失和信用危机受到了理论界和实践界的广泛关注。如何有效应对供应链产品质量风险，已成为各类企业运营决策中重点考虑的问题之一。实践中，一些企业利用商业保险将供应链产品质量风险转移给外部金融市场。借助金融市场强大的风险吸收能力，企业净收益得到保障。本书旨在帮助企业更好地理解商业保险在供应链产品质量风险管理中的作用，并为企业制定最优的商业保险策略。

(2) 为金融机构产品设计提供新思路。金融产品创新始终是金融机构发展的动力和源泉，金融机构要想获得持久的竞争力，需要不断地进行新产品的开发。本书对企业利用商业保险应对供应链产品质量风险的行为进行了深入分析。基于本书的研究结论，金融机构能够更好地了解该类金融产品的市场需求，有益于金融机构开发更具市场潜力的金融产品。

(3) 为改善社会福利提供新的方式。当发生产品质量风险事件时，如果企业的抗风险能力不足，可能导致企业逃避社会责任，给消费者利益造成损失。即便企业愿意以积极的态度应对产品质量风险事件，而事件本身造成的财务危机也可能直接影响企业的可持续发展。本书初衷就是希望能为企业制定更有效提升风险应对能力的策略。这对促进企业积极主动地响应产品质量风险事件、降低社会福利损失及实现风险事件后的快速恢复有着积极的作用。

第二章
产品质量风险管理理论研究现状述评

宋跃晋(2005)从法律角度给出了产品质量风险的定义,即产品质量风险是指当产品因自身的缺陷、瑕疵或者其他特征未能满足国家、行业或合同确定的对产品的适用性、安全性和其他特征要求时,产品生产者、销售者或者其他责任者所可能承担的不利后果。目前,关于产品质量风险管理理论的研究主要分为两大类。

第一类,关于产品质量风险的识别与评价研究。如利用实证方法,从资本市场角度分析产品质量风险事件造成的不利后果。如,Jarrell 和 Peltzman(1985)首次研究了资本市场对《华尔街杂志》汽车召回公告的反应,认为资本市场对召回企业的惩罚远远超过召回活动所带来的直接成本。Barber 和 Darrough(1996)利用实证方法对美国三家汽车制造商(克莱斯勒、福特、通用)与日本三家汽车制造商(本田、尼桑、丰田)在 1973—1992 年间发生的汽车召回事件所造成的股票市场影响进行了比较研究。Souiden 和 Pons(2009)实证研究了产品召回危机管理对制造商企业形象、消费者忠诚度及未来购买意愿的影响。Zhao 等(2013)研究了召回事件对中国企业股东利益的短期影响。研究表明召回事件对中国食品行业的股票市场影响比汽车行业严重。被动召回策略对股票市场的影响更负面。Hora 等(2011)利用美国玩具行业召回数据分析并识别了影响召回时间的因素。研究指出召回时间与召回策略(预防策略或反应策略)、产品缺陷类别(制造缺陷或设计缺陷)以及发起召回的供应链实体(玩具公司、经销商或零售商)相关。Eilert 等(2017)实证研究了问题严重程度对召回时间的影响、企业品牌特性对这种关系的调节作用以及股票市场对召回时间的影响。Hall 和 Johnson-Hall(2017)借助美国 2004—2013 年 125 家上市食品公司的面板数据,研究了召回经验对企业降低未来召回风险的影响。研究表明,来自本企业或供应商质量缺陷的经验可降低产品未来的召回概率,而来自行业召回的经验对企业降低产品未来召回概率无显著影响。

还有一些研究以定性描述为主,从危机管理、制度、法律等角度对产品召回的机制、模式及流程进行分析。顾力刚和高滔(2009)分析了供应链环境下产品质量风险的形成机理及特点,从核心理念和具体操作两个层面研究了供应链产品质量风险事件发生后的应急管理问题,并提出了以供应链的最终产品质量风险为对象的应急管理模式。陈娟等(2010)从闭环供应链视角出发,运用应急运作管理思想研究了以供应链核心企业为中心的召回运作管理,并构建了基于闭环供应链核心企业的召回战略和战术层次管理框架模型。

第二类,关于产品质量风险管理策略的研究。这类文献集中研究了如何利用运营策略控制产品质量风险。根据类型学的定义,这些运营策略又可分为风险事前防控策略和风险事后缓解策略两种。

第一节　风险事前防控策略

风险事前防控策略旨在风险事件发生前,通过降低风险事件发生的概率以达到控制风险的目的(Bandaly 等,2012)。在产品质量风险管理中,企业利用风险事前防控策略可从多个环节控制产品缺陷率。相关研究主要包括:供应商质量控制、产品设计质量控制及生产过程质量控制。

一、供应商质量控制

由于信息不对称、追求目标不一致,供应商的质量水平往往与制造商的期望水平大相径庭。为此,制造商需对供应商的质量决策进行管理与控制。运营管理中,常见的供应商质量管理策略有:质量认证制度(Certification regime)(Chen 和 Deng, 2013)、质量检测机制(Inspection)(Reyniers 和 Tapiero, 1995)、延期付款(Deferred payment)(Babich 和 Tang, 2012; Rui 和 Lai, 2015)、质量投资(Zhu 等,2007; Chen 等,2015)、多源采购(陈崇萍等,2017)。

(一) 质量认证

在质量认证制度下,制造商将根据质量认证标准选择原材料或零部件的供应商，如 ISO 9000 质量认证(Sroufe 和 Curkovic，2008)。Tang 和 Babich(2014)指出，供应商的质量认证在一定程度上保障了供应商生产高质量产品的能力。然而，它并不能有效抑制供应商的掺假行为或约束供应商与其他非认证供应商签订分包合同。在相关理论研究中，质量认证制度主要用于处理质量信息不对称的问题。如 Lizzeri(1999)分析了认证中介在信息不对称下的作用。研究表明，在某些情景下认证中介的最优选择是只披露供应商的质量水平是否达到某一最低标准。Chen 和 Deng(2013)研究了质量认证标准如何影响供应商的质量投资行为。研究指出，确定型的认证制度可能导致有能力的供应商出现质量改进投资不足的问题，进而影响供应链的绩效。然而，当信息不对称成本较高时，如果能够实施随机扰动的认证制度，供应商这种质量改进投资不足的问题可以得到很好的解决。

(二) 质量检测

在质量检测机制下，制造商将对供应商提供的产品进行入厂检测。如果原材料或零部件通过检测，制造商向供应商支付采购价格。若原材料或零部件未通过检测，供应商需支付给制造商一个惩罚成本。Lee 和 Li(2018)认为对产品进行入厂检测具有两大优势：一是入厂检测可以帮助企业在产品交付前识别质量缺陷，在一定程度上避免缺陷产品进入下一环节；二是入厂检测策略可有效识别供应商责任并帮助购买企业获得相应补偿。一旦产品被交付，因质量问题再向供应商进行追责，难度较大，特别是面对小规模的国外供应商。Reyniers 和 Tapiero(1995a)研究了如何设计入厂检测的惩罚机制以激励供应商的质量决策避免道德风险的问题。研究表明合理的惩罚机制可以产生纳什均衡解。Mayer 等(2004)实证分析了入厂检测与供应商工厂审核在质量风险管理中的关系。研究指出，当购买企业无法承诺入厂检测力度时，入厂检测与供应商工厂审核在抑制供应商道德风险问题上是相互替代的关系。如果购买企业可承诺入厂检测力度，两者在一定条件下则是互补关系。Hwang 等(2006)比较研究了质量认证制度与检测机制在激励供应商质量改进时的作用。

(三) 延期付款

Cusumano 和 Takeishi(1991)指出尽管质量检测机制降低了缺陷产品流向终端市场的可能性，然而，检测机制容易导致生产延迟、产出量降低及库存量增加。可见，质量检测机制具有高成本低效率的特征。此外，检测机制的精确度依赖于样本规模，它不能保证所有缺陷产品被识别。为此，一些学者提出利用延期付款控制供应商行为。延期付款是指购买企业首先支付给供应商一笔预付款作为生产的启动资金，并保留或有性支付（Contingent payment）。当产品销售后，若特定时期内未发现产品质量问题，购买企业履行或有性支付。Babich 和 Tang（2012）研究了三种策略，即延期付款、检测机制和联合策略在应对供应商掺假行为时的作用。研究表明，入厂检测机制无法完全消除供应商的掺假行为，而延期付款可以。此外，研究指出联合策略是冗余的，实施单一策略会更有效。当供应商的掺假威胁较弱时，延期付款的方式要优于检测机制。在此基础上，Rui 和 Lai（2015）研究了采购批量内生的情况下制造商应利用延期付款还是检测机制规避供应商掺假行为的问题。研究发现在检测机制下，最优的采购批量不会低于帕累托最优解。当市场规模较小或边际利润较低时，延期付款一般比检测机制效果更好。此外，在一定条件下，两种策略具有互补效应。

（四）质量投资

质量投资是指制造商投资并参与供应商的质量改进，如美国通用电气公司（GE）在年度预算中会预留 2 亿到 4 亿美元用于六西格玛质量管理体系的构建（Zhu 等，2007）。Kisiel（2007）指出，汽车制造商更愿意参与供应商的产品开发过程以确保可以尽早发现并消除质量问题。Xie 等（2011）考虑国际市场需求的不确定性研究了定制供应链的质量投资及价格决策问题。研究表明供应链策略（即纵向一体化策略、制造商斯坦伯格策略或供应商斯坦伯格策略）的选择以及决策者风险规避态度对质量投资及产品定价有着显著的影响。与风险中性的供应链相比较，厌恶风险的供应链在纵向一体化策略下的效益低于风险中性的供应链，在制造商是斯坦伯格领导者时可获得与风险中性供应链相等的收益，而其收益在供应商是斯坦伯格领导者的情况下可高于风险中性供应链的收益。Chen 等（2015）设计了一种质量投资的分担机制以改善供应链的绩效。研究假设供应链由一个合同制造商和两个具有竞争关系的品牌制造商构成，并且产品的价格和质量同时影响产品的需求。Lee 和 Li（2018）比较研究三种策略（即质量投资、激励机制和检测机制）在控制供应商质量改进行为时的作用。

（五）多源采购

尽管外包策略加剧了企业面对的质量风险，但是，Benjaafar（2007）指出协调供应商之间的竞争有利于供应商服务质量的提升。Chen（2016）比较研究了单一采购与双源采购策略对制造商及供应商质量改进行为的影响。研究发现，当双源采购成本足够低时，如果制造商不愿分担供应商质量改进成本，那么，引入两个相互竞争的供应商更有利于规避质量风险。陈崇萍等(2017)探讨了在需求与供应均不确定的情况下，对缺陷率高的供应商以缺陷率低的供应商质量水平为标杆进行缺陷改善投资下的双源采购决策问题。研究表明，当改善投资成功率小于1时，先改善投资再订货时制造商利润比同时改善投资和订货时高。当改善投资成功率为1时，两种订货策略没有差异。

二、产品设计质量控制

产品设计过程始于概念的设计，经原材料及零部件的选择，最后通过对一个或多个设计对象的雏形进行构建和测试实现产品的开发(Murthy 和 Kumar，2000)。Garvin(1984)指出设计阶段对于产品性能、可靠性及耐用性的形成至关重要。研究表明产品质量80%是由产品设计所决定(Huthwaite，1988；Dowlatshahi，1992)。然而，产品复杂度的提高、交货周期的缩短、新技术的使用或客户需求及使用环境的不确定性都将加剧产品设计质量的不确定性(Kimura，2007)。因此，如何控制产品设计质量也成为产品质量风险管理理论研究的一个重要方向。这些研究主要围绕如下两个问题展开：(1)如何将产品质量需求转化为产品质量特性；(2)如何在设计过程中发现潜在的质量风险。常见的控制方法包括：QFD(Quality function deployment)，DOE(Design of experiment)以及FMEA(Failure mode and effect analysis)(Teng 和 Ho，1996；Jiang 等，2013；Ma，2013)。

近年来，越来越多的制造商意识到供应商参与产品设计有利于降低产品缺陷率及质量控制成本。一些学者也就制造商与供应商合作改进最终产品设计质量的问题进行了研究。这些文献主要解决两个问题：(1)供应商应以什么方式参与产品的设计；(2)如何协调供应商的参与程度。如 Clark(1989)，Lamming(1993)及 Wynstra 和 Ten Pierick(2000)对供应商参与产品设计的模式进行了区分。El Ouardighi(2014)研究了收益共享契约对协调制造商与供应商合作改进产品设计质量的影响。

三、生产过程质量控制

生产过程指的是，对原材料进行加工处理，使之转化为成品的一系列生产活动运行过程(Gagg，2005)。Yanmei 等(2007)指出，生产过程的质量水平主要决定了产品的一致性。而产品一致性与产品性能、可靠性及耐用性均是测度最终产品质量水平的维度。在生产过程中，原材料、人员、设备及加工工艺的任何变化都可能导致最终产品无法达到产品规格要求，进而产生缺陷产品(Misra，2008；Xiuli 等，2012)。因此，保障生产过程的稳定性对于产品质量而言至关重要。

事实上，早期关于产品质量问题的研究主要集中于生产过程的质量控制。这些文献主要解决两个问题：(1)如何保障生产过程处于可控状态；(2)如何检测和剔除不合格品(Murthy 和 Kumar，2000)。如 Porteus(1986)，Lee 和 Rosenblatt(1987)，Lee(1992)，Vörös(1999)研究了生产批量、生产过程检测或设备维护与质量控制的关系。而利用统计控制方法，如 Shewhart 控制图或六西格玛，可以检测生产过程是否发生可能导致不合格品的偏离(Tjahjono 等，2010；Aust 等，2014)。

第二节　风险事后缓解策略

风险事后缓解策略旨在风险事件发生后降低或消除风险事件的负面影响(Bandaly 等，2012)。常见产品质量风险事后缓解策略有两种：一是，利用成本分担机制这种运营策略在供应链内部进行风险分担；二是，利用商业保险这种金融工具将风险转移给第三方金融机构。

一、成本分担

在供应链模式下，供应商的质量水平对购买企业而言至关重要。Balachandran 和 Radhakrishnan(2005)指出，为了降低经济损失并激励供应商进行质量改进，越来越多的制造企业开始使用外部故障成本分担机制。常见的外部故障成本分担合同形式有：固定比例分担合同、基于根源分析的成本分担合同及部分成本分摊合同(Chao 等，2009)。其中，固定比例分担合同是指供应商与购买企业始终以一个固定比例分担外部故障成本。该合同适用于质量责任难以界定的产品或企业规模较小、抗风险能力较差的供应商。基于根源分析的成本分担合同是指，在一定时期内，质量问题的责任方承担全部外部故障成本；超过这个时期，供应商和购买企业按一固定比率分担外部故障成本(刘学勇等，2012)。而在部分成本分摊合同下，供应商与购买企业共同分担外部故障成本。但是，根据责任方的不同，双方的分担比例将发生调整。

当供应商的质量水平无法合同化时，供应商可能做出不利于购买企业的行为，从而发生道德风险问题。外部故障成本分担机制的研究则主要集中在如何设计最优的分担机制以激励供应商提高质量水平。Reyniers 和 Tapiero(1995b),Lim(2001)分别从完全信息与不完全信息角度研究了价格退费和保修成本分担机制对供应商的质量决策、生产商的质量监控策略以及最终产品质量的影响。Balachandran 和 Radhakrishnan(2005)比较研究了在单边道德风险或双边道德风险下,当质量担保合同的实施分别基于入厂检测和外部故障检测时,零部件供应商与制造商的质量决策问题。李丽君等(2005)运用委托代理理论探讨了双边道德风险条件下供应商与销售商的质量控制决策问题。Zhu 等(2007)研究了产品买方仅为产品设计和品牌商,产品的实际生产则由外包供应商完成的供应链下,当产品质量缺陷引发经济损失时供应链的参与双方如何分担相关损失的问题。朱立龙和尤建新(2011)研究了非对称信息条件下供应链节点企业间如何进行质量信号传递的问题。洪江涛和黄沛(2011)应用微分博弈的方法研究了由单一制造商和单一供应商组成的两级供应链上的质量协调问题。Chao 等(2009),刘学勇等(2012)借助上模博弈理论研究了关于产品召回根源分析成本的两种分担形式对制造商和供应商的质量改进水平决策以及供应链整体利润的影响。孙健慧等(2018)研究了三级装备制造业供应链质量管理的协调问题。

二、商业保险

常见的用于缓解产品质量风险的商业保险有产品责任险、产品召回保险、产品质量保险等。关于这类保险的研究大多侧重于宏观与定性分析。保险经济学的创始人 Borch(1978)认为在保费中如果能够考虑生产企业的质量控制策略,将有利于企业质量控制水平的提高。张娓(2010)认为,企业投保产品质量保险有利于增强消费者对使用产品的安全感,帮助企业扩大产品销路。此外,在产品质量保险的保障下,企业研发得到支持。吴祥佑(2011)提出可通过产品召回保险来防控供应链产品质量风险。何绍慰(2013)从信息不对称状态下消费者与生产者在产品质量上的博弈视角来探索我国当前产品质量整体水平低下的经济根源,并在此基础上论证产品质量保证保险有效克服信息不对称状态的负面影响并改善博弈行为的机理与重要作用,进而揭示产品质量保证保险改善产品质量水平的机制及其实现条件。

少数学者定量研究了商业保险与企业质量决策的关系。如,孙树垒等(2013)基于保险企业将生产企业的质量控制机制纳入保费计算的情况,分析了生产企业考虑风险规避及需求函数时产品质量保险对生产企业质量控制策略的影响规律。研究发现,在生产企业风险规避情形下,产品质量保险与风险规避度、生产批量及消费者保护程度在促进最优质量控制策略方面具有一定互补效应，产品质量保险与产品缺陷率对最优质量控制策略的影响相互独立。Serpa 和 Krishnan(2016)研究了如何利用商业保险管理供应链产品质量努力水平决策中存在的“免费搭便车”的道德风险问题。研究结果表明，当供应商与购买企业资金约束不对等时，固定比例的成本分担合同对资金约束企业的激励作用略显不足。在这种合同下，资金充足的企业会投入过多的努力去改进产品质量。这时，如果引入保险策略，保险策略可以帮助资金充足的企业降低努力水平，从而削弱资金约束企业“免费搭便车”的动机，改善供应链绩效。

三、小结

可以看到，目前国内外对如何管理供应商质量问题引发的产品质量风险的研究具有以下特点：

(1) 多以风险中性行为人为研究对象。然而，随着自然与经济环境复杂度的加剧，企业收益的不确定性进一步凸显，企业目标已不仅仅是风险中性情况下的期望利润最大化或期望成本最小化，而是要求在损失最小化的前提下实现企业的运营目标(Gan 等，2005；Gotoh 和 Takano，2007)。特别是，具有风险规避偏好的企业在生产经营中更加关注如何保持利润的稳定。这类企业在进行生产经营中更愿意牺牲一部分期望利润来避免利润的下方波动(Chen 等，2009；Choi 和 Chiu，2012；Wu 等，2013)。这时，风险事后缓解策略可能更符合企业的决策需要。随着风险规避程度的降低，期望利润逐渐成为企业追逐的目标。这时，风险事前防控策略可能更具吸引力。可见，企业的风险规避程度是影响其产品质量风险管理策略选择的一个重要因素。在供应链产品质量风险管理理论研究中引入风险偏好理论、考虑风险规避程度对企业决策的影响，有利于增强理论研究的实用性。

(2) 更多地集中在探讨如何利用风险事前防控策略或成本分担合同管理供应商质量缺陷引发的产品质量风险，而对商业保险这种风险事后缓解策略的应用研究略显不足。

(3) 在运营领域中，关于商业保险在产品质量风险管理中的应用研究多以定性及实证研究为主。经济学的研究多从保险购买人及保险公司的委托代理关系角度出发，研究商业保险购买过程中的道德风险或逆向选择问题。金融学的研究则多侧重于如何更有效地拟合风险事件发生概率并基于此设计商业保险的定价问题。对于企业究竟如何利用商业保险管理产品质量风险、如何制定最优商业保险策略等问题，理论界尚缺乏足够的定量研究。

(4) 产品质量风险事前防控策略与商业保险的比较研究有待进一步展开,这对制造企业构建高效的供应链产品质量风险管理体系至关重要。

第三节　本书的主要内容

针对以往研究的不足,本书基于产品质量风险管理理论、金融工具在供应链风险管理中的应用研究及风险偏好理论,通过数理模型的构建及优化求解,重点分析风险规避程度如何影响制造商商业保险策略的制定以及供应链产品质量风险管理策略的选择,以期帮助风险规避制造商确定商业保险的应用边界、构建高效的供应链产品质量风险管理体系提供理论依据及策略建议。

本书的主要内容如下。

第一章:绪论。本章主要对供应链产品质量风险管理实践的现状进行分析,以期找出当前风险管理体系中存在的不足,从而确定本书的研究方向及方案。

第二章:产品质量风险管理理论研究现状述评。本章对本书研究所涉及的相关理论知识进行了归纳总结,找出现有理论研究的不足之处,探究今后理论研究的发展方向,以期为本书研究的开展提供理论支撑及创新视角。

第三章:商业保险在产品质量风险管理中的作用。本章以 CVaR 方法测度制造商的风险规避偏好,通过单周期制造商生产决策模型的构建,找出制造商购买商业保险管理产品质量风险的条件以及最优商业保险策略,并分析商业保险策略如何改变企业的 CVaR 值、期望利润及运营决策。

第四章:商业保险与入厂检测的选择。实践中,除了商业保险,制造商还可利用入厂检测管理供应链产品质量风险。与商业保险的避险机理不同,入厂检测作为一种风险事前防控的运营策略,旨在降低缺陷产品进入市场的概率,帮助企业预防供应链产品质量风险事件的发生。那么,究竟是风险事前防控还是事后缓解策略管理供应链产品质量风险更有效?为此,本章以单周期风险规避制造商的生产决策模型为基础,比较研究商业保险策略与入厂检测策略在供应链产品质量风险管理上的运作机理,找出单一策略及联合策略的占优条件,揭示风险规避程度如何影响制造商的策略选择。

第五章:商业保险与入厂检测的选择——基于质量激励视角。实践中,当供应商质量水平无法合同化时,制造商必须采取一定的措施以激励供应商选择使其自身利益最大化的质量水平。那么,在这种信息不对称的情况下，风险事前防控与风险事后缓解策略在供应链产品质量风险管理上哪个更有效？为了回答这一问题，本章以一个风险规避的供应商和一个中性的制造商构成的两级供应链为研究对象，基于博弈理论，通过零部件采购合约决策模型的构建，分析商业保险策略与入厂检测策略对供应商质量决策的激励作用，并找出单一策略的占优条件，揭示风险规避程度如何影响制造商的策略选择。

第六章：总结与展望。本章对商业保险及入厂检测在产品质量风险管理中的运作机理进行了梳理与总结，并指出本书存在的不足，提出未来的研究方向。

第三章
商业保险在产品质量风险管理中的作用

第一节 基本问题

产品质量作为影响企业品牌形象、顾客忠诚度及核心竞争力的关键要素，已被越来越多的制造企业所重视(Dunk，2002)。然而，生产的全球化、供应链管理模式的应用及外包策略的实施加剧了产品质量的不确定性。一旦缺陷产品进入市场将引发外部故障成本。为了缓解因质量问题引发的财务危机，一些企业向金融机构购买相关的商业保险。这类商业保险以企业的盈利水平为代价，通过补偿产品质量风险事件发生后的经济损失帮助企业实现风险对冲。那么，基于成本与收益的权衡，通过商业保险管理供应链产品质量风险是否真的有效？

一、问题描述

为了回答上述问题，本章以单周期风险规避制造商生产决策模型为基础，研究商业保险的购买问题。具体研究的问题包括：(1)制造商是否应该购买商业保险管理产品质量风险？如果购买，最优商业保险策略如何制定？(2)最优商业保险策略如何改变制造商的 CVaR 值、期望利润及运营决策？(3)系统参数如何影响最优商业保险策略的制定？

二、模型描述

本章假设一个风险规避制造商收到下游零售商(或批发商)的订货请求

时决策是否接受订单。如果接受订单,制造商可立即生产并满足订单需求。但是,由于产品质量存在不确定性,缺陷产品被交付后最终会被发现并被退货。如 2013 年,因质量问题,富士康遭到苹果公司退货,退货 iPhone 手机数量高达 500 万部(Luo, 2013)。设质量缺陷导致的产品退货率(Returning rate)为一个随机变量,记为 R 且 $R \in [0, 1]$。R 的概率密度函数及累积分布函数分别为 $f(R)$ 和 $F(R)$。另设 $E(R)$ 为期望退货率,即 R 的期望均值。零售商(或批发商)的订货量为 Q,是一个已知变量。产品的单位收益为 p。Balachandran 和 Radhakrishnan(2005)指出,缺陷产品进入市场将产生外部故障成本。根据他们的研究,外部故障成本由两部分构成:直接成本和间接成本。本章假设直接成本为 c,表示的是单位缺陷产品的处理成本(如逆向物流、返修、赔偿责任等成本)。间接成本以分段函数 $h(k, K, \gamma, R)$ 表示,该函数反应了质量缺陷引发的企业品牌价值或市场价值的损失:

$$h(k, K, \gamma, R) = \begin{cases} k, & 0 < R < \gamma, \\ K, & \gamma < R \leqslant 1. \end{cases}$$

其中,γ 为关键退货率点。如果缺陷产品的规模较小,即 $0 < R \leqslant \gamma$,产品质量问题引发的间接成本为 k。如果缺陷产品的规模较大,即 $\gamma < R \leqslant 1$,产品质量问题引发的间接成本为 K 且 $k \leqslant K$。实践中,产品发生大规模质量缺陷可能引发政府与媒体的介入。这时,制造商品牌形象重塑成本将发生跳跃式上升。因此,本章以分段函数描述间接成本的这种特征。此外,本章假设外部故障成本是一个独立于订货批量的随机变量。事实上,放宽该假设不会影响到本章的研究结果。

为了保证模型的有效性,系统参数需满足如下条件:

假设 3.1 $cE(R) + \dfrac{kF(\gamma) + K(1 - F(\gamma))}{Q} < p < c + \dfrac{K}{Q}$。

不等式 $p < c + \dfrac{K}{Q}$ 表明如果 Q 单位产品都存在质量缺陷,制造商销售这些产品获得的总收益将小于所有产品被退货所产生的总外部故障成本。也就是说,较高的外部故障成本使制造商在最坏的情况下只能获得负利润。不等式 $cE(R) + \dfrac{kF(\gamma) + K(1 - F(\gamma))}{Q} < p$ 说明销售 Q 单位产品获得的期望收益大于这 Q 单位产品所产生的期望外部故障成本。这个条件保证了风险中性制造商在既定的系统参数下能够获得正期望利润。

三、策略描述

由于产品质量风险可能引发巨额经济损失，为了避免陷入财务危机，制造商可向金融机构购买商业保险。这类商业保险一般包括三个基本要素（Dong 和 Tomlin，2012）：支付给金融机构的保险购买费用 I，免赔额 d 和最高投保额度 L。其中，免赔额 d 表示制造商承担的损失额度，投保额度 L 表示由金融机构承担的最高损失额度。实践中，制造商可根据自身的需求决策 d 和 L。根据 Bowers（1986）和 Cummins（1991）的研究，商业保险的购买费用有两种表述方式：$I=(1+\theta)\mu$ 或 $I=\mu+\tau$。其中，μ 为金融机构的期望索赔额，θ 和 τ 为保险的安全因子。对于金融机构而言，安全因子是商业保险的利润率。在本书中，安全因子为外生变量，由金融机构决定。实际上，保费的两种表述方式存在一一对应的关系，即 $\theta=\tau/\mu$。为了不失一般性，本章以第一种方式 $I=(1+\theta)\mu$ 计算商业保险的购买费用。商业保险的赔付机制为：如果产品质量缺陷引发的经济损失低于免赔额 d，制造商自己承担损失；如果经济损失高于 d，制造商可从金融机构获得经济补偿，且最高补偿额度不超过 L。此外，为了保证商业保险的有效性，免赔额 d 与最高投保额度 L 必须满足：$0\leqslant d+L\leqslant cQ+K$。其中，$cQ+K$ 为产品质量缺陷造成的最高经济损失。这时，给定商业保险的免赔额 d 与最高投保额度 L，金融机构面对的期望索赔额为：

$$\mu(d,\ L)=E[\min\{[cRQ+h(k,\ K,\ \gamma,\ R)-d]^{+},\ L\}]。$$

其中，$cRQ+h(k,\ K,\ \gamma,\ R)$ 为产品质量问题造成的总外部故障成本。$[cRQ+h(k,\ K,\ \gamma,\ R)-d]^{+}=\max\{cRQ+h(k,\ K,\ \gamma,\ R)-d,\ 0\}$，表示金融机构承担的实际索赔额。

四、决策序列

制造商的决策序列可见图 3.1：

（1）当下游零售商或批发商向制造商订购 Q 单位产品时，制造商决策是否接受订单 Q。如果拒绝，则博弈结束。

（2）如果制造商接受订单，他将决策是否购买商业保险以规避潜在的产品质量风险。如果购买商业保险，制造商还需制定最优商业保险策略（d，L）并向金融机构支付购买费用 I。之后，制造商进行产品的生产及交付。

（3）产品交付后，缺陷产品被发现并被退回。制造商承担由此产生的外部故障成本并根据商业保险合约向金融机构索赔。

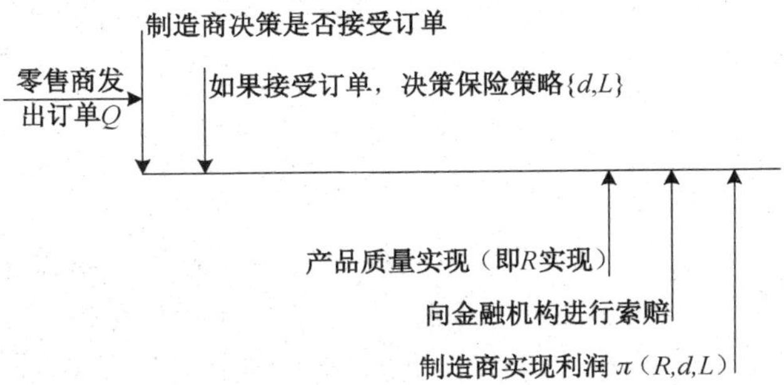

图 3.1　制造商的决策序列

五、决策目标

决策者风险偏好的测度方法包括均值-方差法(MV)(林洁,2008;Tsay, 2002),效用函数法(UF)或下方风险法(DR)(如在险价值(VaR)、条件在险价值(CVaR))等(孙华和胡金焱,2011)。由于产品质量风险属于下方风险,且CVaR方法具有良好的数学性质(Chen 等,2006),因此,本书选用CVaR方法测度制造商的风险规避偏好。根据 Rockafellar 和 Uryasev (2002)的定义,制造商在未购买商业保险时的CVaR值为:

$$CVaR_{\eta}[\pi(R,\ d,\ L)] = \max_{v\in R}\left\{v + \frac{1}{\eta}E_R\left\{\min[\pi(R,\ d,\ L) - v,\ 0]\right\}\right\}。 \tag{3.1}$$

其中,v为目标利润,η为制造商的风险规避系数且$\eta\in(0,\ 1]$。η越小,制造商的风险规避程度越高(林洁,2008)。另外,设$\pi(R,\ d,\ L)$为制造商的利润函数:

$$\begin{aligned}\pi(R,\ d,\ L) = pQ - I + \min\{&[cRQ + h(k,\ K,\ \gamma,\ R) - d]^+,\ L\}\\ &- cRQ - h(k,\ K,\ \gamma,\ R)。\end{aligned} \tag{3.2}$$

其中,pQ为总收益,I为商业保险的购买费用,$\min\{[cRQ+h(k,\ K,\ \gamma,\ R)-d]^+,\ L\}$为实际索赔额,$cRQ+h(k,\ K,\ \gamma,\ R)$为实际外部故障成本。

最终,制造商的决策目标可表述为:

$$\max_{0\leqslant d+L\leqslant cQ+K} CVaR_{\eta}[\pi(R,\ d,\ L)]。 \tag{3.3}$$

为了更好地说明商业保险的运作机理,本章首先给出风险中性制造商的最优决策。当制造商为风险中性时，风险规避系数 $\eta=1$。这时，制造商的决策目标可简化为：

$$\max_{0\leqslant d+L\leqslant cQ+K} CVaR_{\eta}[\pi(R,\ d,\ L)] = \max_{0\leqslant d+L\leqslant cQ+K}\{pQ-cE(R)Q - E[h(k,\ K,\ \gamma,\ R)]-\theta\mu(d,\ L)\}。 \tag{3.4}$$

对式(3.4)进行优化求解，可得风险中性制造商的最优决策（见定理3.1）。

定理3.1 当制造商是风险中性的，即 $\eta=1$ 时，制造商应接受订单并且不会购买商业保险。■

定理3.1说明，风险中性制造商不需要商业保险便可接受来自下游的产品订单以获得正期望利润。也就是说，商业保险对于风险中性制造商而言是无效的。这是因为，风险中性制造商追求的是期望利润最大化，而商业保险的主要作用是缓解利润的下方波动。由于安全因子的存在，商业保险的购买成本会高于期望索赔额，这使得制造商在商业保险下的期望利润低于无商业保险时的期望利润。因此，对于风险中性制造商而言，不购买商业保险是最优策略。为了便于后文分析商业保险对制造商期望利润的影响，这里定义制造商在风险中性下获得的期望利润为 $E[\pi^0(R)]$：

$$E[\pi^0(R)] = pQ-cE(R)Q-E[h(k,\ K,\ \gamma,\ R)]。 \tag{3.5}$$

第二节　一般分布下的最优决策

本节主要研究退货率 R 服从一般分布时风险规避制造商的商业保险购买决策。这时，制造商的风险规避程度满足：$0<\eta<1$。由式(3.1)和式(3.2)可得风险规避制造商CVaR值的计算方式：

$$CVaR_{\eta}[\pi(R,\ d,\ L)] = \max_{v\in R}\Big\{v+\frac{1}{\eta}E_R[\min(pQ-I+\min\{[cRQ + h(k,\ K,\ \gamma,\ R)-d]^+,\ L\}-cRQ - h(k,\ K,\ \gamma,\ R)-v,\ 0)]\Big\}。 \tag{3.6}$$

一、无商业保险时的最优决策

为了更好地解释商业保险在产品质量风险管理中的作用，本节首先给出制造商在无商业保险规避产品质量风险时的最优决策以作参照。在这种情况下，式(3.6)中的免赔额及投保额为零，即 $d=0$，$L=0$。这时，制造商在无商业保险时的 CVaR 值由引理 3.1 给出。

引理 3.1 无商业保险时，制造商的 CVaR 值为：

(1) 若 $\eta<1-F(\gamma)$，

$$CVaR_{\eta}[\pi(R)]=pQ-K-\frac{1}{\eta}\int_{F^{-1}(1-\eta)}^{1}crQf(r)\mathrm{d}r; \tag{3.7}$$

(2) 若 $\eta\geqslant 1-F(\gamma)$，

$$CVaR_{\eta}[\pi(R)]=pQ-k-\frac{\int_{F^{-1}(1-\eta)}^{1}crQf(r)\mathrm{d}r+(K-k)(1-F(\gamma))}{\eta}。 \tag{3.8}$$

■

由式(3.7)和(3.8)可知，(1)制造商的 CVaR 值随风险规避程度的下降而上升(即 CVaR 值是 η 的增函数)。换而言之，随着 η 的下降，CVaR 值逐渐下降。这是因为，风险规避程度越高，潜在经济损失对企业的影响越严重。特别是，对于企业规模较小、抗风险能力差的风险规避制造商而言，产品质量风险事件造成的经济损失更容易引发财务危机并导致企业破产。因此，在测度风险时，风险规避程度越高，产品质量风险对制造商 CVaR 值的负向影响越大。(2)制造商的风险规避程度与退货率的关系将制造商的 CVaR 值分成了两种情况。当风险规避系数满足 $\eta<1-F(\gamma)$ 时，制造商的 CVaR 值由式(3.7)给出。其中，$1-F(\gamma)$ 表示的是产品发生大规模质量缺陷的概率。当风险规避系数满足 $\eta\geqslant 1-F(\gamma)$ 时，制造商的 CVaR 值由式(3.8)给出。

确定了制造商在无商业保险下的 CVaR 值后，对其进行优化求解可得制造商的最优运营决策。

定理 3.2 无商业保险时，制造商的最优决策为：

(1) 当 $\eta_0<1-F(\gamma)$ 时，如果制造商的风险规避程度满足 $\eta>\eta_0$，制造商应接受订单。如果风险规避系数满足 $\eta\leqslant\eta_0$，制造商应拒绝订单。

(2) 当 $\eta_0\geqslant 1-F(\gamma)$ 时，如果制造商的风险规避程度满足 $\eta>\eta_1$，制造商应接受订单。如果风险规避系数满足 $\eta\leqslant\eta_1$，制造商应拒绝订单。

其中，η_0 满足：$pQ-K-\dfrac{\int_{F^{-1}(1-\eta_0)}^{1}crQf(r)\mathrm{d}r}{\eta_0}=0$

$$\eta_1 \text{ 满足：} pQ - k - \frac{\int_{F^{-1}(1-\eta_1)}^{1} crQf(r)\mathrm{d}r + (K-k)[1-F(\gamma)]}{\eta_1} = 0 \quad \blacksquare$$

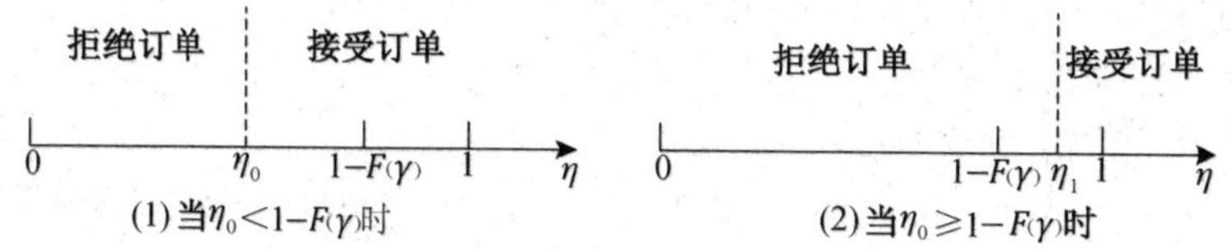

图 3.2　无商业保险时的最优决策

定理 3.2 的内容由图 3.2 给出。由定理 3.2 可知，

(1) 与风险中性的结果不同，风险规避的制造商只有在风险规避程度足够低[即当 $\eta_0 < 1-F(\gamma)$ 时 $\eta > \eta_0$ 或当 $\eta_0 \geqslant 1-F(\gamma)$ 时 $\eta > \eta_1$]的情况下，才会接受来自下游的订单。如果风险规避程度较高[即当 $\eta_0 < 1-F(\gamma)$ 时 $\eta < \eta_0$ 或当 $\eta_0 \geqslant 1-F(\gamma)$ 时 $\eta < \eta_1$]，利润的下方波动取代期望利润成为影响制造商运营决策的关键因素。在这种情况下，制造商应拒绝订单。

(2) 图 3.2(2)中制造商拒绝订单的区域比图 3.2(1)中的区域大。根据 η_0 的定义，$\eta_0 < 1-F(\gamma)$ 说明不等式 $pQ[1-F(\gamma)] > \int_{\gamma}^{1} crQf(r)\mathrm{d}r + K[1-F(\gamma)]$ 成立。其中，不等式左边表示的是制造商在发生大规模产品质量缺陷时获得的期望收益，不等式右边表示的是制造商在发生大规模产品质量缺陷时承担的期望经济损失。由不等式可以看出，$\eta_0 < 1-F(\gamma)$ 意味着制造商在发生大规模产品质量缺陷时可获得正期望利润。相反，当 $\eta_0 \geqslant 1-F(\gamma)$ 时，制造商在发生大规模产品质量缺陷时期望利润为负。可见，当 $\eta_0 \geqslant 1-F(\gamma)$ 时，产品质量风险更高，潜在经济损失对制造商影响更严重。因此，制造商更倾向于拒绝订单。

(3) 随着产品单位收益 p 的增加，制造商更倾向于接受订单。这是因为，单位收益 p 的增加改善了制造商的整体收益。相反，外部故障成本 c，k 或 K 的增加，提高了制造商面对的潜在经济损失，使风险加剧。因此，制造商拒绝订单的区域变大。由这个结果也可看出，利用运营策略[①]（如成本分担机制）将产品质量缺陷造成的经济损失转移给供应链上的其他成员也可帮助企业接受订单。然而，必须指出的是，当制造商非常厌恶风险时，只有

① 为了简化描述，本书将风险事前防控策略及成本分担机制又称之为运营策略。运营策略是一种与金融策略相对应的策略分类方式。

大幅提高成本的转移比例才能帮助制造商接受订单。

二、商业保险策略下的最优决策

给出制造商在无商业保险下的最优决策后，本小节将分析制造商利用商业保险策略规避产品质量风险时的最优决策。对式(3.6)进行优化可得制造商购买商业保险后的 $CVaR$ 值。

引理 3.2 给定商业保险策略 (d, L)，定义

$$A = cQF^{-1}(1-\eta)+k,\ B = c\gamma Q+k,\ C = c\gamma Q+K,$$

$$D = cQF^{-1}(1-\eta)+K,\ E = cQ+K,\ r_1 = \frac{d-k}{cQ},\ r_1' = \frac{d-K}{cQ},$$

$$r_2 = \frac{d+L-k}{cQ},\ r_2' = \frac{d+L-K}{cQ};$$

$$I_1 = \int_{r_1}^{r_2}(crQ+k-d)f(r)\mathrm{d}r+\int_{r_2}^{1}Lf(r)\mathrm{d}r,$$

$$I_2 = \int_{r_1}^{r_2'}(crQ-d)f(r)\mathrm{d}r+k\int_{r_1}^{\gamma}f(r)\mathrm{d}r+K\int_{\gamma}^{r_2'}f(r)\mathrm{d}r+\int_{r_2'}^{1}Lf(r)\mathrm{d}r,$$

$$I_3 = \int_{r_1'}^{r_2'}(crQ+K-d)f(r)\mathrm{d}r+\int_{r_2'}^{1}Lf(r)\mathrm{d}r。$$

当 $\eta < 1-F(\gamma)$ 时，制造商的 CVaR 值为：

(1) 如果 $k \leqslant d \leqslant B$ 且 $k \leqslant d+L \leqslant B$ 且 $I = I_1$，$k \leqslant d \leqslant B$ 且 $C \leqslant d+L \leqslant D$ 且 $I = I_2$，或 $C \leqslant d \leqslant D$ 且 $C \leqslant d+L \leqslant D$ 且 $I = I_3$，

$$CVaR_{\eta}(\pi(R, d, L)) = pQ-I-K+L-\frac{\int_{F^{-1}(1-\eta)}^{1}crQf(r)\mathrm{d}r}{\eta};\quad (3.9)$$

(2) 如果 $k \leqslant d \leqslant B$ 且 $D \leqslant d+L \leqslant E$ 且 $I = I_2$，或 $C \leqslant d \leqslant D$ 且 $C \leqslant d+L \leqslant E$ 且 $I = I_3$，

$$CVaR_{\eta}(\pi(R, d, L)) = pQ-I-d+\frac{\int_{r_2'}^{1}(d+L-crQ-K)f(r)\mathrm{d}r}{\eta};\quad (3.10)$$

(3) 如果 $d \geqslant D$ 且 $D \leqslant d+L \leqslant E$ 且 $I = I_3$，

$$CVaR_\eta[\pi(R,d,L)] = pQ - I - K - \frac{1}{\eta}\Big[cQ\int_{F^{-1}(1-\eta)}^{r_1'} rf(r)\mathrm{d}r + \int_{r_1'}^{r_2'}(d-K)f(r)\mathrm{d}r + \int_{r_2'}^{1}(crQ-L)f(r)\mathrm{d}r\Big]。\tag{3.11}$$

当 $\eta \geqslant 1-F(\gamma)$ 时，制造商的 $CVaR$ 值为：

(1) 如果 $k \leqslant d \leqslant A$ 且 $k \leqslant d+L \leqslant A$ 且 $I = I_1$，

$$CVaR_\eta[\pi(R,d,L)] = pQ - I - k + L - \frac{1}{\eta}\Big[\int_{F^{-1}(1-\eta)}^{\gamma} crQf(r)\mathrm{d}r - \int_{\gamma}^{1}(k-crQ-K)f(r)\mathrm{d}r\Big];\tag{3.12}$$

(2) 如果 $k \leqslant d \leqslant A$ 且 $A \leqslant d+L \leqslant B$ 且 $I = I_1$，

$$CVaR_\eta[\pi(R,d,L)] = pQ - I - d + \frac{1}{\eta}\Big[\int_{r_2}^{\gamma}(d+L-crQ-k)f(r)\mathrm{d}r + \int_{\gamma}^{1}(d+L-crQ-K)f(r)\mathrm{d}r\Big];\tag{3.13}$$

(3) 如果 $A \leqslant d \leqslant B$ 且 $A \leqslant d+L \leqslant B$ 且 $I = I_1$，

$$CVaR_\eta[\pi(R,d,L)] = pQ - I - k - \frac{1}{\eta}\Big[\int_{F^{-1}(1-\eta)}^{r_1} crQf(r)\mathrm{d}r + \int_{r_1}^{r_2}(d-k)f(r)\mathrm{d}r + \int_{r_2}^{\gamma}(crQ-L)f(r)\mathrm{d}r - \int_{\gamma}^{1}(k-crQ-K+L)f(r)\mathrm{d}r\Big];\tag{3.14}$$

(4) 如果 $k \leqslant d \leqslant A$ 且 $C \leqslant d+L \leqslant E$ 且 $I = I_2$，

$$CVaR_\eta[\pi(R,d,L)] = pQ - I - d + \frac{1}{\eta}\int_{r_2'}^{1}(d+L-crQ-K)f(r)\mathrm{d}r;\tag{3.15}$$

(5) 如果 $A \leqslant d \leqslant B$ 且 $C \leqslant d+L \leqslant E$ 且 $I = I_2$，

$$CVaR_\eta[\pi(R,d,L)] = pQ - I - k - \frac{1}{\eta}\Big[\int_{F^{-1}(1-\eta)}^{r_1} crQf(r)\mathrm{d}r + \int_{r_1}^{r_2'}(d-k)f(r)\mathrm{d}r - \int_{r_2'}^{1}(k-crQ-K+L)f(r)\mathrm{d}r\Big];\tag{3.16}$$

(6) 如果 $C \leqslant d$ 且 $C \leqslant d+L \leqslant E$ 且 $I = I_3$，

$$
\begin{aligned}
CVaR_{\eta}[\pi(R, d, L)] = pQ - I - k\left[1 - \frac{1}{\eta} + \frac{1}{\eta}F(\gamma)\right] \\
& - \frac{1}{\eta}\left[\int_{F^{-1}(1-\eta)}^{\gamma} crQf(r)\mathrm{d}r\right. \\
& + \int_{\gamma}^{r_1'}(crQ + k)f(r)\mathrm{d}r + d\int_{r_1'}^{r_2'} f(r)\mathrm{d}r \\
& - \int_{r_2'}^{1}(-crQ - K + L)f(r)\mathrm{d}r。 \qquad (3.17)
\end{aligned}
$$ ■

对 $CVaR$ 值进行优化求解可得制造商在购买商业保险下的最优决策。

定理 3.3 在商业保险策略下，制造商的最优决策为：

(1) 当 $\eta_0 < 1 - F(\gamma)$ 时，若制造商的风险规避程度及保险的安全因子满足 $\eta \leqslant \eta_0$ 且 $\frac{1}{1+\theta} \leqslant \eta_0$，制造商应拒绝订单。若 $\eta_0 < \frac{1}{1+\theta} \leqslant 1 - F(\gamma)$ 且 $\frac{1}{1+\theta} > \eta$，制造商应接受订单并采取商业保险策略 BI2：

$$d_2^* = cQF^{-1}\left(\frac{\theta}{1+\theta}\right) + K, \quad L_2^* = cQ - cQF^{-1}\left(\frac{\theta}{1+\theta}\right)。$$

若 $1 - F(\gamma) < \frac{1}{1+\theta}$ 且 $\frac{1}{1+\theta} > \eta$，制造商应接受订单并采取商业保险策略 BI1：

$$d_1^* = cQF^{-1}\left(\frac{\theta}{1+\theta}\right) + k, \quad L_1^* = cQ - cQF^{-1}\left(\frac{\theta}{1+\theta}\right) + K - k。$$

否则，制造商应接受订单但不购买商业保险。

(2) 当 $\eta_0 \geqslant 1 - F(\gamma)$ 时，若制造商的风险规避程度及保险的安全因子满足 $\eta < \eta_1$ 且 $\frac{1}{1+\theta} \leqslant \eta_1$，制造商应拒绝订单。若 $\eta_1 < \frac{1}{1+\theta}$ 且 $\frac{1}{1+\theta} > \eta$，制造商应接受订单并采取商业保险策略 BI1：

$$d_1^* = cQF^{-1}\left(\frac{\theta}{1+\theta}\right) + k, \quad L_1^* = cQ - cQF^{-1}\left(\frac{\theta}{1+\theta}\right) + K - k。$$

否则，制造商应接受订单但不购买商业保险。■

定理 3.3 的内容由图 3.3 给出。由定理 3.3 可知，在商业保险策略下，风险规避程度 η_0 与产品发生大规模产品质量缺陷的概率 $1 - F(\gamma)$ 之间的关系将制造商的最优决策分成两种情况：

(1) 当 $\eta_0 < 1 - F(\gamma)$ 时，也就是制造商在产品发生大规模产品质量缺陷下可获得正期望利润时，制造商的最优决策由图 3.3(1)给出。

如果制造商的风险规避程度和商业保险的安全因子非常高，即 $\eta < \eta_0$ 且 $\frac{1}{1+\theta} \leqslant \eta_0$，制造商应拒绝订单。在这个区域，较高的风险规避程度使制造商不愿承担质量问题引发的经济损失。尽管商业保险在一定程度上可以缓解财务危机。然而，较高的安全因子使商业保险的购买成本远高于保险能够带来的收益。最终，制造商无法获得正 CVaR 值。因此，拒绝订单是最优决策。

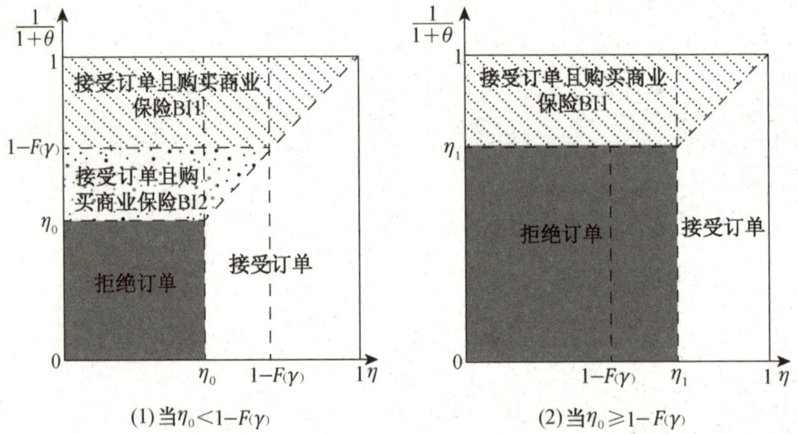

图 3.3　商业保险下的最优决策

如果制造商的风险规避程度非常高而保险的安全因子较低，即 $\eta < \eta_0$ 且 $\eta_0 < \frac{1}{1+\theta} \leqslant 1 - F(\gamma)$，制造商应接受订单并购买商业保险策略 BI2。其中，商业保险策略 BI2 的免赔额度为 $d_2^* = cQF^{-1}\left(\frac{\theta}{1+\theta}\right) + K$，投保额度为 $L_2^* = cQ - cQF^{-1}\left(\frac{\theta}{1+\theta}\right)$。可以看到，商业保险策略 BI2 主要用来弥补产品发生大规模产品质量缺陷时制造商所承担的经济损失。这在一定程度上缓解了产品质量风险，帮助制造商接受订单。

如果制造商的风险规避程度非常高且保险的安全因子非常低，即 $\eta < \eta_0$ 且 $1 - F(\gamma) < \frac{1}{1+\theta}$，制造商应接受订单并购买商业保险策略 BI1。其中，商业保险策略 BI1 的免赔额度为 $d_1^* = cQF^{-1}\left(\frac{\theta}{1+\theta}\right) + k$，投保额度为 $L_1^* =$

$cQ-cQF^{-1}\left(\frac{\theta}{1+\theta}\right)+K-k$。可以看到,商业保险策略 BI1 的投保额度高于商业保险策略 BI2,它不仅能够弥补产品发生大规模产品质量缺陷时制造商所承担的经济损失,还可在产品发生小规模质量缺陷时起到降低经济损失的作用,并帮助制造商获得正的 CVaR 值。可见,与无商业保险的情况相比较,即使制造商非常厌恶风险,只要商业保险的安全因子足够低,实施商业保险策略可帮助制造商接受订单。需要指出的是,运营策略(如质量投资或外部故障成本分担机制)通过降低风险事件造成的期望经济损失提升制造商的期望利润来帮助制造商接受订单,而商业保险是通过缓解利润的下方波动来帮助制造商接受订单的。事实上,商业保险可被视为一种提高制造商风险承受能力的有效策略。也就是说,购买商业保险后制造商在产品质量风险下所承担的经济损失减少了,这相当于提高了制造商的风险承受能力。可见,尽管运营策略和商业保险都可用于产品质量风险的管理,但它们的避险机理是完全不同的。

如果制造商的风险规避程度较低,即 $\eta_0<\eta\leqslant 1$,即使没有商业保险,制造商也可以接受订单[见图 3.2(1)]。这时,如果安全因子足够低,即 $\frac{1}{1+\theta}>\eta$,商业保险带给制造商的收益要高于制造商支付的商业保险购买成本。因此,当 $\eta_0<\eta\leqslant 1$ 且 $\frac{1}{1+\theta}>\eta$ 时,购买商业保险可改善制造商的 $CVaR$ 值。

(2) 当 $\eta_0\geqslant 1-F(\gamma)$ 时,如果产品发生大规模质量缺陷,制造商只能获得负的期望利润。这时,制造商的最优决策由图 3.3(2)给出。与图 3.3(1)相比较,制造商拒绝订单的范围变大。此外,商业保险策略 BI2 在该情况下失效。这是因为,商业保险策略 BI2 只能弥补部分大规模产品质量缺陷引发的经济损失。当产品质量风险加剧时,该策略的适用范围相应变小。最终,当 $\eta_0\geqslant 1-F(\gamma)$ 时,只有安全因子足够低,商业保险才能发挥作用且只有商业保险策略 BI1 是有效的。

最后,将定理 3.3 中的两种最优商业保险策略进行比较可发现,随着安全因子 θ 的降低,制造商更倾向于购买具有更高投保额度的商业保险策略。如,安全因子足够低,即 $1-F(\gamma)<\frac{1}{1+\theta}$ 时,制造商的最优商业保险策略由 BI2 变为 BI1。此外,商业保险策略 BI1 或 BI2 下的最优投保额度随着安全因子 θ 的降低而上升。特别地,当 $\theta=0$ 时,最优商业保险策略变为 $d^*=k$,$L^*=cQ+K-k$。当 $\theta\to\infty$,商业保险购买成本非常高,最优免赔额趋近于

$cQ+K-k$ 而最优投保额将趋近于 0。这从另一个角度说明，金融机构能够利用安全因子控制制造商转移风险，从而避免自身风险过高。

三、商业保险与运营策略的关系

给出了制造商利用商业保险规避产品质量风险的最优决策后，本小节将讨论运营策略与商业保险在管理产品质量风险时的关系。正如前文所述，运营策略与商业保险的避险机理各不相同。利用运营策略如成本分担机制将产品质量缺陷造成的经济损失转移给供应链上的其他成员也可帮助企业接受订单。然而，必须指出的是，当制造商风险承受能力非常低时，只有大幅提高经济损失的转移比例才能帮助制造商接受订单。而制造商为提高经济损失的转移比例必须付出更高的交易成本。与之不同，商业保险则可通过一个不变的边际成本来控制产品质量缺陷造成的经济损失。显然，当制造商的风险规避程度较高时，利用更具成本优势的商业保险管理产品质量风险要比利用运营策略管理风险更有效。

定理 3.4 定义 $\overline{\eta}$ 满足如下条件：如果 $\eta_0<1-F(\gamma)$，则 $\overline{\eta}=\eta_0$；如果 $\eta_1\geqslant 1-F(\gamma)$，则 $\overline{\eta}=\eta_1$。运营策略与商业保险的关系可描述为：

当制造商的风险规避程度较高(即 $\eta<\overline{\eta}$) 时，商业保险与运营策略在管理产品质量风险上具有替代关系。当制造商的风险规避程度较低(即 $\eta\geqslant\overline{\eta}$) 时，商业保险与运营策略在管理产品质量风险上具有互补关系。■

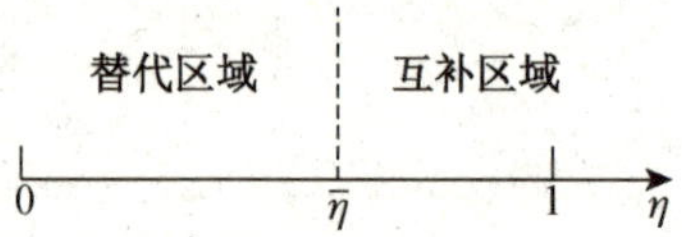

图 3.4 替代与互补区域

定理 3.4 的内容由图 3.4 给出。如前文所述，当风险规避程度较高(即 $\eta<\overline{\eta}$) 时，制造商利用运营策略规避产品质量风险的边际成本会随着风险规避程度的上升而不断上升。然而，如果商业保险的安全因子较低，商业保险策略可通过不变的边际成本帮助制造商接受订单(见定理 3.3)。因此，在该区域利用商业保险策略规避产品质量风险更具成本优势。也就是说，在该区域，商业保险替代运营策略管理产品质量风险会更有效。

当风险规避程度较低(即 $\eta\geqslant\overline{\eta}$) 时，制造商更加关注期望利润而不是利润的波动。这时，即使没有运营策略或商业保险策略，制造商都可接受订单。但是，实施运营策略可进一步降低期望经济损失。此外，如果商业保险的安全因子足够低，制造商还可利用商业保险策略降低潜在的经济损失，从而进一步改善制造商的运营绩效。因此，在这个区域，商业保险和运营策略可相互补充共同管理产品质量风险。

推论 3.1 随外部故障成本 c，k 或 K 的增加，η_0 和 η_1 逐渐上升，制造商商业保险的购买意愿减弱。此外，随着风险规避程度 η 的下降或保险的安全因子 θ 的上升，制造商商业保险的购买意愿也会减弱。■

推论 3.1 说明，随着质量缺陷成本的增加，制造商的商业保险购买意愿随之减弱。这是因为，外部故障成本的上升导致制造商的潜在经济损失上升，制造商必须提高投保额度才能实现避险。然而，投保额的上升大幅提高了商业保险的购买成本，使商业保险的效益降低。因此，制造商商业保险的购买意愿减弱。同样的，安全因子 θ 的上升也提高了保险的购买成本，降低了保险的吸引力。此外，随着风险规避程度 η 的下降，质量缺陷造成的经济损失对制造商的不利影响减弱。这时，期望利润逐渐成为影响制造商运营决策的关键因素。由于商业保险主要通过弥补风险事件发生后的经济损失来缓解利润的下方波动，从而提高制造商的 CVaR 值。当期望利润逐渐取代利润的下方波动成为制造商决策的关键因素时，商业保险的吸引力便会逐渐降低。

第三节　伯努利分布下的最优决策

本节考虑退货率服从伯努利分布时制造商的商业保险购买问题。之所以考虑伯努利分布这样一个特殊分布是因为，在实践中原材料缺陷、产品设计缺陷或生产工艺缺陷可能导致批量生产的产品都存在质量问题。Chao 等人(2009)也曾指出，产品设计缺陷甚至影响几代产品。在这种情况下，缺陷产品更多的是被企业批量召回。如 2010 年，由于天线设计缺陷，苹果的 iPhone 4 手机存在信号不稳定甚至丢失的问题，全球近 300 万台 iPhone 4 手机受到波及。而该事件的处理成本约为 1.75 亿美元。在汽车制造业，因零部件质量缺陷导致的全球召回事件更为突出。2009 年，因零部件油门踏板缺陷致使日本汽车制造商丰田全球召回近 550 万辆汽车，仅召回损失就高达 20 亿美元。上述产品质量风险事件的一大特点为产品要么全部为缺陷品，要么全部为合格品。为了更好地刻画该类事件，本节假设退货率 R 服从伯努利分布。其中，$R=0$ 的概率(即产品全部合格的概率)为 α 且 $\alpha \in [0,1]$。$R=1$ 的概率(即产品因质量缺陷被全部退货的概率)为 $1-\alpha$。当产品被全部退回时，外部故障成本总额为 $cQ+K$。这时，质量缺陷的期望损失为 $(cQ+K)(1-\alpha)$。

定理 3.5 当退货率 R 服从伯努利分布时，制造商的最优决策为：

(1) 在无商业保险的情况下，若风险规避程度满足 $\eta \leqslant \frac{(cQ+K)(1-\alpha)}{Qp}$，制造商应拒绝订单。若风险规避程度满足 $\eta > \frac{(cQ+K)(1-\alpha)}{Qp}$，制造商应接受订单。

(2) 在购买商业保险的情况下，若风险规避程度及保险的安全因子满足 $\max\left\{\eta, \frac{1}{1+\theta}\right\} \leqslant \frac{(cQ+K)(1-\alpha)}{Qp}$，制造商应拒绝订单。若风险规避程度及保险的安全因子满足 $\frac{(cQ+K)(1-\alpha)}{Qp} < \eta < \frac{1}{1+\theta}$，制造商应接受订单并购买商业保险，且最优商业保险策略为 BI：$d^* = 0, L^* = cQ+K$。否则，制造商应接受订单但不购买商业保险。■

定理 3.5 的内容可见图 3.5。在无商业保险的情况下，如果制造商的风险规避程度较高、质量缺陷造成的期望损失较高或产品收益较低，即 $\eta \leqslant \frac{(cQ+K)(1-\alpha)}{Qp}$ 时，制造商应拒绝订单[见图 3.5(1)]。然而，如果制造商可以购买商业保险并且保险的安全因子足够低，即 $\frac{1}{1+\theta} > \frac{(cQ+K)(1-\alpha)}{Qp}$，制造商可通过全额索赔的商业保险策略(即 $d^* = 0, L^* = cQ+K$) 完全消除质量缺陷造成的经济损失，进而接受订单[见图 3.5(2)]。

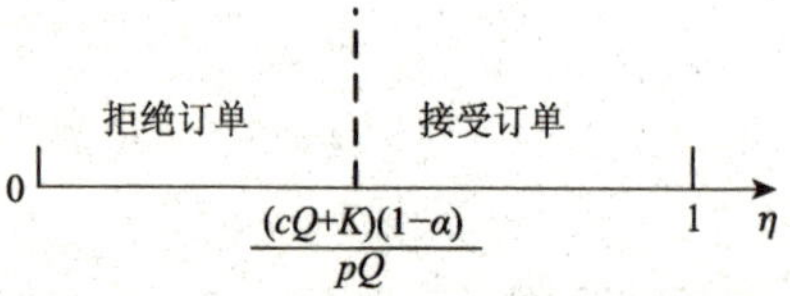

(1) 无商业保险下的最优决策

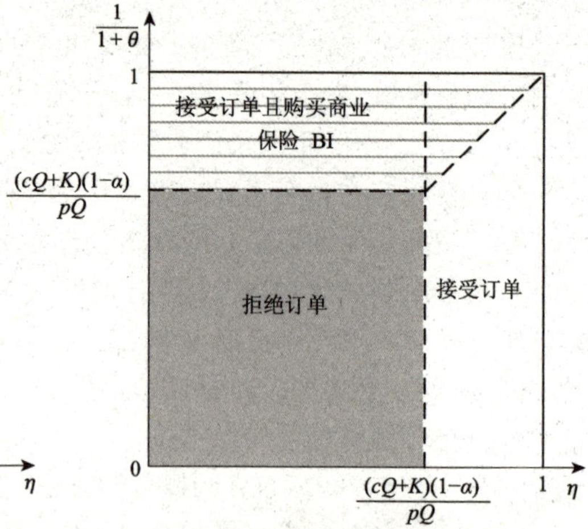

(2) 商业保险下的最优决策

图 3.5　退货率 R 服从 Bernoulli 分布时的最优决策

当制造商的风险规避程度较低或期望经济损失较低时，即 $\eta > \frac{(cQ+K)(1-\alpha)}{Qp}$，即使没有商业保险，制造商也可接受订单[见图 3.5(1)]。这时，如果保险的安全因子足够低，即 $\eta < \frac{1}{1+\theta}$，制造商通过购买全额索赔的商业保险策略 BI 可实现更高的 *CVaR* 值[见图 3.5(2)]。在这种情况下，商业保险和运营策略在规避产品质量风险时具有互补性。如果安全因子比较高，即 $\frac{1}{1+\theta} \leqslant \eta$，商业保险的购买成本高于它能给制造商带来的利益。这时，制造商不应购买商业保险。需要指出的是，在 Bernoulli 分布下，全额索赔使制造商最优免赔额始终为 0。

第四节　商业保险的价值

本节通过分析商业保险对制造商 *CVaR* 值及期望利润的影响，找出商业保险规避产品质量风险的价值。根据定理 3.4，平面 $\left(\eta, \frac{1}{1+\theta}\right)$ 可被分成替代和互补两个区域。根据定理 3.3 又可将替代区域细分为 S_0 和 S_1 两个子区域，将互补区域细分为 C_0 和 C_1 两个子区域(见图 3.6)。

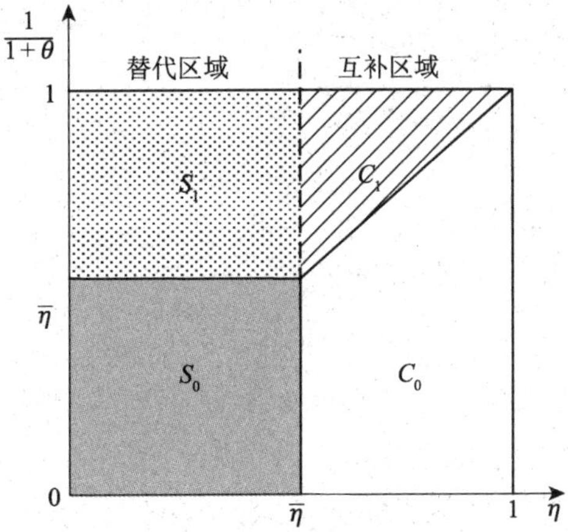

图 3.6　商业保险的价值

当风险规避程度较高(即 $\eta < \bar{\eta}$) 时，制造商位于替代区域。这时，保险的安全因子又将该区域分成两个子区域。在子区域 S_0 内，不论是否购买商

业保险，制造商都只能获得负 CVaR 值。因此，在该子区域，制造商将拒绝订单并获得零期望利润(即 $E[\pi(R)]=0$)。而在子区域 S_1 内，通过购买商业保险，制造商可获得正 CVaR 值(即 $CVaR_\eta[\pi(R, d^*, L^*)]>0$) 并接受订单。这时，制造商的期望利润为 $E_\eta[\pi(R, d^*, L^*)] = E[\pi^0(R)] - \theta\mu(d^*, L^*)$。比较两个子区域可以发现，在替代区域内，商业保险的主要作用是帮助制造商转变运营决策，从不接受订单变为接受订单。因此，在该区域，商业保险的价值主要体现在能够帮助制造商获得多高的 CVaR 值及期望利润。显然，制造商在保险策略下的 CVaR 值或期望利润越高，即 $CVaR_\eta[\pi(R, d^*, L^*)]$ 或 $E_\eta[\pi(R, d^*, L^*)]$ 越大，商业保险的价值越高。

当制造商的风险规避程度较低(即 $\eta>\bar{\eta}$ 时)，制造商位于互补区域。由定理 3.2 可知，即使没有商业保险，制造商也可接受订单，并获得正的 $CVaR$ 值 $CVaR_\eta(\pi(R))$ 和正的期望利润 $E[\pi^0(R)]$。这时，如果安全因子足够低，即 $\eta<\dfrac{1}{1+\theta}$，购买商业保险可进一步提高制造商的 CVaR 值。也就是说，当制造商位于图 3.6 中的子区域 C_1 时，购买商业保险提高了制造商的 CVaR 值。但是，保险的购买成本也会降低制造商的期望利润。当制造商位于图 3.6 中的子区域 C_0 时，制造商最优决策是接受订单但不购买商业保险。将这个两个子区域的 CVaR 值及期望利润进行比较可以看到，在互补区域，商业保险的价值主要体现在能够使制造商的 CVaR 值增长多少以及会使期望利润降低多少。因此，当 $\eta>\bar{\eta}$ 时，商业保险的价值应由 CVaR 值的变动比率 $\Delta CVaR$ 和期望利润的变动比率 $\Delta\eta$ 表示：

$$\Delta CVaR=\frac{CVaR_\eta(\pi(R, d^*, L^*))-CVaR_\eta(\pi(R))}{CVaR_\eta(\pi(R))},$$

$$\Delta\eta=\frac{E_\eta(\pi(R, d^*, L^*))-E[\pi^0(R)]}{E[\pi^0(R)]}=-\frac{\theta\mu(d^*, L^*)}{E[\pi^0(R)]}。$$

显然，$\Delta CVaR$ 越高，商业保险的避险效果越强，其价值也就越高。而 $\Delta\eta$ 越小意味着购买商业保险造成的期望利润的下降幅度会越大，商业保险的价值将越低。需要指出的是，当 $\eta=\bar{\eta}$ 时，$\Delta CVaR$ 趋于无穷大。这是因为，在这种情况下，制造商接受订单与拒绝订单是无差异的，其 $CVaR$ 值将为零，即 $CVaR_\eta[\pi(R)]=0$。

最后，对上述分析进行总结可得定理 3.6。

定理 3.6 在替代区域，商业保险可帮助制造商改变运营决策，从拒绝订单变为接受订单。这时，商业保险的价值由制造商在保险策略下的 CVaR

值及期望利润表示。在互补区域，商业保险可改善制造商的 CVaR 值并使期望利润下降。这时，商业保险的价值应由 CVaR 值的变动比率 $\Delta CVaR$ 和期望利润的变动比率 $\Delta\eta$ 表示。■

定义了商业保险的价值后，本节将分析系统参数如何影响商业保险的价值。特别是，本节首先分析了外部故障成本对保险价值的影响。之后研究了风险规避程度及安全因子对保险价值的影响。最后，通过算例研究退货率分布对商业保险价值的影响。

一、成本参数的影响

本小节首先分析外部故障成本参数 c，k 和 K 对商业保险价值的影响。

推论 3.2 在替代区域，$CVaR_\eta[\pi(R, d^*, L^*)]$ 和 $E_\eta[\pi(R, d^*, L^*)]$ 随着直接成本 c 或间接成本 K 的增加而减小。在互补区域，$\Delta CVaR$ 随着直接成本 c 或间接成本 K 的增加而逐渐上升，$\Delta\eta$ 随着直接成本 c 或间接成本 K 的增加而逐渐下降。■

推论 3.2 说明，(1)在替代区域内，直接成本 c 或间接成本 K 的增加降低了商业保险的价值。这是因为，直接成本或间接成本的增加加剧了制造商面对的产品质量风险，制造商必须提高投保额度才能更好地应对风险。而投保额度的上升使商业保险的购买成本大幅上升。最终，制造商在商业保险下的 CVaR 值及期望利润因保险购买成本的大幅上升而下降。(2)在互补区域，直接成本损失 c 或间接成本 K 的增加提高了商业保险的价值。事实上，在该区域，不论制造商是否购买商业保险，他的 CVaR 值都因产品质量风险的恶化而下降。但是，商业保险可缓解 CVaR 值的下降。因此，制造商的 CVaR 值在商业保险下的降幅要低于其在无保险时的降幅。最终，$\Delta CVaR$ 上升。此外，c 或 K 的上升一方面提高了商业保险策略的投保额，进而提高了期望索赔额 $\mu(d^*, L^*)$。另一方面，c 或 K 的上升提高了制造商的期望经济损失，进而降低了制造商在未购买商业保险时的期望利润 $E[\pi^0(R)]$。这两种效果的共同作用使 $\Delta\eta$ 下降。

间接成本 k 对商业保险价值的影响见推论 3.3。

推论 3.3 间接成本 k 对商业保险价值的影响为：

在替代区域，若 $\bar{\eta}<\dfrac{1}{1+\theta}$ 且 $1-F(\gamma)<\dfrac{1}{1+\theta}$，$CVaR_\eta[\pi(R, d^*, L^*)]$ 随着间接成本 k 的增加而下降；若 $\bar{\eta}<\dfrac{1}{1+\theta}<1-F(\gamma)$，$CVaR_\eta[\pi(R, d^*, L^*)]$ 不随 k 的变化而变化。此外，$E_\eta[\pi(R, d^*, L^*)]$ 始终随间

接成本 k 的增加而下降。

在互补区域，

(1) 若 $1-F(\gamma)<\eta$ 且 $K_1<K$，$\Delta CVaR$ 随着间接成本 k 的增加而上升；若 $\eta<1-F(\gamma)<\dfrac{1}{1+\theta}$ 或 $1-F(\gamma)<\eta$ 且 $K<K_1$，$\Delta CVaR$ 随 k 的增加而下降；若 $\dfrac{1}{1+\theta}\leqslant 1-F(\gamma)$ 或 $1-F(\gamma)<\eta$ 且 $K=K_1$，$\Delta CVaR$ 不随 k 的变化而变化。

(2) 若 $\dfrac{1}{1+\theta}\leqslant 1-F(\gamma)$ 或 $1-F(\gamma)<\dfrac{1}{1+\theta}$ 且 $K_0<K$，$\Delta\eta$ 随着间接成本 k 的增加而下降；若 $1-F(\gamma)<\dfrac{1}{1+\theta}$ 且 $K<K_0$，$\Delta\eta$ 随 k 的增加而上升；若 $1-F(\gamma)<\dfrac{1}{1+\theta}$ 且 $K=K_0$，$\Delta\eta$ 不随 k 的变化而变化。

其中，K_0 和 K_1 满足：

$$K_0=pQ-cE(R)Q-\frac{F(\gamma)cQ\int_{F^{-1}\left(\frac{1}{1+\theta}\right)}^{1}\left[1-F^{-1}\left(\frac{1}{1+\theta}\right)\right]f(r)\mathrm{d}r}{1-F(\gamma)},$$

$$K_1=pQ-\frac{\left[\dfrac{1}{1-F(\gamma)}-(1+\theta)\right]cQ\int_{F^{-1}(1-\eta)}^{1}rf(r)\mathrm{d}r}{1-(1+\theta)\eta}+\frac{\left[\dfrac{(1+\theta)\eta}{1-F(\gamma)}-(1+\theta)\right]cQ\int_{F^{-1}\left(\frac{1}{1+\theta}\right)}^{1}rf(r)\mathrm{d}r}{1-(1+\theta)\eta}。$$ ■

推论 3.3 说明，在替代区域，间接成本 k 的增加提高了制造商的期望经济损失，降低了制造商在商业保险下的期望利润。然而，当间接成本 k 增加时，商业保险策略 BI1 的投保额度会下降，即 L_1^* 随 k 的增加而下降。这无疑加剧了制造商在商业保险策略 BI1 下面对的风险。最终，制造商在商业保险策略 BI1 下的 CVaR 值随间接成本 k 的增加而下降。与此不同的是，商业保险策略 BI2 只在大规模产品质量缺陷发生时起作用，k 的变化并不改变商业保险策略 BI2 的投保额及免赔额。因此，在替代区域，商业保险策略 BI2 下的 CVaR 值与间接成本 k 无关。

在互补区域，(1)若 $\eta<1-F(\gamma)<\dfrac{1}{1+\theta}$，制造商的最优商业保险策略

为 BI1,即 $d_1^* = cQF^{-1}\left(\frac{1}{1+\theta}\right)+k$, $L_1^* = cQ - cQF^{-1}\left(\frac{1}{1+\theta}\right)+K-k$。对该策略进行分析可知,小规模产品质量缺陷下的间接成本 k 的增加将提高制造商的免赔额并降低制造商的投保额。这意味着商业保险策略 BI1 能够弥补的经济损失逐渐降低。因此,制造商在商业保险策略 BI1 下的 CVaR 值随 k 的增加而下降。此外,由引理 3.1 可知,在无商业保险的情况下,制造商的 CVaR 值与间接成本 k 无关。因此,$\Delta CVaR$ 随 k 的增加而下降。然而,在这种情况下,间接成本 k 的变化对 $\Delta\eta$ 的影响是不确定的。这是因为,间接成本 k 的上升一方面增加了质量缺陷引发的期望损失进而降低了制造商在无商业保险下的期望利润;另一方面,间接成本 k 的上升降低了制造商的投保额度进而降低了期望索赔额。这两种效用最终导致 $\Delta\eta$ 的变化具有不确定性。(2)若 $1-F(\gamma)<\eta$,由引理 3.1 可知,在无商业保险的情况下,制造商的 $CVaR$ 值与间接成本 k 负相关。由定理 3.2 可知,如果购买商业保险,制造商的最优商业保险策略仍为 BI1。但是,在这种情况下,制造商的风险规避程度比较低,制造商更关注的是大规模产品质量缺陷发生时的经济损失而不是小规模产品质量缺陷下的经济损失。因此,间接成本 k 对商业保险策略 BI1 下制造商的 CVaR 值的影响相对 $\eta<1-F(\gamma)$ 时较弱。特别是,当大规模产品质量缺陷下的间接经济损失 K 较高即 $K>K_1$ 时,k 上升造成的商业保险策略 BI1 下 $CVaR$ 值的降幅要小于无商业保险时 CVaR 值的降幅。最终,$\Delta CVaR$ 随 k 的增加而上升。(3)若 $\frac{1}{1+\theta}\leqslant 1-F(\gamma)$,最优商业保险策略变为 BI2,即

$$d_2^* = cQF^{-1}\left(\frac{1}{1+\theta}\right)+K, \quad L_2^* = cQ - cQF^{-1}\left(\frac{1}{1+\theta}\right)。$$

这时,k 的上升不会改变保险策略 BI2 的投保额及免赔额。因此,当 k 上升时,制造商在商业保险策略 BI2 下的 CVaR 值降幅与无商业保险下的 CVaR 值降幅是相等的。最终,$\Delta CVaR$ 不会随 k 的变化而发生改变。然而,间接成本 k 的上升增加了期望经济损失,使制造商在无商业保险下的期望利润下降。因此,$\Delta\eta$ 随 k 的增加而下降。

二、风险规避程度与安全因子的影响

本小节重点分析风险规避系数 η 和安全因子 θ 对商业保险价值的影响。

推论 3.4 在替代区域,$CVaR_\eta[\pi(R, d^*, L^*)]$ 和 $E_\eta[\pi(R, d^*, L^*)]$

与风险规避程度 η 无关。在互补区域，$\Delta CVaR$ 随着风险规避程度的下降(即随 η 的增加)而下降。但是，$\Delta\eta$ 与风险规避系数 η 无关。■

正如上文所述，商业保险可部分弥补制造商在产品发生质量缺陷时的经济损失，使制造商的风险承受能力得到提高。这时，风险规避系数 η 不再是影响制造商进行生产运营决策的因素。因此，在替代区域，制造商在商业保险下的 CVaR 值与期望利润与风险规避程度无关。然而，在互补区域，随着 η 的上升，质量缺陷造成的经济损失对制造商的不利影响逐渐减弱，制造商在无商业保险下的 CVaR 值将逐渐上升。这时，商业保险的吸引力逐渐下降。最终，在互补区域，$\Delta CVaR$ 随着 η 的上升而下降。与之不同，由于 η 的变化不会改变最优保险策略及期望利润，在互补区域，$\Delta\eta$ 与风险规避系数 η 无关。

推论 3.5 在替代区域，$CVaR_\eta[\pi(R,\ d^*,\ L^*)]$ 随着安全因子 θ 的增加而下降。然而，安全因子 θ 对 $\Delta\eta$ 和 $E_\eta[\pi(R,\ d^*,\ L^*)]$ 的影响具有不确定性。在互补区域，$\Delta CVaR$ 随着安全因子 θ 的增加而下降。■

推论 3.5 说明，较高的安全因子意味着商业保险的购买成本较高，这将大幅降低商业保险的吸引力，使 $\Delta CVaR$ 和 $CVaR_\eta[\pi(R,\ d^*,\ L^*)]$ 下降。然而，安全因子的上升降低制造商的投保额度进而降低期望索赔额。这两种效果使安全因子 θ 对 $\Delta\eta$ 和 $E_\eta[\pi(R,\ d^*,\ L^*)]$ 的影响具有不确定性。

最终，对上述推论进行总结，其结果由表 3.1 给出。

表 3.1　　系统参数对商业保险价值的影响

系统参数	当 $\eta<\bar{\eta}$ 时		当 $\eta>\bar{\eta}$ 时	
	$CVaR_\eta[\pi(R,\ d^*,\ L^*)]$	$E_\eta[\pi(R,\ d^*,\ L^*)]$	$\Delta CVaR$	$\Delta\eta$
c	↘	↘	↗	↘
k	↘	↘	不确定	不确定
K	↘	↘	↗	↘
η	→	→	↘	→
θ	↘	不确定	↘	不确定

三、退货率分布的影响

本小节主要分析退货率分布对商业保险价值的影响。实践中，由质量缺陷引发的产品退货率可能服从多种分布。如 Hayek 和 Salameh(2001)，Chan 等(2003)在研究中分别假设产品存在缺陷并退回制造商进行返修的比率服从均匀分布和正态分布。此外，Sarkar 等人(2014)则研究了产品缺陷率服从均匀分布、三角分布和 β 分布时的生产库存问题。事实上，因质量缺陷导致的退货率，其分布具有单峰、正偏态的特性。用于拟合该类分布的概率密度函数有：β 分布、Γ 分布、*Relley* 分布、*chi* 平方分布、对数正态分布等等。其中，通过改变形状参数，β 分布可以逼近其他的分布形式，且 β 分布具有有界性，能够更好地描述实际退货率取值范围在 $[0,1)$ 区间上的特性。为此，不失一般性，根据 Sarkar 等人(2014)的研究，本小节假设退货率 R 服从 β 分布，且 R 的均值及方差分别为 μ 和 σ^2。另外，设 $\mu \in \{0.28, 0.29, 0.30, \cdots, 0.38\}$，$\sigma^2 = \{0.001, 0.002, 0.003, \cdots, 0.009\}$，$p = 10$，$c = 10$，$K = 600$，$k = 200$，$\theta = 0.6$，$Q = 100$，$\eta = 0.4$。需要说明的是，这里共有 99 组均值-方差组合，每一组均值-方差对应一个 $\bar{\eta}$。

(一) 退货率分布对最优保险策略的影响

本小节首先分析退货率分布对制造商最优决策的影响，结果见图 3.7。由图 3.7 可知，(1)随退货率均值 μ 或方差 σ^2 的增加，产品质量问题引发的潜在经济损失逐渐上升，$\bar{\eta}$ 随之上升。(2)当均值 μ 较低时(见图 3.7 的浅灰色区域)，制造商的风险规避程度将低于 $\bar{\eta}$(即 $\eta > \bar{\eta}$)。也就是说，制造商位于互补区域。由定理 3.2 可知，不论是否购买商业保险，制造商都可接受订单。这时，商业保险的主要作用是帮助制造商获得更高的 CVaR 值。特别是，退货率的均值 μ 非常低时，产品质量相对较高。在这种情况下，制造商的最优保险策略为 BI1。如果退货率均值 μ 上升但方差 σ^2 非常低时，制造商的最优商业保险策略为 BI2。(3)当均值 μ 较高时(见图 3.7 的深灰色区域)，制造商的风险规避程度将高于 $\bar{\eta}$(即 $\eta < \bar{\eta}$)。也就是说，制造商位于替代区域。由定理 3.2 可知，如果未购买商业保险，制造商将拒绝订单。但是，在商业保险的帮助下，制造商可接受订单。这时，保险的主要作用是帮助制造商改变生产决策。特别是，退货率均值 μ 相对较低但方差 σ^2 非常高时，制造商的最优保险策略为 BI1。退货率均值 μ 非常高但方差 σ^2 相对较低时，制造商的最优保险策略为 BI2。(4)当退货率均值 μ 和方差 σ^2 都非常高时(见图 3.7 的右上角空白区域)，产品质量风险非常高。这时，不论是否购买商业保险，制造商都应拒绝订单。

由这些结论可以发现，(1)产品质量越好，制造商越倾向于购买商业保险。反而，产品质量下降，商业保险的吸引力反而降低。这是因为，产品质

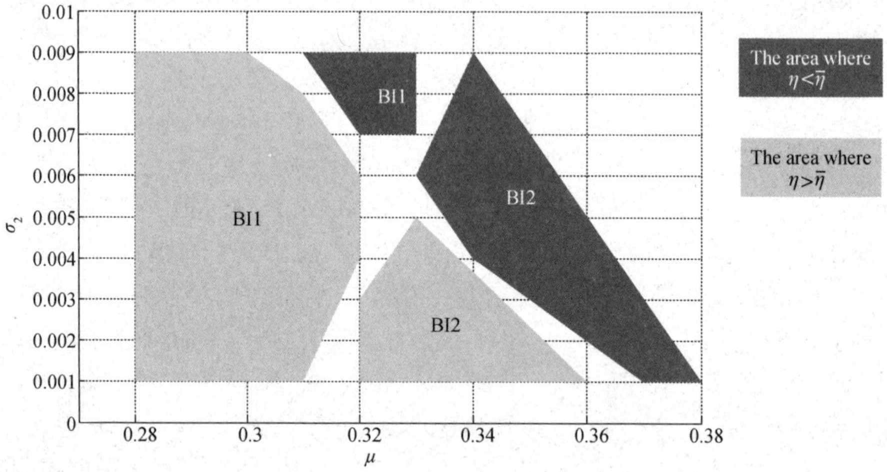

图 3.7　不同分布下的最优决策

量越好，制造商的期望经济损失越低。这意味着，制造商购买商业保险所需的成本较低。换而言之，产品质量越高，商业保险带来的收益会远高于商业保险带来的成本。相反的，产品质量越低，制造商为购买商业保险必须支付高额的费用。这时，商业保险的效用会大幅降低。(2)产品质量越好，制造商越倾向于购买具有较高投保额的商业保险策略。尽管投保额越高，商业保险的购买成本越高。但是，产品质量的上升降低了期望索赔额，从而降低商业保险的购买费用。因此，产品质量较高时，购买商业保险策略 BI1 会更有效。

（二）退货率分布对商业保险价值的影响

互补区域内退货率均值 μ 和方差 σ^2 对 $\Delta CVaR$ 的影响可见图 3.8。由图 3.8 可知，当退货率均值 μ 较低时，制造商选择商业保险策略 BI1。若均值 μ 较高，制造商选择商业保险策略 BI2。这是因为，退货率均值较低意味着期望损失较低。这时，商业保险的购买成本相对较低。对于制造商而言，可购买投保额更高的商业保险策略 BI1。此外，随着退货率方差的增加，$\Delta CVaR$ 上升。这说明，商业保险在对冲由退货率波动导致的下方利润的波动风险时更有效。然而，退货率均值 μ 对 $\Delta CVaR$ 的影响是不确定的。退货率均值 μ 和方差 σ^2 对 $\Delta\eta$ 的影响可见图 3.9。由于商业保险策略 BI1 的投保额高于商业保险策略 BI2 下的投保额，商业保险策略 BI1 的购买成本会更高。因此，商业保险策略 BI1 下的 $\Delta\eta$ 要明显低于商业保险策略 BI2 下的 $\Delta\eta$。此外，退货率均值 μ 的增加意味着期望经济损失的上升，商业保险的购买成本随之上升。因此，均值 μ 的增加导致 $\Delta\eta$ 下降。然而，退货率方差 σ^2 对 $\Delta\eta$ 的影响是不确定的。如，当均值 $\mu=0.28$ 时，$\Delta\eta$ 随方差 σ^2 的增加而下降。当均值 $\mu=0.31$ 时，$\Delta\eta$ 随方差 σ^2 的增加而上升。

替代区域内退货率均值 μ 和方差 σ^2 对制造商在商业保险下的 CVaR 值的的影响可见图 3.10。由图 3.10 可知，当退货率均值 μ 较低时，制造商选择商业保险策略 BI1。若均值 μ 较高，制造商选择商业保险策略 BI2。此外，制造商在商业保险下的 CVaR 值随均值 μ 的上升而下降。这是因为，均值 μ 的上升增加了期望经济损失。然而，退货率方差 σ^2 对制造商在商业保险下的 CVaR 值的影响是不确定的。退货率均值 μ 和方差 σ^2 对制造商在商业保险下的期望利润的影响见图 3.11。随均值 μ 的上升，期望经济损失增加，进而制造商在商业保险下的期望利润将降低。需要指出的是，当退货率方差 σ^2 变大时，制造商在商业保险下的期望利润反而增加。这是因为，随 σ^2 的增加，退货率波动造成的利润的下方波动会越明显，而商业保险正好可以有效抑制这种波动性。因此，退货率的波动性越高，制造商在商业保险下的期望利润反而越高。

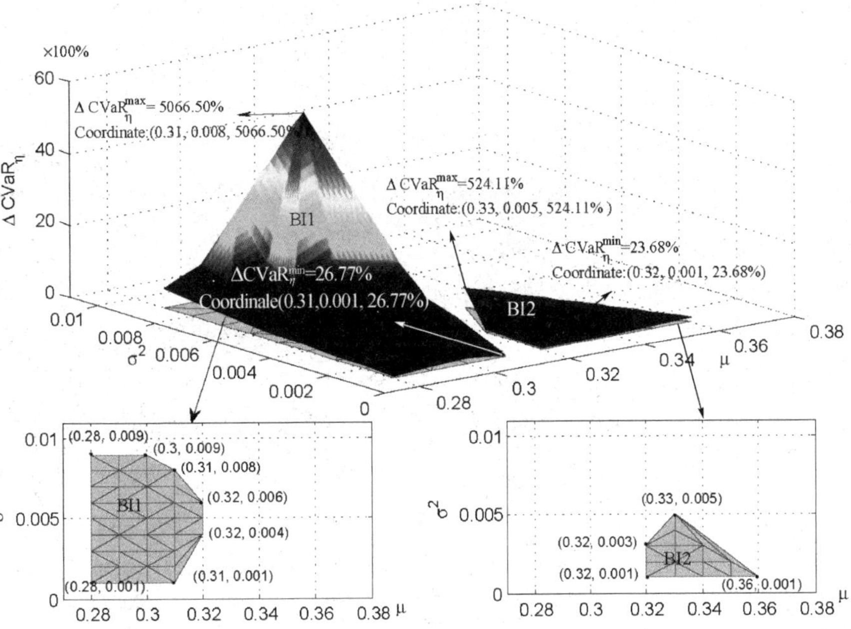

图 3.8　退货率分布对 *ΔCVaR* 的影响

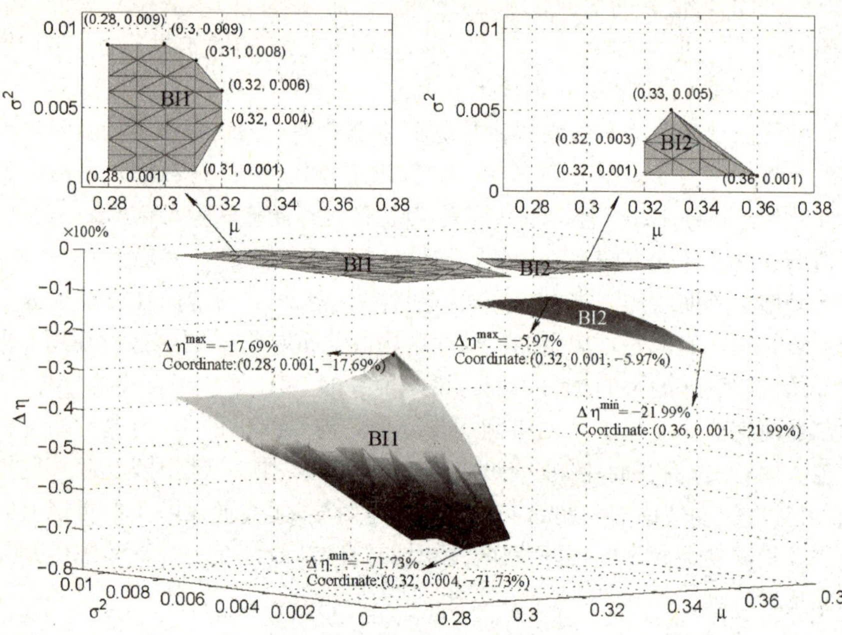

图 3.9　退货率分布对 $\Delta\eta$ 的影响

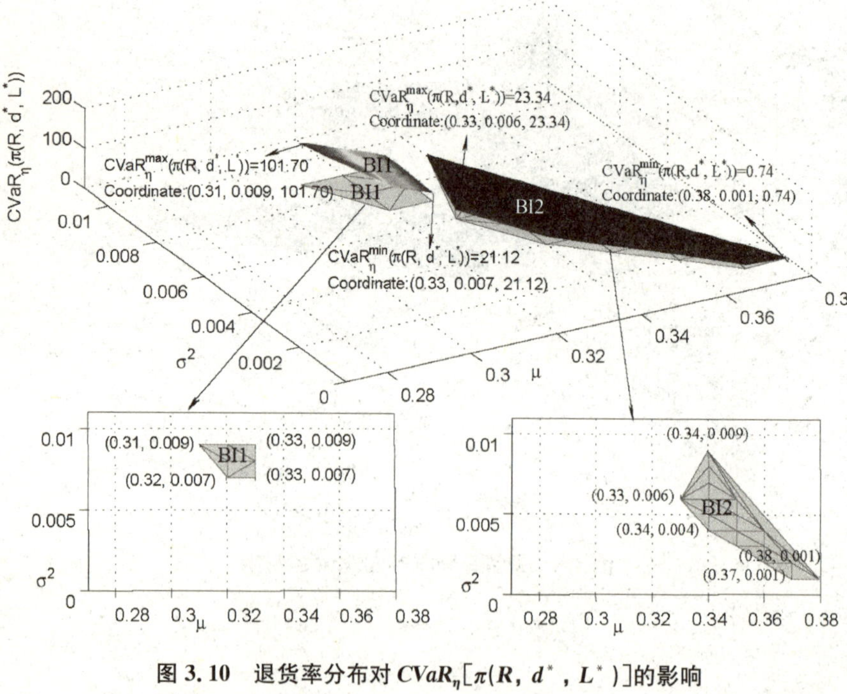

图 3.10　退货率分布对 $CVaR_\eta[\pi(R, d^*, L^*)]$ 的影响

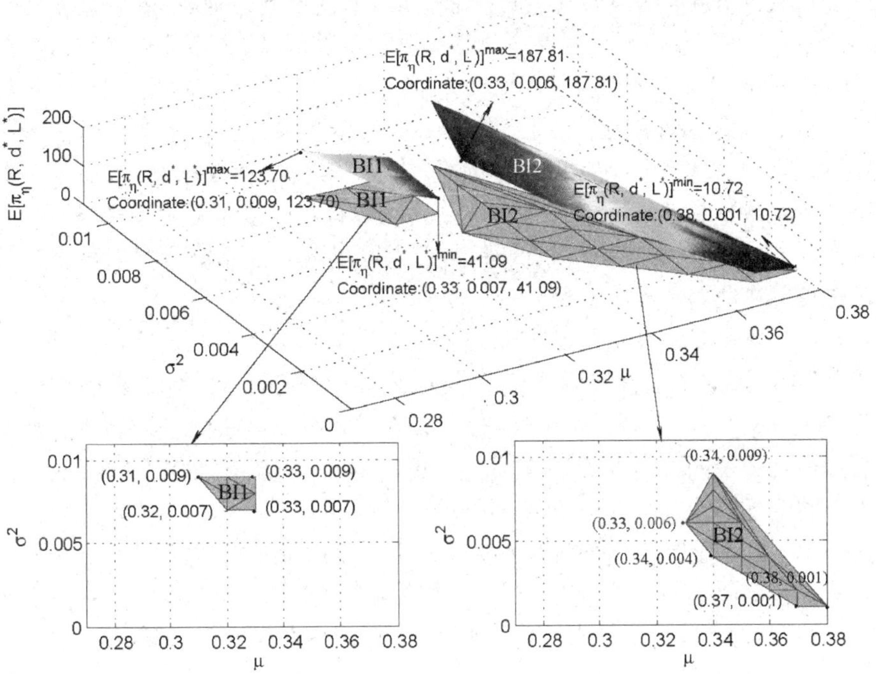

图 3.11　退货率分布对$E_\eta[\pi(R, d^*, L^*)]$的影响

第五节　本 章 小 结

本章基于单周期生产决策模型，研究了风险规避制造商利用商业保险规避产品质量风险的条件及最优的保险策略，并分析了运营策略与商业保险在产品质量风险管理中的相互关系，揭示了商业保险在产品质量风险管理中所具有的避险价值。最后，利用算例分析了系统参数变化如何影响最优保险策略的制定及商业保险的避险价值。

研究发现：

（1）当制造商风险规避程度较高而商业保险的购买成本较低时，购买商业保险可帮助更多风险规避制造商转变运营决策，由不接受订单变为接受订单。这是因为，利用商业保险，制造商可将潜在经济损失转移给第三方金融机构，并借助金融机构强大的风险吸收能力提高自身的风险承受能力。特别是，当商业保险购买成本足够低时，商业保险带来的收益要高于制造商为购买商业保险而支付的成本，因此，购买商业保险成为最优的选择。

(2) 当制造商的风险规避程度较低时,即使没有商业保险,制造商也可接受订单。然而,如果商业保险的购买成本足够低,购买商业保险可改善制造商的境况,帮助制造商获得更高的 CVaR 值。研究表明,对于风险规避程度较低的制造商而言,潜在的经济损失不再是影响其进行生产运营决策的关键因素。这些企业往往更关注的是如何获得较高的期望利润,而商业保险的购买成本作为一种生产前的投入成本,直接影响制造商的盈利水平。因此,当企业风险规避程度较低时,商业保险的购买成本必须足够低才能给制造商带来收益。

(3) 当外部故障成本较高时,制造商的商业保险购买意愿降低。这是因为,外部故障成本是核算商业保险购买成本的关键要素。外部故障成本越高,制造商面对的产品质量风险越大,商业保险的期望索赔额越高。这意味着制造商为了购买商业保险必须支付更高的成本,而商业保险购买成本的上升将降低商业保险的吸引力。

(4) 当商业保险的安全因子降低时,制造商更倾向于购买具有更高投保额的商业保险策略。安全因子作为核算商业保险购买成本的另一关键要素,它的降低意味着商业保险购买成本的下降,商业保险更具吸引力。

(5) 产品质量越好,制造商越倾向于购买商业保险。此外,产品质量越好,制造商越倾向于购买具有较高投保额的商业保险策略。这是因为,产品质量越高,发生产品质量风险事件的概率会越小。这将大幅降低商业保险的期望索赔额,从而降低商业保险的购买成本,使制造商能够负担得起具有更高投保额度的商业保险策略。

第四章
商业保险与入厂检测的选择

第一节 基本问题

Ford 汽车制造商曾指出，公司 76%的产品质量问题源于一级供应商(Sherefkin, 2002)。尽管质量缺陷源于供应商，但由此引发的产品召回事件也会对购买企业造成严重的经济损失。如 2016 年的三星手机召回事件，因供应商的电池存在质量问题，三星损失近 50 亿美元。实践中，为了阻止缺陷产品进入市场，许多企业会对供应商的产品进行入厂检测(Incoming inspection)。与商业保险的避险机理不同，入厂检测作为一种风险事前防控策略，旨在降低产品质量风险事件发生的概率，从而达到风险防控的目的。全球最大的玩具制造商 Mattel 在经历了一系列铅污染召回事件后，与它的合同制造商建立了严格检测机制。Dong 等人(2016)指出，入厂检测策略在应对多级供应链的质量风险时会更有效。而 Babich 和 Tang(2012)认为入厂检测策略可以更好地控制国外供应商的投机行为。那么，当产品质量风险源于供应商时，究竟是风险事前防控还是风险事后缓解策略管理供应链产品质量风险更有效?

一、问题描述

为了回答上述问题，本章以信息对称下单周期风险规避制造商的生产决策模型为基础，研究制造商供应链产品质量风险管理策略的选择问题。具体研究内容包括：(1)什么条件下制造商应利用入厂检测策略规避供应链产品质量风险？如果实施入厂检测策略，最优检测水平如何制定？(2)什么条件下制造商应利用商业保险策略规避供应链产品质量风险？如果购买商业保险，最优商业保险策略如何制定？(3)什么条件下制造商应利用联合策略规避供应链产品质量风险？如果采取联合策略，最优策略组合如何制定？

二、策略描述

假设制造商生产 Q 单位最终产品需向上游供应商采购 Q 单位零部件。为了简化模型，设 $Q=1$。零部件的单位采购价格为 w。根据 Balachandran 和 Radhakrishnan(2005)的研究，定义供应商零部件的质量水平为 α，该质量水平反应了零部件能够实现需求功能的概率。实践中，这个质量水平可由历史数据或采购合约给定。因此，本章将质量水平视为共有信息。制造商接收零部件后立即投入生产并以单位收益 p 交付最终产品。如果最终产品是由缺陷零部件构成，当产品进入市场后，缺陷问题最终会被消费者发现，制造商因此产生外部故障成本 c。根据假设可知，零部件质量问题导致最终产品发生外部故障的概率为 $1-\alpha$。

为了控制供应商的质量水平、缓解供应商零部件质量问题引发的经济损失，制造商可实施入厂检测策略或商业保险策略。

(一) 入厂检测策略

在入厂检测策略下，制造商将对零部件进行入厂检测。入厂检测作为预防产品质量风险的一种风险事前防控策略，旨在降低产品发生外部故障的概率。根据 Balachan*d*ran 和 Radhakrishnan(2005)的研究，定义制造商的检测水平为 γ 且 $\gamma \in [0,1]$，检测水平表示的是缺陷零部件被检测成功识别的概率[①]。在本章模型中，检测水平 γ 为制造商的决策变量。此外，根据 Balachandran 和 Radhakrishnan(2005)的研究，设只有缺陷零部件无法通过检测。相应的，入厂检测的成本函数为 $f(\gamma)$，且为严格的凹函数：$f'(\gamma)>0$，$f''(\gamma)>0$。其中，$f'(\gamma)>0$ 说明，检测水平越高，检测的实施成本越高。$f''(\gamma)>0$ 说明检测的边际成本是检测水平的增函数，即随着检测水平的上升，制造商为提高单位检测水平所付出的成本会越高。当零部件交付时，制造商支付采购价格 w。同时，制造商对零部件进行检测。如果缺陷零部件被检测成功识别，制造商将拒绝接收零部件并获得供应商的经济补偿 k。若零

① 检测函数包括抽样检测及可靠性检测，因此，检测水平 γ 是关于抽样检测及可靠性检测的联合概率(Balachandran 和 Radhakrishnan, 2005)。

部件通过检测，制造商接收零部件。此外，检测成本满足：$f(\gamma=0)=f'(\gamma=0)=0$，$f(\gamma=1)=f'(\gamma=1)=\infty$。该条件说明检测水平为零时，无成本发生。若检测是完美的，即缺陷零部件的识别概率为 1，检测的成本将无穷大。事实上，检测水平为零意味着制造商不实施入厂检测策略。

(二) 商业保险策略

为了降低产品质量缺陷造成的经济损失，制造商可向金融机构购买商业保险。商业保险作为风险事后缓解策略，旨在减少产品质量风险事件带来的经济损失。与第一章相同，假设商业保险的购买费用为 I、免赔额为 d 和最高投保额为 L。此外，商业保险的购买费用为 $I=(1+\theta)\mu$。其中，θ 为安全因子，μ 为期望索赔额，且 μ 满足：$\mu(d, L)=E[\min\{[c-d]^{+}, L\}]$。该式中 $[c-d]^{+}=\max\{c-d, 0\}$，为免赔额之外的经济损失。此外，商业保险的有效性要求 $0\leqslant d+L\leqslant c$。

三、决策序列

当两种策略可同时使用时，制造商的决策序列见图 4.1：

(1) 制造商向供应商采购零部件，并选择是否实施入厂检测策略和商业保险策略。如果选择实施入厂检测，制造商还需要决策最优检测水平 γ。如果购买商业保险，制造商还需要决策最优商业保险策略 (d, L)。

(2) 零部件交付，制造商支付采购价格 w。在入厂检测策略下，制造商将对零部件进行入厂检测。如果零部件未通过检测，制造商将拒绝接收零部件并获得供应商的经济补偿 k。如果零部件通过检测将被立即投入生产。

(3) 生产结束后，最终产品将以单位收益 p 售出。一旦最终产品进入市场后发生质量问题，制造商将承担外部故障成本 c。

(4) 如果制造商购买了商业保险，当外部故障成本 c 发生时，制造商可向金融机构索赔并获得赔付 $\min\{[c-d]^{+}, L\}$。

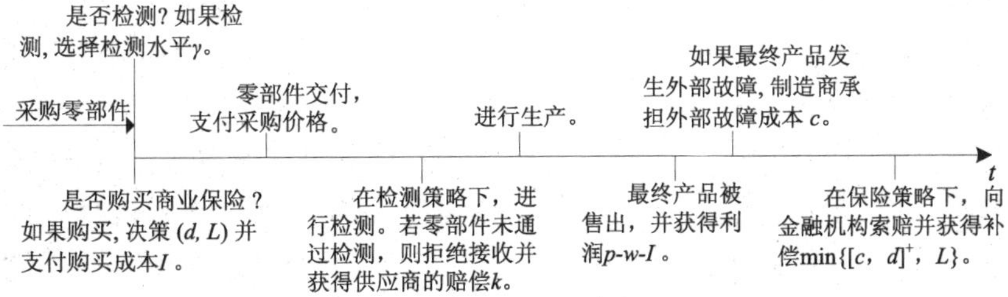

图 4.1　制造商的决策序列

四、模型假设

为了保证模型的有效性，系统参数需满足如下假设条件：

假设 4.1 $p-c<w<k<p$。

假设 4.1 中，$k<p$ 说明制造商在缺陷零部件被成功识别时能够获得的收益要低于无缺陷零部件带来的收益。该条件避免了制造商利用入厂检测策略拒绝无缺陷零部件的情况发生。$p-c<k$ 说明制造商利用入厂检测策略拒绝缺陷零部件的收益高于销售含有缺陷零部件的产品能够获得的收益。该条件确保制造商有实施入厂检测策略的动机。$p-c<w$ 说明制造商在产品发生外部故障(即制造商在最坏的情况下)时只能获得负的利润。该假设意味着产品的外部故障成本非常高。

假设 4.2 $p-w-(1-\alpha)c>0$。

假设 4.2 意味着制造商在未采取任何策略规避产品质量风险时可以获得正的期望利润。该假设保证风险中性的制造商在未采取任何策略规避产品质量风险时能够从事零部件的采购活动。

五、目标函数

本章假设制造商是风险规避的并以 CVaR 方法进行测度。这时，给定检测水平 γ 和商业保险 (d, L)，制造商的利润函数为 $\pi(\gamma, d, L)$：

$$\pi(\gamma, d, L)=\begin{cases} p-w-f(\gamma)-I, & \text{概率为 } \alpha, \\ k-w-f(\gamma)-I, & \text{概率为 } (1-\alpha)\gamma, \\ p-w-c-f(\gamma)-I+\min\{[c-d]^{+}, L\}, & \text{概率为 } (1-\alpha)(1-\gamma)。\end{cases} \tag{4.1}$$

式(4.1)中，产品无缺陷的概率为 α。这时，产品的收益为 p，制造商可获得利润 $p-w-f(\gamma)-I$。零部件有缺陷但被成功识别的概率为 $(1-\alpha)\gamma$。这时，制造商获得收益 k，他的利润为 $k-w-f(\gamma)-I$。零部件有缺陷但未被识别的概率为 $(1-\alpha)(1-\gamma)$。这时，产品的收益为 p，制造商的利润为 $p-w-c-f(\gamma)-I+\min\{[c-d]^{+}, L\}$。与第一章不同，本章模型中外部故障造成的经济损失要么为零，要么为 c。这表明，商业保险的免赔额及投保额的总和一定满足 $d+L=c$，即 $d=c-L$。将该条件代入可得制造商的实际索赔额为 $\min\{[c-d]^{+}, L\}=L$。最终，金融机构面对的期望索赔额可简化为 $\mu=(1-\alpha)(1-\gamma)L$，商业保险的购买费用可简化为检测水平 γ 与投保额 L 的函数：

$$I(\gamma, L) = (1+\theta)(1-\alpha)(1-\gamma)L。$$

其中，$(1-\alpha)(1-\gamma)$ 又为产品发生外部故障的概率。由商业保险购买费用的表达式可以看出，当零部件质量水平或检测水平降低时，制造商的期望经济损失 $(1-\alpha)(1-\gamma)L$ 上升，进而商业保险的购买成本上升。

由利润函数可得制造商的 CVaR 值：

$$CVaR_\eta[\pi(\gamma, L)] = \max_{v\in R}\left\{v + \frac{1}{\eta}E[\min(\pi(\gamma, L) - v, 0)]\right\}。\quad (4.2)$$

由式(4.2)可知，当制造商是风险中性的(即 $\eta = 1$ 时)，制造商的 $CVaR$ 值可简化为：$CVaR_{\eta=1}[\pi(\gamma, L)] = E[\pi(\gamma, L)]$。将式(4.1)代入式(4.2)可得风险规避制造商的 CVaR 值。

引理 4.1 给定检测水平 γ 及投保额度 L，制造商的 CVaR 值为：

(1) 当 $1-\alpha \leqslant \eta$ 时，

$$CVaR_\eta[\pi(\gamma, L)] = p - w - f(\gamma) - \left[(1+\theta) - \frac{1}{\eta}\right](1-\alpha)(1-\gamma)L - \frac{(1-\alpha)[(1-\gamma)c + \gamma(p-k)]}{\eta} \quad (4.3)$$

其中 $0 \leqslant \gamma \leqslant 1$，$0 \leqslant L \leqslant c$。

(2) 当 $\eta \leqslant 1-\alpha$ 时，若 $0 \leqslant L \leqslant k+c-p$，

$$CVaR_\eta[\pi(\gamma, L)] = \begin{cases} p-w-c-f(\gamma)+[1-(1+\theta)(1-\alpha)(1-\gamma)]L, & 0 \leqslant \gamma \leqslant 1-\dfrac{\eta}{1-\alpha}, \\ k-w-f(\gamma)-\left[(1+\theta)-\dfrac{1}{\eta}\right](1-\alpha)(1-\gamma)L - \dfrac{(1-\alpha)(1-\gamma)(k+c-p)}{\eta}, & 1-\dfrac{\eta}{1-\alpha} \leqslant \gamma \leqslant 1。\end{cases} \quad (4.4)$$

若 $k+c-p \leqslant L \leqslant c$，

$$CVaR_\eta[\pi(\gamma, L)] = \begin{cases} p-w-c-f(\gamma)+\left[1-(1+\theta)(1-\alpha)(1-\gamma) - \dfrac{(1-\alpha)\gamma}{\eta}\right]L + \dfrac{(1-\alpha)\gamma(k+c-p)}{\eta}, & 0 \leqslant \gamma \leqslant \dfrac{\eta}{1-\alpha}, \\ k-w-f(\gamma)-(1+\theta)(1-\alpha)(1-\gamma)L, & \dfrac{\eta}{1-\alpha} \leqslant \gamma \leqslant 1。\end{cases} \quad (4.5) \ ■$$

这时，制造商的决策目标为：

$$\max_{0\leqslant\gamma\leqslant1,\ 0\leqslant L\leqslant c} CVaR_{\eta}[\pi(\gamma,\ L)] \tag{4.6}$$

为了更好地分析入厂检测与商业保险的运作机理，本章首先给出制造商在未采取任何策略规避产品质量风险时的最优决策。

定理 4.1 当制造商未采取任何策略规避产品质量风险时，

(1) 制造商的 CVaR 值为：若 $0<\eta\leqslant1-\alpha$，$CVaR_{\eta}^{0}=p-w-c$；若 $1-\alpha<\eta<1$，$CVaR_{\eta}^{0}=p-w-\dfrac{(1-\alpha)c}{\eta}$。制造商的期望利润为：

$$E_{\eta}^{0}=p-w-(1-\alpha)c。$$

(2) 制造商的最优决策为：只有当风险规避程度满足 $\eta>\eta^{0}=\dfrac{(1-\alpha)c}{p-w}$ 时，制造商才能进行零部件的采购。否则，制造商不应采购零部件。■

由定理 4.1 可知，制造商在无策略下的最优决策被风险规避程度分成了两个区域：

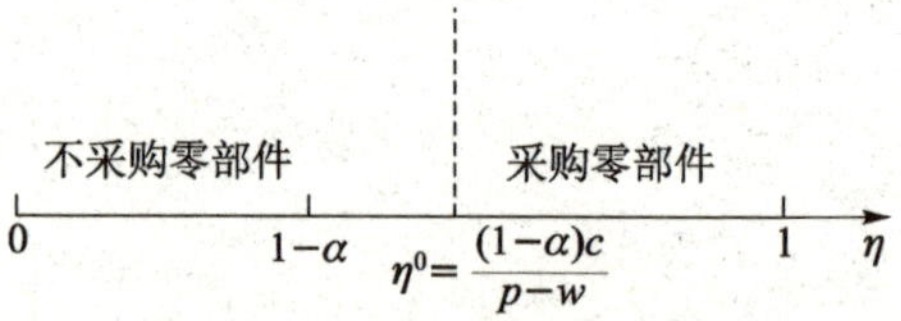

图 4.2　无策略下的最优决策

(1) 当制造商的风险规避程度非常高(即 $\eta<1-\alpha$) 时，缺陷零部件造成的经济损失成为影响制造商决策的关键因素。这时，制造商的 CVaR 值等于制造商在最坏情况(即缺陷零部件进入市场)时实现的利润水平。由于外部故障成本较高，在这种情况下，制造商不能进行零部件采购。

(2) 当风险规避程度较低(即 $1-\alpha<\eta$) 时，制造商的 CVaR 值随风险规避程度的下降(即随 η 的上升)而上升。期望利润逐渐取代潜在经济损失成为影响制造商决策的主要因素。特别是，当风险规避程度足够低(即 $\eta>\eta^{0}$) 时，较低的风险规避程度使制造商可以获得正的 CVaR 值。因此，进行零部件采购是最优决策。

第二节　单一策略的比较

入厂检测可在生产前控制产品质量风险事件发生的概率，而商业保险可在产品质量风险事件发生后弥补经济损失。两种策略在应对产品质量风险时的作用机理是不同的。那么，在什么条件下这种事前防控策略会优于事后缓解策略？在什么条件下事后缓解策略又会优于事前防控策略？为了解决这个问题，本节考虑两种极端情景下的最优决策问题。第一种情景，制造商只能采取入厂检测策略规避产品质量风险。第二种情景，制造商只能利用商业保险规避产品质量风险。

一、入厂检测策略下的最优决策

当制造商只能利用入厂检测策略规避风险时，式(4.2)中 $L=0$。简化式(4.2)并对其求解可得制造商在检测水平 γ 下的 $CVaR$ 值。

引理 4.2　给定检测水平 γ，制造商的 $CVaR$ 值满足：

(1) 当 $\eta \leqslant (1-\alpha)(1-\gamma)$ 时，$CVaR_{\eta}[\pi(\gamma)] = p-w-c-f(\gamma)$；

(2) 当 $(1-\alpha)(1-\gamma) < \eta \leqslant 1-\alpha$ 时，

$$CVaR_{\eta}[\pi(\gamma)] = k-w-f(\gamma)-\frac{(1-\alpha)(1-\gamma)(k+c-p)}{\eta};$$

(3) 当 $1-\alpha < \eta$ 时，

$$CVaR_{\eta}[\pi(\gamma)] = p-w-f(\gamma)-\frac{(1-\alpha)[(1-\gamma)c+\gamma(p-k)]}{\eta}。 \quad ■$$

由引理 4.2(1)可知，当制造商的风险规避程度非常高时[即 $\eta \leqslant (1-\alpha)(1-\gamma)$]，检测的边际收益为零。由引理 4.2(2) 和 4.2(3) 可知，当风险规避程度相对较低时[即 $(1-\alpha)(1-\gamma) < \eta$]，检测的边际收益为 $\frac{(1-\alpha)(k+c-p)}{\eta}$。因此，给定制造商的风险规避程度 η，使制造商 $CVaR$ 值最大化的检测水平 $\gamma_1(\eta)$ 应满足边际成本等于边际收益这一条件，即：

$$f'[\gamma_1(\eta)] = \frac{(1-\alpha)(k+c-p)}{\eta}。 \tag{4.7}$$

由式(4.7)可知，随着制造商风险规避程度的上升，即随着 η 的降低，最优检测水平 $\gamma_1(\eta)$ 逐渐上升。这说明，风险规避程度越高，制造商越需要提高缺陷零部件的识别水平以降低潜在的风险。特别的，当 $\eta = 1-\alpha$ 时，制造商的最优检测水平为 $\bar{\gamma}_1 = \gamma_1(\eta) = \gamma_1(1-\alpha)$。

此外，定义 η_0 和 η_1 分别满足如下条件：

$$k-w-f[\gamma_1(\eta_0)]-\frac{(1-\alpha)[1-\gamma_1(\eta_0)](k+c-p)}{\eta_0} = 0, \tag{4.8}$$

$$p-w-f[\gamma_1(\eta_1)]-\frac{(1-\alpha)\{[1-\gamma_1(\eta_1)]c+\gamma_1(\eta_1)(p-k)\}}{\eta_1}=0。\tag{4.9}$$

最后,定义 $\bar{\eta}$ 满足如下条件:如果 $CVaR_{\eta=1-\alpha}[\pi(\bar{\gamma}_1)]>0$,$\bar{\eta}=\eta_0<1-\alpha$;如果 $CVaR_{\eta=1-\alpha}[\pi(\bar{\gamma}_1)]<0$,$\bar{\eta}=\eta_1>1-\alpha$。

这时,制造商在入厂检测策略下的最优决策可由定理 4.2 给出。

定理 4.2 入厂检测策略下制造商的最优决策为:只有当风险规避程度满足 $\eta>\bar{\eta}$ 时,制造商应采购零部件并实施入厂检测策略 IS2:$\gamma^*=\gamma_1(\eta)$。否则,制造商不应采购零部件。■

定理 4.2 的内容由图 4.3 给出。由定理 4.2 可知,制造商在入厂检测策略下的最优决策被风险规避程度分成了两个区域:

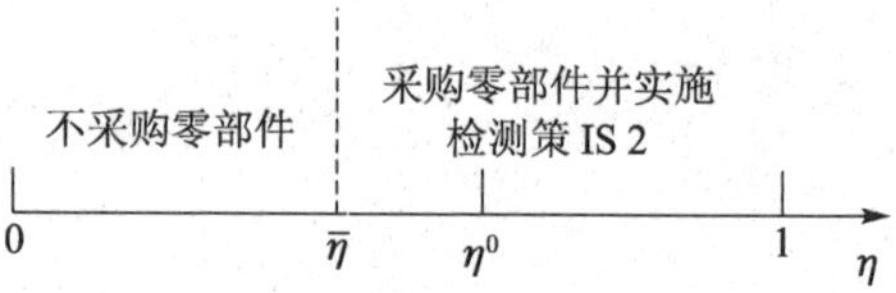

图 4.3 入厂检测策略下的最优决策

(1) 当风险规避程度非常高,即 $\eta\leqslant\bar{\eta}$ 时,制造商不应采购零部件。这是因为,尽管入厂检测可以帮助制造商降低产品质量风险事件的发生,但是,随着风险规避程度的不断上升,制造商必须以更高的检测水平来规避风险。这意味着入厂检测策略的实施成本越来越高。特别是当 $\eta\leqslant\bar{\eta}$ 时,入厂检测策略的实施成本将超过入厂检测策略带来的收益,使入厂检测策略在该区域失效。

(2) 随着风险规避程度不断降低,入厂检测策略的实施成本逐渐下降。特别是,当 $\bar{\eta}<\eta$ 时,入厂检测策略的实施成本将低于入厂检测策略带来的收益。这时,实施入厂检测策略可帮助制造商获得正的 *CVaR* 值。因此,在该区域,制造商应采购零部件并实施入厂检测策略 IS2。

与无策略下的最优决策相比较可以发现入厂检测策略的避险机理:(1)当风险规避程度较高(即 $\eta\leqslant\bar{\eta}$) 时,入厂检测策略不能帮助制造商获得正的 *CVaR* 值。因此,在该区域入厂检测策略是无效的。(2)当风险规避程度位于中间区域(即 $\bar{\eta}<\eta<\eta^0$) 时,由定理 4.1 可知,在无策略下,制造商不能采购零部件。但是,在入厂检测策略下制造商可以采购零部件。也就是说,在该区域,入厂检测策略通过降低缺陷零部件进入市场的概率帮助制造商转变运营决策,从不能采购零部件变成采购零部件。(3)当风险规避程度较低(即 $\eta^0<\eta$) 时,在无策略下,制造商也可采购零部件。但是,入厂检测策略可进一步降低期望经济损失,提高制造商的期望利润,从而帮助制造商获得更高的 *CVaR* 值。可以说,在该区域,入厂检测策略改善了制造商的境况。

基于上述分析可以看到，对于风险规避程度非常高的制造商而言，入厂检测策略通常是无效的。而入厂检测策略可以帮助更多风险规避程度位于中间区域的企业参与交易。如果制造商风险规避程度较低，入厂检测策略可有效改善企业的运营绩效。

确定了最优的入厂检测策略后，本章将分析系统参数的变化如何影响制造商对入厂检测策略的偏好。

推论 4.1 随着外部故障成本 c 的增加，$\bar{\eta}$ 逐渐上升，制造商更倾向于不采购零部件。随着经济补偿 k、产品单位收益 p 或质量水平 α 的上升，$\bar{\eta}$ 逐渐下降，制造商更倾向于实施入厂检测策略并进行零部件的采购。■

推论 4.1 表明，(1) 当外部故障成本 c 上升时，图 4.3 中的阈值 $\bar{\eta}$ 将向右移动，入厂检测策略 IS2 的有效区域变小。这是因为，外部故障成本的上升意味着缺陷零部件导致的期望经济损失的上升。制造商必须以更高的检测水平来控制风险，这将产生较高的检测成本，从而使入厂检测策略失效。(2) 当经济补偿 k、产品单位收益 p 或质量水平 α 的上升时，图 4.3 中的阈值 $\bar{\eta}$ 将向左移动，入厂检测策略 IS2 的有效区域变大。这是因为，经济补偿 k 的增加意味着制造商在缺陷零部件被识别时的收益会增加。这表明，缺陷零部件造成的期望经济损失随着经济补偿 k 的上升而降低。因此，入厂检测策略更具吸引力。产品单位收益或质量水平 α 的上升弱化了制造商面对的产品质量风险，制造商能以较低检测水平进行风险的规避。检测的有效区域变大。

二、商业保险策略下的最优决策

当制造商只能利用商业保险规避风险时，式(4.2)中 $\gamma = 0$。简化式(4.2)并对其求解可得制造商在商业保险策略 L 下的 $CVaR$ 值。

引理 4.3 给定投保额 L，制造商的 $CVaR$ 值满足：

(1) 当 $\eta \leqslant 1-\alpha$ 时，

$$CVaR_{\eta}[\pi(L)] = p - w - (1+\theta)(1-\alpha)L - \frac{(1-\alpha)(c-L)}{\eta};$$

(2) 当 $1-\alpha \leqslant \eta$ 时，

$$CVaR_{\eta}[\pi(L)] = p - w - (1+\theta)(1-\alpha)L - (c-L)。$$ ■

这时，制造商的决策目标是选择最优商业保险策略以实现 $CVaR$ 值最大化：$\max\limits_{0 \leqslant L \leqslant c} CVaR_{\eta}(\pi(L))$。为了便于描述，令 $\zeta = \dfrac{1}{1+\theta}$，制造商在商业保险策

略下的最优决策可由定理 4.3 给出。

定理 4.3 在商业保险策略下，制造商的最优决策为：如果制造商的风险规避程度及商业保险的安全因子满足 $\max\{\eta^0, \eta\} < \zeta$，制造商应采购零部件并购买商业保险策略 BI1：$d^* = 0$，$L^* = c$。如果 $\max\{\eta^0, \zeta\} < \eta$，制造商应采购零部件但不购买商业保险。如果 $\eta < \eta^0$ 且 $\zeta < \eta^0$，制造商不应采购零部件。■

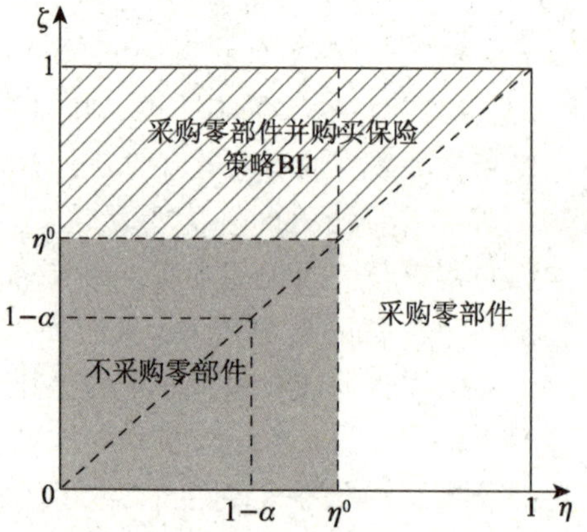

图 4.4 商业保险策略下的最优决策

定理 4.3 的内容由图 4.4 给出。正如前文所述，商业保险通过降低外部故障引发的经济损失帮助制造商规避财务危机。因此，商业保险策略的实施不会改变风险事件发生的概率。由定理 4.3 可知，制造商在商业保险策略下的最优决策被风险规避程度和安全因子分成四个区域：

(1) 当制造商的风险规避程度和商业保险的安全因子均较高，即 $\eta < \eta^0$ 且 $\zeta < \eta^0$ 时，制造商不应采购零部件。这是因为，较高的风险规避程度使潜在的经济损失成为影响制造商决策的关键因素。尽管商业保险可降低潜在经济损失，缓解制造商面对的产品质量风险，但是，由于较高的安全因子使商业保险的购买成本超过了保险能够为制造商带来的收益，进而导致商业保险在该区域失去作用。最终，在该区域，制造商无法进行零部件的采购。

(2) 当制造商的风险规避程度较高而商业保险的安全因子较低，即 $\eta < \eta^0$ 并且 $\eta^0 < \zeta$ 时，制造商应采购零部件并购买商业保险策略 BI1。在这个区域，商业保险的购买成本足够低，可以有效地帮助制造商降低潜在的经济损失从而达到避险的目的。在商业保险的帮助下，制造商可以从事零部件的采购。

(3) 当制造商的风险规避程度较低而商业保险的安全因子较高，即 $\eta^0 < \eta$ 并且 $\zeta < \eta$ 时，制造商不需要购买商业保险就可进行零部件的采购。

在该区域，较低的风险规避程度使潜在经济损失对制造商决策的影响逐渐弱化，商业保险吸引力逐渐减弱。特别是，如果安全因子较高，保险的购买成本将高于保险带来的收益。这时，不购买商业保险反而更优。

(4) 当制造商的风险规避程度与商业保险的安全因子均非常低，即 $\eta^0 < \eta$ 并且 $\eta < \zeta$ 时，制造商应采购零部件并购买商业保险策略 BI1。在该区域，较低的安全因子大幅降低了保险的购买成本，这使制造商能够以一个较低的成本降低潜在经济损失，从而达到避险的目的。

与无策略下的最优决策相比较可以发现商业保险策略的避险机理：(1)当风险规避程度非常高(即 $\eta \leqslant \eta^0$) 时，由定理 4.1 可知，在无策略下，制造商不能采购零部件。但是，如果安全因子足够低，制造商在商业保险的帮助下可以采购零部件。也就是说，安全因子足够低时，商业保险策略通过弥补潜在的经济损失帮助制造商转变运营决策，从不能采购零部件变成采购零部件。(2)当风险规避程度较低(即 $\eta^0 < \eta$) 时，在无策略下，制造商也可采购零部件。但是，当安全因子足够低时，商业保险策略可进一步降低期望经济损失，提高制造商的期望利润，从而帮助制造商获得更高的 *CVaR* 值。也就是说，安全因子足够低时，商业保险策略有助于制造商境况的改善。

基于上述分析可以看到，对于风险规避程度较高的制造商而言，只要安全因子足够低，商业保险就是一种良好的规避产品质量风险的策略。事实上，商业保险可被视为是一种能够有效提高制造商风险承受能力的方式。特别是，全额投保的商业保险策略(商业保险策略 BI1)可将潜在的经济损失完全转移给金融机构承担。这种全额保险的策略彻底消除了潜在经济损失对制造商决策的不利影响。

确定了最优的商业保险策略后，本章将分析系统参数的变化如何影响制造商对商业保险策略的偏好。

推论 4.2 随着外部故障成本 c 的增加，η^0 逐渐上升，制造商更倾向于不采购零部件。随着产品单位收益 p 或质量水平 α 的上升，η^0 逐渐下降，制造商更倾向于购买商业保险并进行零部件的采购。■

推论 4.2 表明，(1)当外部故障成本 c 上升时，图 4.4 中的无差异曲线 η^0 将向上和向右移动，商业保险策略 BI1 的有效区域变小。这是因为，外部故障成本的上升意味着保险购买成本的提高。(2)当产品单位收益 p 或质量水平 α 上升时，图 4.4 中的无差异曲线 η^0 将向下和向左移动，商业保险策略 BI1 的有效区域变大。这是因为，质量水平的上升弱化了制造商面对的产品质量风险，制造商能以较低成本购买商业保险。而产品单位收益的上升提高了制造商的整体收益水平，使其能够负担更高的保险成本。

三、入厂检测还是商业保险

给出单一策略下的最优决策后，本小节将比较研究两种单一策略对制造商 CVaR 值及期望利润的影响，以便找出哪种单一策略在应对风险时更有效。

（一）CVaR 值的比较

根据引理 4.3 及定理 4.3 可知，当制造商只能购买商业保险时，最优商业保险策略为 BI1：$d^* = 0$，$L^* = c$。在该策略下，制造商的 CVaR 值为：$CVaR_\eta(\pi_{BI}) = p - w - \frac{(1-\alpha)c}{\zeta}$，其中，$\max\{\eta^0, \eta\} < \zeta$。

当制造商只能实施入厂检测时，制造商在最优检测水平下的 CVaR 值为：

（1）当 $\eta_0 \leqslant \eta < 1-\alpha$ 时，

$$CVaR_\eta(\pi_{IS}) = k - w - f(\gamma_1(\eta)) - \frac{(1-\alpha)[1-\gamma_1(\eta)](k+c-p)}{\eta};$$

（2）当 $\eta_0 < 1-\alpha \leqslant \eta$ 或 $1-\alpha < \eta_1 \leqslant \eta$ 时，

$$CVaR_\eta(\pi_{IS}) = p - w - f(\gamma_1(\eta)) - \frac{(1-\alpha)\{[1-\gamma_1(\eta)]c + \gamma_1(\eta)(p-k)\}}{\eta}。$$

这时，定义曲线 $\Gamma'(\eta)$ 满足如下条件：

$$\begin{aligned} & k - w - f[\gamma_1(\eta)] - \frac{(1-\alpha)[1-\gamma_1(\eta)](k+c-p)}{\eta} \\ & = p - w - \frac{(1-\alpha)c}{\Gamma'(\eta)}。 \end{aligned} \tag{4.10}$$

可以看到，当制造商的风险规避程度满足 $\eta_0 \leqslant \eta < 1-\alpha$ 时，$\Gamma'(\eta)$ 刚好是使两种策略 CVaR 值相等的曲线。由式(4.10)可知，$\Gamma'(\eta)$ 是 η 的单调递增函数。特别是，当 $\eta = \eta_0$ 时，$\Gamma'(\eta_0) = \eta^0$。相似的，当 $\eta_0 < 1-\alpha \leqslant \eta$ 或 $1-\alpha < \eta_1 \leqslant \eta$ 时，定义使两种策略 CVaR 值相等的曲线为 $\Gamma''(\eta)$ 且 $\Gamma''(\eta)$ 满足如下条件：

$$\begin{aligned} & p - w - f[\gamma_1(\eta)] - \frac{(1-\alpha)\{[1-\gamma_1(\eta)]c + \gamma_1(\eta)(p-k)\}}{\eta} \\ & = p - w - \frac{(1-\alpha)c}{\Gamma''(\eta)}。 \end{aligned} \tag{4.11}$$

由式(4.11)可知，$\Gamma''(\eta)$ 是 η 的单调递增函数。

此外，一定存在一个 $\eta_2 < 1$，使 $\Gamma''(\eta_2) = 1$。也就是说，η_2 满足条件：

$$p - w - f(\gamma_1(\eta_2)) - \frac{(1-\alpha)\{[1-\gamma_1(\eta_2)]c + \gamma_1(\eta_2)(p-k)\}}{\eta_2} = p - w - (1-\alpha)c。 \tag{4.12}$$

最后，为了简化描述，定义曲线 $\Gamma(\eta)$ 满足如下条件：

(1) 当 $\bar{\eta} = \eta_1$ 时，$\Gamma(\eta) = \Gamma''(\eta)$；

(2) 当 $\bar{\eta} = \eta_0$ 时，如果 $\bar{\eta} \leqslant \eta < 1-\alpha$，$\Gamma(\eta) = \Gamma'(\eta)$；如果 $1-\alpha \leqslant \eta < \eta_2$，$\Gamma(\eta) = \Gamma''(\eta)$。

这时，将两种单一策略对制造商 CVaR 值的影响进行比较，结果见定理 4.4。

定理 4.4 单一策略下 CVaR 值的比较结果为：

如果制造商的风险规避程度及商业保险的安全因子满足 $\eta \leqslant \bar{\eta}$ 且 $\eta^0 < \zeta \leqslant 1$，或 $\bar{\eta} \leqslant \eta < \eta_2$ 且 $\zeta > \Gamma(\eta)$，制造商在商业保险策略下获得的 CVaR 值高于其在入厂检测策略下获得的 CVaR 值。如果 $\bar{\eta} < \eta \leqslant \eta_2$ 且 $\Gamma(\eta) \geqslant \zeta$，或 $\eta_2 < \eta < 1$，制造商在入厂检测策略下获得的 CVaR 值高于其在商业保险策略下获得的 CVaR 值。否则，制造商不应采购零部件。■

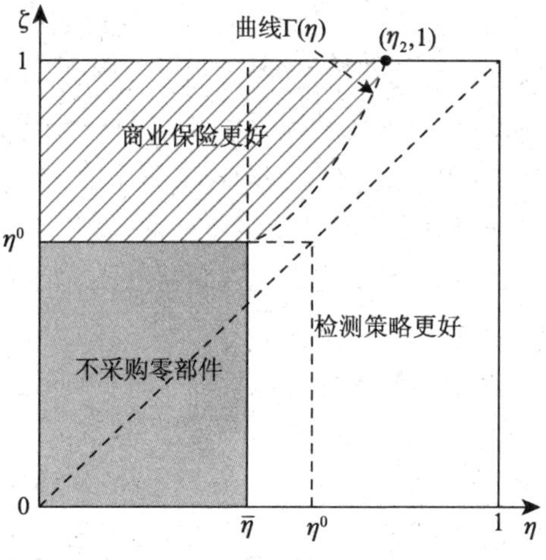

图 4.5 两种单一策略下 CVaR 值的比较结果

定理 4.4 的内容由图 4.5 给出。由图 4.5 可以看到，(1)一定存在一条曲线 $\Gamma(\eta)$，在这条曲线上，制造商在两种单一策略下能够获得相同的 CVaR 值。也就是说，曲线 $\Gamma(\eta)$ 是一条令商业保险和入厂检测无差异的曲线。

(2)当制造商的风险规避程度较高而商业保险的安全因子较低，即 $\eta \leqslant \bar{\eta}$ 且 $\eta^0 < \zeta \leqslant 1$ 或 $\bar{\eta} \leqslant \eta < \eta_2$ 且 $\zeta > \Gamma(\eta)$ 时，制造商位于无差异曲线 $\Gamma(\eta)$ 左侧的斜线区域。在该区域，制造商在单一的商业保险策略下可获得更高的 CVaR 值。也就是说，在该区域，商业保险在应对产品质量风险时要优于入厂检测。(3)当制造商的风险规避程度较低而商业保险的安全因子较高，即 $\bar{\eta} < \eta \leqslant \eta_2$ 且 $\Gamma(\eta) \geqslant \zeta$ 或 $\eta_2 < \eta < 1$ 时，制造商位于无差异曲线 $\Gamma(\eta)$ 右侧的白色区域。在该区域，制造商在单一的入厂检测策略下可获得更高的 CVaR 值。也就是说，在该区域，入厂检测在应对产品质量风险时要优于商业保险。(4)当制造商的风险规避程度与商业保险的安全因子均较高，即 $\eta \leqslant \bar{\eta}$ 且 $\zeta \leqslant \eta^0$ 时，制造商位于灰色区域。在该区域，商业保险的购买成本或入厂检测的实施成本较高，制造商无法利用单一策略实现风险的规避。因此，不应进行零部件的采购。

由上述分析可知，对于风险规避程度较高的制造商而言，利用商业保险规避产品质量风险会更有效。对于风险规避程度较低的制造商而言，利用入厂检测规避产品质量风险会更有效。事实上，两种单一策略谁在避险上更有效是由各自的实施成本决定的。由前文可知，入厂检测策略的实施成本随风险规避程度的上升而上升。然而，商业保险的购买成本与风险规避程度无关。当制造商的风险规避程度非常高，即制造商位于无差异曲线 $\Gamma(\eta)$ 左侧时，入厂检测策略的实施成本远高于商业保险的购买成本。因此，在该区域，购买更具成本优势的商业保险进行风险规避会更有效。当制造商的风险规避程度足够低，即制造商位于无差异曲线 $\Gamma(\eta)$ 右侧时，入厂检测策略的实施成本下降到商业保险购买成本之下。这时，利用更具成本优势的入厂检测进行风险的防控会更有效。

给出占优策略后，本章将分析系统参数的变化如何影响制造商对入厂检测策略或商业保险的偏好。

推论 4.3 随着外部故障成本 c 或经济补偿 k 的增加，曲线 $\Gamma(\eta)$ 逐渐上升，制造商更倾向于利用入厂检测策略规避产品质量风险。随着产品单位收益 p 或质量水平 α 的上升，曲线 $\Gamma(\eta)$ 逐渐下降，制造商更倾向于利用商业保险规避产品质量风险。■

推论 4.3 说明，(1)随着外部故障成本 c 或经济补偿 k 的增加，图 4.5 中的无差异曲线 $\Gamma(\eta)$ 将向上移动。这表明，入厂检测策略的占优区域变大，制造商利用入厂检测策略管理产品质量风险的意愿变强。这是因为，外部故障成本的上升意味着商业保险策略的投保额度的上升。制造商为购买保险需支付更多的费用。较高的购买成本降低了商业保险的吸引力。经济补偿

k 的上升提高了制造商在缺陷零部件被成功识别后的利润,进而降低了缺陷零部件造成的期望经济损失。因此,k 的上升增加了入厂检测策略的吸引力。(2)随着产品单位收益 p 或质量水平 α 的上升,图 4.5 中的无差异曲线 $\Gamma(\eta)$ 将向下移动。这表明,商业保险策略的占优区域变大,制造商利用商业保险策略管理产品质量风险的意愿变强。这是因为,较高的单位收益可以提高制造商在购买商业保险后的整体利润水平。然而,单位收益 p 的上升并不会影响制造商在入厂检测策略下缺陷零部件被成功识别时的利润水平。然而,单位收益 p 的上升并不能增加制造商在入厂检测策略下缺陷零部件被成功识别时的收益。显然,单位收益 p 的上升在入厂检测策略下带来的利润增幅将低于其在商业保险策略下带来的利润增幅。因此,当单位收益 p 上升,商业保险会更具吸引力。此外,质量水平 α 的上升降低了产品发生外部故障的概率,这使得制造商无需再利用入厂检测策略来降低产品发生外部故障的概率。相对而言,利用商业保险弥补潜在经济损失成为更具吸引力的避险方式。

(二) 期望利润的比较

这部分将对两种单一策略下制造商的期望利润进行比较。通过这种比较可以更好地揭示出哪种单一策略能够产生更高的期望利润。

当制造商只能购买商业保险时,制造商在最优商业保险策略下的期望利润为:$\pi_{BI} = p - w - \dfrac{(1-\alpha)c}{\zeta}$,其中,$\max\{\eta^0, \eta\} < \zeta$。

当制造商只能实施入厂检测时,制造商在最优检测水平下的期望利润为:$\pi_{IS} = p - w - f[\gamma_1(\eta)] - (1-\alpha)[1-\gamma_1(\eta)]c - (1-\alpha)\gamma_1(\eta)(p-k)$,其中,$\bar{\eta} < \eta$。

定义使两种单一策略的期望利润相等的曲线为 $\bar{\Gamma}(\eta)$,则 $\bar{\Gamma}(\eta)$ 必满足如下条件:

$$p - w - f[\gamma_1(\eta)] - (1-\alpha)\{[1-\gamma_1(\eta)]c + \gamma_1(\eta)(p-k)\} = p - w - \frac{(1-\alpha)c}{\bar{\Gamma}(\eta)}。\tag{4.13}$$

显然,曲线 $\bar{\Gamma}(\eta)$ 是 η 的单调递增函数。特别的,一定存在一个 $\eta_5 < 1$,使 $\bar{\Gamma}(\eta_5) = 1$。也就是说,η_5 满足条件:

$$p - w - f[\gamma_1(\eta_5)] - (1-\alpha)\{[1-\gamma_1(\eta_5)]c + \gamma_1(\eta_5)(p-k)\} = p - w - (1-\alpha)c。\tag{4.14}$$

这时，将两种单一策略对制造商期望利润的影响进行比较，结果见定理4.5。

定理 4.5 单一策略下期望利润的比较结果为：

如果制造商的风险规避程度及商业保险的安全因子满足 $\eta \leqslant \bar{\eta}$ 且 $\eta^0 < \zeta \leqslant 1$，或 $\bar{\eta} \leqslant \eta < \eta_5$ 且 $\zeta > \bar{\Gamma}(\eta)$，制造商在商业保险策略下获得的期望利润高于其在入厂检测策略下获得的期望利润。如果 $\bar{\eta} < \eta \leqslant 1$ 且 $\bar{\Gamma}(\eta) \geqslant \zeta$，制造商在入厂检测策略下获得的期望利润高于其在商业保险策略下获得的期望利润。如果 $\eta_5 < \eta < 1$，制造商在入厂检测策略下获得的期望利润高于其在无策略下获得的期望利润。■

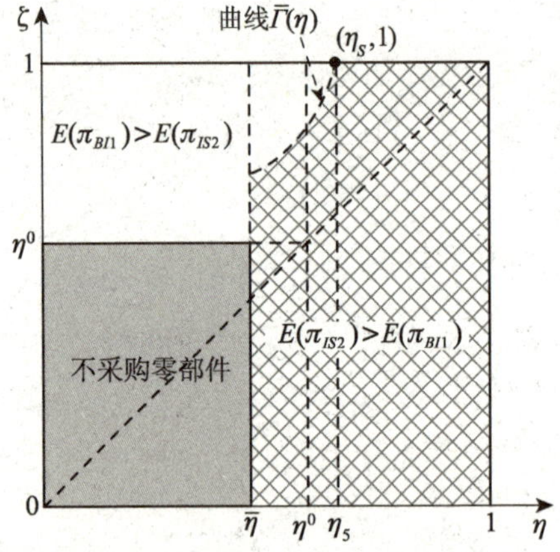

图 4.6 两种单一策略下期望利润的比较结果

定理 4.5 的内容由图 4.6 给出。由图 4.6 可以看到，(1) 存在一条曲线 $\bar{\Gamma}(\eta)$，在这条曲线上，制造商在两种单一策略下能够获得相同的期望利润。(2) 当制造商的风险规避程度较高而保险的安全因子均较低，即 $\eta \leqslant \bar{\eta}$ 且 $\eta^0 < \zeta \leqslant 1$ 或 $\bar{\eta} \leqslant \eta < \eta_5$ 且 $\zeta > \bar{\Gamma}(\eta)$ 时，制造商位于无差异曲线 $\bar{\Gamma}(\eta)$ 左侧的白色区域。在该区域，制造商在商业保险策略下可获得比在入厂检测策略下更高的期望利润。(3) 当制造商的风险规避程度较低而保险的安全因子较高，即 $\bar{\eta} < \eta \leqslant \eta_5$ 且 $\bar{\Gamma}(\eta) \geqslant \zeta$ 或 $\eta_5 < \eta < 1$ 时，制造商位于无差异曲线 $\bar{\Gamma}(\eta)$ 右侧的交叉线区域。在该区域，制造商在入厂检测策略下可获得比在商业保险策略下更高的期望利润。(4) 当制造商的风险规避程度与保险的安全因子均较高，即 $\eta \leqslant \bar{\eta}$ 且 $\zeta \leqslant \eta^0$ 时，制造商位于灰色区域。在该区域，商业保险的购买成本或入厂检测的实施成本较高，制造商无法利用单一策略

实现风险的规避。因此,不应进行零部件的采购。

此外,与无策略的情况相比较可以发现,当 $\eta^0<\eta<\eta_5$ 时,制造商在入厂检测策略下获得的期望利润要低于无策略下获得的期望利润。当制造商的风险规避程度非常低,即 $\eta_5<\eta$,制造商在入厂检测策略下获得的期望利润要高于无策略下获得的期望利润。也就是说,在该区域,入厂检测策略不仅帮助制造商有效地缓解了利润的下方波动,还可改善制造商的期望利润。

需要指出的是,系统参数对曲线 $\bar{\Gamma}(\eta)$ 的影响是不确定的。以外部故障成本为例来说明其原因。当外部故障成本上升时,制造商必须提高检测水平以应对加剧恶化的产品质量风险。而检测水平的上升提高了检测的实施成本,使制造商在入厂检测策略下的利润下降。类似的,外部故障成本上升提高了商业保险的购买成本,制造商在商业保险策略下获得的利润因此下降。但是,如果检测的边际成本较高,外部故障成本对入厂检测策略的影响更突出。这使得 $\bar{\Gamma}(\eta)$ 下降。如果检测的边际成本相对保险的边际成本较低,外部故障成本对商业保险策略的影响会更突出。这使得 $\bar{\Gamma}(\eta)$ 上升。因此,外部故障成本对 $\bar{\Gamma}(\eta)$ 的影响是不确定的。

(三) 小结

对 *CVaR* 值和期望利润的比较结果进行总结可得定理 4.6。

定理 4.6 两种单一策略进行比较,

(1) 如果制造商的风险规避程度和保险的安全因子满足 $\eta\leqslant\bar{\eta}$ 且 $\eta^0<\zeta\leqslant1$,或 $\bar{\eta}\leqslant\eta<\eta_5$ 且 $\zeta>\bar{\Gamma}(\eta)$,制造商在商业保险策略下可获得更高的 CVaR 值和期望利润。

(2) 如果制造商的风险规避程度和保险的安全因子满足 $\bar{\eta}\leqslant\eta<\eta_5$ 且 $\bar{\Gamma}(\eta)\geqslant\zeta>\Gamma(\eta)$,或 $\eta_5<\eta<\eta_2$ 且 $1>\zeta>\Gamma(\eta)$,制造商在商业保险策略下可获得更高的 CVaR 值和相对较低的期望利润。

(3) 如果制造商的风险规避程度和保险的安全因子满足 $\bar{\eta}\leqslant\eta<\eta_2$ 且 $\zeta\leqslant\Gamma(\eta)$,或 $\eta_2<\eta<1$,制造商在入厂检测策略下可获得更高的 CVaR 值和期望利润。■

定理 4.6 的内容由图 4.7 给出。由图 4.7 可以看到,商业保险与入厂检测策略在应对产品质量风险时并不是一种完全替代的关系。每一种策略都有自己的适用范围。对于风险规避程度较高的制造商而言,利用商业保险进行风险规避可能是最好的选择。对于风险规避程度较低的制造商而言,利用入厂检测进行风险规避可能是最好的选择。需要指出的是,无差异曲

线 $\Gamma(\eta)$ 始终位于曲线 $\bar{\Gamma}(\eta)$ 的下方。也就是说，存在如图 4.7 中灰色斜线的区域，在这个区域内，商业保险策略可为制造商带来更高的 CVaR 值，但是，期望利润却低于入厂检测策略带来的期望利润。换而言之，一旦入厂检测策略成为规避产品质量风险的占优策略时，入厂检测策略带来的期望利润一定高于商业保险策略带来的期望利润的。这主要由入厂检测策略的避险方式所决定。如前文所述，入厂检测是通过降低产品发生外部故障的概率帮助制造商降低期望经济损失，从而改善期望利润来达到避险的效果的。因此，如果入厂检测策略占优于商业保险策略，那么，入厂检测策略带来的期望利润一定更高。

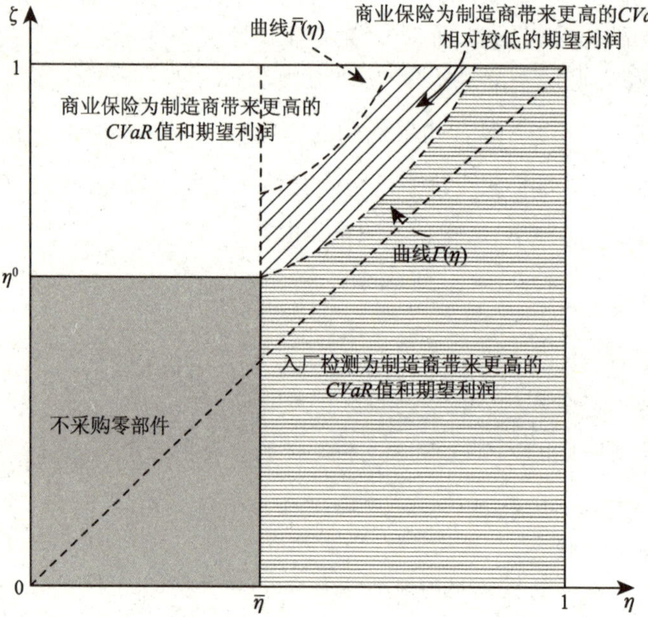

图 4.7　总结：两种单一策略的比较

第三节　最优联合策略

本节将研究入厂检测和商业保险可同时用于产品质量风险的管理时，制造商应如何制定最优策略组合的问题。引理 4.1 给出了制造商在这种情景下的 CVaR 值，对其进行优化求解可得最优的联合策略。为了更好地说明联合策略的运作机理，本节首先给出制造商为风险中性(即 $\eta = 1$) 时的最优联合策略。当 $\eta=1$ 时，制造商的 CVaR 值可简化为：

$$CVaR_{\eta=1}[\pi(\gamma,L)]=E[\pi(\gamma,L)]=[\alpha+(1-\alpha)(1-\gamma)]p \\ +(1-\alpha)\gamma k-w-f(\gamma)-I-(1-\alpha)(1-\gamma)c \\ +(1-\alpha)(1-\gamma)L, \quad (4.15)$$

其中，$[\alpha+(1-\alpha)(1-\gamma)]p$ 为产品销售带来的期望收益，$(1-\alpha)\gamma k$ 为缺陷零部件被成功识别时的期望收益，$(1-\alpha)(1-\gamma)c$ 为产品发生外部故障所带来的期望经济损失，$(1-\alpha)(1-\gamma)L$ 为制造商从金融机构获得的期望索赔额。对式(4.15)进行优化求解可得风险中性制造商的最优策略。

定理 4.7 当制造商为风险中性，即 $\eta=1$ 时，制造商应实施入厂检测策略而不购买任何商业保险，且最优检测水平为 $\gamma^*=\gamma_1(\eta=1)$。■

定理 4.7 说明，对于风险中性制造商而言，商业保险不再是有效策略。这时，制造商的最优选择是以入厂检测策略管理产品质量风险。由式(4.7)可知，最优检测水平 $\gamma_1(\eta=1)$ 的边际成本 $f'[\gamma_1(\eta=1)]$ 等于它给制造商带来的期望边际收益 $(1-\alpha)k-(1-\alpha)(p-c)$。此外，根据假设条件(即 $p-c<k<p$) 可知，随经济补偿 k 或外部故障成本 c 的上升，最优检测水平逐渐提高。这是因为，经济补偿 k 的上升提高了缺陷零部件被成功识别时的收益，使制造商更愿意提高检测水平。当外部故障成本 c 上升时，产品质量风险加剧，制造商必须以更高的检测水平来应对风险。当零部件质量水平 α 或单位产品收益 p 的上升，最优检测水平逐渐降低。这是因为，α 或 p 的上升弱化了产品质量风险，制造商应能够以较低的检测水平应对风险。

(一) 参数说明

之后，考虑制造商为风险规避(即 $0<\eta<1$) 时的最优联合策略。为了简化描述，令 $\zeta=\dfrac{1}{1+\theta}$，并定义检测水平 γ_1 满足如下条件：

$$f'[\gamma_1(\zeta)]=\frac{(1-\alpha)(k+c-p)}{\zeta}。\quad (4.16)$$

对制造商的利润进行分析可以发现，如果保险的投保额为 $L=k+c-p$，制造商在缺陷零部件被成功识别时获得的收益与制造商销售含有缺陷零部件的产品获得的收益是相同的。定义这样的商业保险策略为 BI2，其中，$d=p-k$，$L=k+c-p$。如果商业保险策略 BI2 和入厂检测同时使用，检测水平每提高一单位，保险的购买成本将节约 $\dfrac{(1-\alpha)(k+c-p)}{\zeta}$。这便是检测在这种情景下的边际收益。因此，当制造商在采取商业保险策略 BI2 的同时实施入厂检测，最优的检测水平应满足检测的边际成本等于检测的边际收益 $\frac{(1-\alpha)(k+c-p)}{\zeta}$。这个最优的检测水平即为 $\gamma_1(\zeta)$，记为入厂检测策略 IS1。此外，随着保险安全因子的上升，$\gamma_1(\zeta)$ 逐渐上升。

根据引理 4.1，当 $\eta<1-\alpha$ 时，联合策略 IS1+BI2 的 $CVaR$ 值为：

$$CVaR_\eta(\pi_{\mathrm{IS1+BI2}})=k-w-f[\gamma_1(\zeta)]-\frac{(1-\alpha)[1-\gamma_1(\zeta)](k+c-p)}{\zeta}。$$

将联合策略 IS1+BI2 的 $CVaR$ 值和单一商业保险策略的 $CVaR$ 值进行比较，可以找到一个阈值安全因子 $\hat{\zeta}$ 使两个 $CVaR$ 值相等，即：

$$\begin{aligned}&k-w-f(\gamma_1(\hat{\zeta}))-\frac{(1-\alpha)[1-\gamma_1(\hat{\zeta})](k+c-p)}{\hat{\zeta}}\\&=p-w-\frac{(1-\alpha)c}{\hat{\zeta}}。\end{aligned}\tag{4.17}$$

类似的，如果商业保险策略 BI1 和入厂检测可同时使用，检测水平每提高一单位，保险的购买成本将节约 $\frac{(1-\alpha)c}{\zeta}$ 而收益损失 $\frac{(1-\alpha)(p-k)}{\eta}$。因此，检测在这种情景下的边际收益为 $\frac{(1-\alpha)c}{\zeta}-\frac{(1-\alpha)(p-k)}{\eta}$。根据这个边际收益可找到最优的检测水平 $\gamma_3(\eta,\zeta)$，记为检测策略 IS3：

$$f'[\gamma_3(\eta,\zeta)]=(1-\alpha)\left[\frac{c}{\zeta}-\frac{(p-k)}{\eta}\right]。\tag{4.18}$$

此外，随着安全因子的上升或制造商风险承受能力的下降，$\gamma_3(\eta,\zeta)$ 逐渐上升。

根据引理 4.1，联合策略 IS3+BI1 的 $CVaR$ 值为：

$$\begin{aligned}CVaR_\eta(\pi_{\mathrm{IS3+BI1}})&=p-w-f[\gamma_3(\eta,\zeta)]-\\&\frac{(1-\alpha)[1-\gamma_3(\eta,\zeta)]c}{\zeta}-\frac{(1-\alpha)\gamma_3(\eta,\zeta)(p-k)}{\eta}。\end{aligned}$$

将两种联合策略的 CVaR 值进行比较，可以找到一条无差异曲线。在该曲线上，两种联合策略的 CVaR 值相等。特别的，当 $\eta<1-\alpha$ 时，这条无差异曲线为 $\Lambda_1(\eta)$，且满足：

$$p-w-f\{\gamma_3[\eta, \Lambda_1(\eta)]\}-\frac{(1-\alpha)\{1-\gamma_3[\eta, \Lambda_1(\eta)]\}c}{\Lambda_1(\eta)}$$
$$-\frac{(1-\alpha)\gamma_3[\eta, \Lambda_1(\eta)](p-k)}{\eta}$$
$$=k-w-f\{\gamma_1[\Lambda_1(\eta)]\}-\frac{(1-\alpha)\{1-\gamma_1[\Lambda_1(\eta)]\}(k+c-p)}{\Lambda_1(\eta)}。 \tag{4.19}$$

由式(4.19)可知，$\Lambda_1(\eta)$ 是 η 的单调递减函数。这是因为，制造商在联合策略 IS3＋BI1 下的 CVaR 值随 η 的上升而上升或随 θ 上升而下降，在联合策略 IS1＋BI2 下的 CVaR 值与 η 无关但随 θ 上升而下降。此外，由于联合策略 IS3＋BI1 的投保额更高，安全因子 θ 对联合策略 IS3＋BI1 的影响要高于对联合策略 IS1＋BI2 的影响。

由于联合策略 IS3＋BI1 的 CVaR 值随 θ 上升而下降，当安全因子足够高时，这个 CVaR 值将下降到零。定义使联合策略 IS3＋BI1 的 CVaR 值等于零的边界曲线为 $\Lambda_2(\eta)$，且满足：

$$p-w-f\{\gamma_3[\eta, \Lambda_2(\eta)]\}-\frac{(1-\alpha)\{1-\gamma_3[\eta, \Lambda_2(\eta)]\}c}{\Lambda_2(\eta)}$$
$$-\frac{(1-\alpha)\gamma_3[\eta, \Lambda_2(\eta)](p-k)}{\eta}=0。$$

显然，$\Lambda_2(\eta)$ 是 η 的单调递减函数。

需要指出的是，当 $\zeta=\frac{c}{p-k}\eta$ 时，检测水平 $\gamma_3\left(\eta, \frac{c}{p-k}\eta\right)=0$。这表明联合策略 IS3＋BI1 与单一商业保险策略是无差异的。为了简化描述，定义无差异曲线 $\Lambda_0(\eta)=\frac{c}{p-k}\eta$。此外，定义曲线 $\zeta=\hat{\zeta}$ 与 $\Lambda_0(\eta)$ 的交点为 $(\eta_3, \hat{\zeta})$。其中，η_3 满足：

$$\eta_3=\frac{p-k}{c}\hat{\zeta}。 \tag{4.20}$$

最后，定义 $\bar{\gamma}_1=\gamma_1(\zeta=\eta^0)$，$\eta_4$ 满足如下条件：

(1) 如果 $CVaR_\eta(\pi_{\mathrm{IS1+BI2}}(\bar{\gamma}_1))>0$，

$$p-w-f[\gamma_3(\eta_4, \eta_0)]-\frac{(1-\alpha)[1-\gamma_3(\eta_4, \eta_0)]c}{\eta_0}$$
$$-\frac{(1-\alpha)\gamma_3(\eta_4, \eta_0)(p-k)}{\eta_4}=0。 \tag{4.21}$$

式(4.21)说明点(η_4, η_0)是曲线$\zeta=\eta_0$，曲线$\Lambda_1(\eta)$和曲线$\Lambda_2(\eta)$的交点。

(2) 如果$CVaR_\eta[\pi_{IS1+BI2}(\bar{\gamma}_1)]<0$，

$$\eta_4=\frac{p-k}{c}\eta^0=\frac{(1-\alpha)(p-k)}{p-w}。\tag{4.22}$$

式(4.22)说明点(η_4, η^0)是曲线$\zeta=\eta^0$，曲线$\Lambda_0(\eta)$和曲线$\Lambda_2(\eta)$的交点。

(二) 最优决策

当入厂检测和商业保险可同时用于产品质量风险的管理时，制造商的最优决策见定理4.8。

定理4.8 在下面两种情况下，制造商应采购零部件并实施单一策略规避质量风险。

(1) 当$\eta<\frac{p-k}{c}\zeta$且$\max\{\hat{\zeta}, \eta^0\}\leqslant\zeta\leqslant 1$时，最优策略为单一的商业保险策略BI1。

(2) 当$\zeta\leqslant\eta$且$\bar{\eta}<\eta$时，最优策略为单一的入厂检测策略IS2。

在下面的情况下，制造商要么采购零部件并实施联合策略管理供应链产品质量风险，要么不应采购零部件。

(3) 当$\bar{\eta}=\eta_1$时，如果$\eta_0<\zeta<\hat{\zeta}$且$0<\eta<\Lambda_1^{-1}(\zeta)$，制造商应采购零部件并实施联合策略IS1+BI2。如果$\bar{\eta}<\zeta\leqslant\min\{\eta_0, \eta^0\}$且$\Lambda_2^{-1}(\zeta)<\eta<\zeta$，$\eta_0<\zeta<\hat{\zeta}$且$\Lambda_1^{-1}(\zeta)\leqslant\eta<\zeta$，或$\max\{\hat{\zeta}, \eta^0\}<\zeta\leqslant 1$且$\Lambda_0^{-1}(\zeta)\leqslant\eta<\zeta$，制造商应采购零部件并实施联合策略IS3+BI1。否则，制造商不应采购零部件。

(4) 当$\bar{\eta}=\eta_0$时，如果$0<\eta<\zeta$且$\bar{\eta}<\zeta<1-\alpha$，或$1-\alpha<\zeta<\hat{\zeta}$且$0<\eta<\Lambda_1^{-1}(\zeta)$，制造商应采购零部件并实施联合策略IS1+BI2。如果$1-\alpha<\zeta\leqslant\hat{\zeta}$且$\Lambda_1^{-1}(\zeta)<\eta<\zeta$，或$\Lambda_0^{-1}(\zeta)\leqslant\eta<\zeta$且$\hat{\zeta}<\zeta\leqslant 1$，制造商应采购零部件并实施联合策略IS3+BI1。否则，制造商不应采购零部件。■

由定理4.8可知，制造商的最优决策被细分成三种情况，见图4.8(1)—(3)。由图4.8(1)—(3)可知：

(1) 联合策略能够使更多的制造商进行零部件采购。特别的，当$\bar{\eta}=\eta_1$时，如果制造商的风险规避程度与商业保险的安全因子均较高，即$0<\eta<\bar{\eta}$且$\zeta<\eta^0$时，在单一策略下，制造商不能进行零部件的采购。但是，在联合策

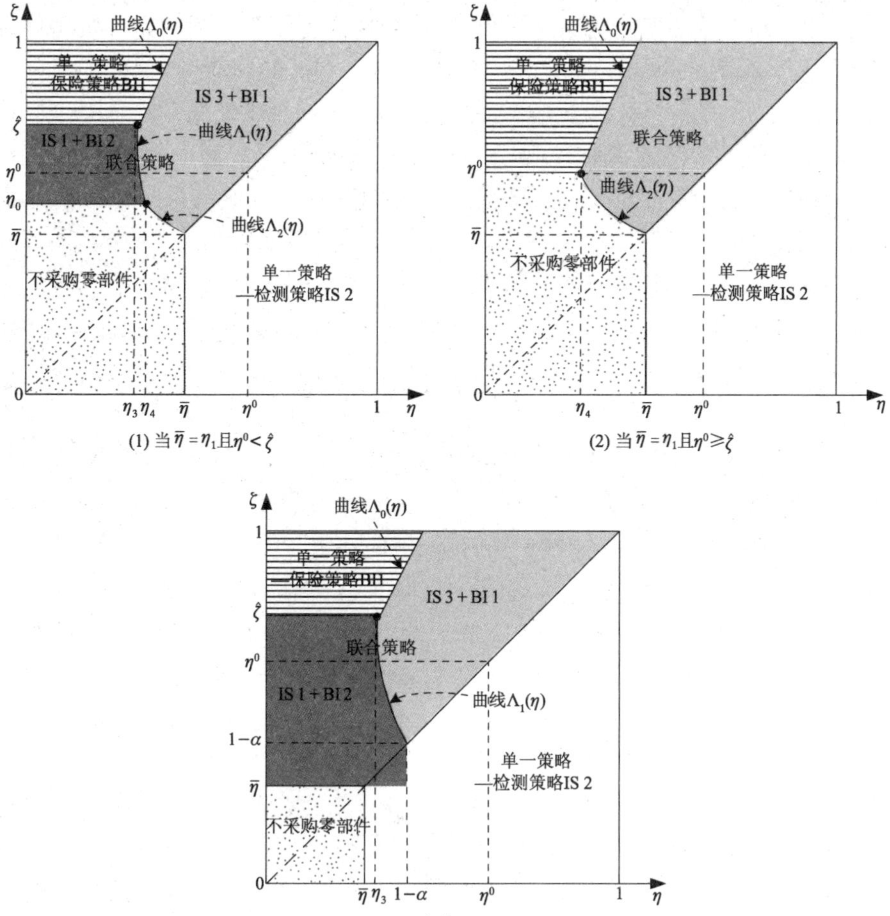

(1) 当 $\bar{\eta}=\eta_1$ 且 $\eta^0<\hat{\zeta}$

(2) 当 $\bar{\eta}=\eta_1$ 且 $\eta^0\geqslant\hat{\zeta}$

(3) 当 $\bar{\eta}=\eta_0$

图 4.8　最优的联合策略

略下，位于区域 $\eta_0<\zeta\leqslant\eta^0$ 且 $0<\eta<\Lambda_1^{-1}(\zeta)$，$\eta_0<\zeta\leqslant\eta^0$ 且 $\Lambda_1^{-1}(\zeta)<\eta<\bar{\eta}$ 和 $\bar{\eta}<\zeta\leqslant\eta_0$ 且 $\Lambda_2^{-1}(\zeta)<\eta<\zeta$ 的制造商可进行零部件的采购。当 $\bar{\eta}=\eta_0$ 时，存在相似的区域。

(2) 单一策略在一定条件下可占优于联合策略成为规避产品质量风险最有效的策略。当制造商的风险规避程度较高而商业保险的安全因子非常低，即 $\eta<\Lambda_0^{-1}(\zeta)$ 且 $\hat{\zeta}\leqslant\zeta\leqslant 1$ 时，单一的商业保险策略比联合策略更具成本优势。因此，在该区域，利用单一的商业保险策略避险更有效。当制造商的风险规避程度较低而商业保险的安全因子较高，即 $\zeta\leqslant\eta$ 且 $\bar{\eta}<\eta$ 时，单一的入厂检测策略比联合策略更具成本优势。因此，在该区域，利用单一的入

厂检测策略避险更有效。

(3) 当保险的安全因子相对较高时,制造商更倾向于利用联合策略规避产品质量风险。特别是,对于风险规避程度非常高的制造商而言,如果安全因子满足 $\eta_0 < \zeta < \hat{\zeta}$,企业应利用联合策略 IS1+BI2 规避风险。对于风险规避程度较低的制造商而言,利用联合策略 IS3+BI1 规避风险会更有效。

给出最优策略组合后,本章将分析系统参数变化如何影响制造商对联合策略的偏好。

推论 4.4 随着外部故障成本 c 的上升,$\hat{\zeta}$、$\Lambda_0(\eta)$、$\Lambda_1(\eta)$ 和 $\Lambda_2(\eta)$ 逐渐上升。随着经济补偿 k 的上升,$\hat{\zeta}$ 和 $\Lambda_1(\eta)$ 逐渐上升,$\Lambda_2(\eta)$ 逐渐下降。随着产品单位收益 p 或质量水平 α 的上升,$\hat{\zeta}$、$\Lambda_0(\eta)$、$\Lambda_1(\eta)$ 和 $\Lambda_2(\eta)$ 逐渐下降。■

由推论 4.4 可知,(1)随着外部故障成本 c 的上升,制造商不采购零部件的区域变大,单一策略的占优区域变小。此外,制造商更倾向于利用联合策略 IS1+BI2 管理风险。这是因为,外部故障成本 c 的上升,使得缺陷零部件造成的经济损失增加,制造商面对的风险加剧。制造商不进行零部件采购的区域变大。然而,较高的外部故障成本 c 意味着全额投保的成本非常高。因此,单一商业保险策略 BI1 或含有全额投保的联合策略 IS3+BI1 的吸引力会降低。(2)随着经济补偿 k 的上升,单一商业保险策略的占优区域变小,单一入厂检测策略的占优区域变大。此外,制造商更倾向于联合策略 IS1+BI2。这是因为,经济补偿 k 的上升意味着制造商在缺陷零部件被识别时可以获得更高的收益。因此,具有更高检测水平的联合策略或单一入厂检测策略的吸引力上升。(3)随着质量水平 α 的上升,风险规避程度非常高的制造商更倾向于采购零部件并购买单一商业保险策略。风险规避程度非常低的制造商更倾向于利用单一入厂检测策略规避产品质量风险。此外,对于风险规避程度位于中间区域的制造商而言,利用联合策略 IS3+BI1 避险的意愿变强。这是因为,质量水平的上升减少了利润发生不利波动的可能性,入厂检测策略避险效果减弱。

第四节 联合策略的价值

这一节将分析联合策略的避险价值。定义制造商在联合策略下的 CVaR 值和期望利润分别为 $CVaR^*_{\mathrm{COM}}$ 和 E^*_{COM},在单一入厂检测策略 IS2 下的 CVaR 值和期望利润分别为 $CVaR^*_{\mathrm{IS2}}$ 和 E^*_{IS2},在单一商业保险策略 BI1 下的 CVaR 值和期望利润分别为 $CVaR_{\mathrm{BI1}}^{*}$ 和 E_{BI1}^{*}。

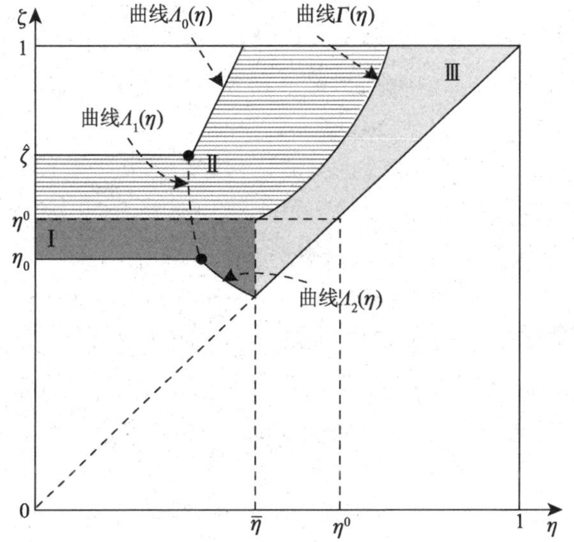

图 4.9　联合策略的应用范围

由定理 4.8 可知，联合策略的应用范围分为三个区域(见图 4.9)：(1)在区域Ⅰ，如果没有联合策略，制造商的最优决策是不采购零部件。但是，在联合策略下，制造商可以采购零部件。因此，在该区域联合策略主要是帮助制造商转变运营决策，从不采购变为采购零部件。(2)在区域Ⅱ，联合策略取代了单一商业保险策略，成为该区域内管理产品质量风险的最有效的策略。(3)在区域Ⅲ，联合策略取代单一入厂检测策略，成为该区域内管理产品质量风险的最有效的策略。

一、与单一商业保险策略的比较

当制造商的风险规避程度及保险的安全因子位于图 4.9 的区域Ⅱ时，如果没有联合策略，制造商的最优选择是商业保险策略 BI1。这时，联合策略的价值体现在它能比单一商业保险策略带来更高的 CVaR 值。那么，在该区域，联合策略的 CVaR 值及期望利润究竟比单一商业保险策略 BI1 的 CVaR 值及期望利润高多少？为了更好地体现联合策略的价值，本小节将联合策略和单一商业保险策略 BI1 下的 CVaR 值和期望利润进行了比较，并定义 CVaR 变动比率为 $\Delta CVaR=\dfrac{CVaR_{\mathrm{COM}}^{*}-CVaR_{\mathrm{BI1}}^{*}}{CVaR_{\mathrm{BI1}}^{*}}$，期望利润变动比率为

$\Delta E = \dfrac{E^*_{COM} - E^*_{BI1}}{E^*_{BI1}}$。$\Delta ECVaR$ 越大，说明联合策略对 CVaR 的改善作用越明显，其价值越高于单一商业保险策略。ΔE 越大，意味着联合策略对期望利润的改善作用越明显，其价值越高于单一商业保险策略。此外，本小节还分析了系统参数变化如何影响 CVaR 变动比率和期望利润变动比率。

推论 4.5 联合策略下的期望利润始终高于单一商业保险策略 BI1 下的期望利润，即 $E^*_{COM} > E^*_{BI1}$。

与单一商业保险策略 BI1 相比较，联合策略 IS1＋BI2 虽然增加了制造商在产品发生外部故障时的经济损失并加剧了企业的利润波动，但是，联合策略可以大幅降低不利事件发生的概率并减少由金融机构承担的赔偿额度。最终，大幅降低保险购买成本使联合策略 IS1＋BI2 的实施成本远低于单一商业保险策略 BI1 的购买成本。因此，联合策略的成本优势提升了制造商的整体利润水平，带来更高的期望利润。

推论 4.6 系统参数对 $\Delta CVaR$ 和 ΔE 的影响为：

(1) $\Delta CVaR$ 随外部故障成本 c、经济补偿 k 或安全因子 θ 的增加而上升，随单位收益 p 或零部件质量 α 的上升而下降。此外，当制造商采取联合策略 IS3＋BI1 时，$\Delta CVaR$ 随风险规避程度的下降(即 η 的上升)而上升。但是，当制造商采取联合策略 IS1＋BI2 时，$\Delta CVaR$ 与风险规避程度(即 η)无关。

(2) 当制造商采取联合策略 IS1＋BI2 时，ΔE 随外部故障成本 c 或安全因子 θ 的增加而上升，随零部件质量 α 的上升而下降。然而，经济补偿 k 或单位收益 p 对 ΔE 的影响是不确定的。当制造商采取联合策略 IS3＋BI1 时，ΔE 随外部故障成本 c、经济补偿 k 或安全因子 θ 的增加而上升，随风险规避程度的下降(即 η 的上升)而上升，随单位收益 p 或零部件质量 α 的上升而下降。■

当外部故障成本 c 增加时，制造商会提高商业保险的投保额度，这将增加商业保险的购买成本。此外，在联合策略下，外部故障成本 c 的增加同时提高了检测水平和商业保险的最高赔付限额，进而提高了联合策略的实施成本。然而，需要指出的是，检测水平的上升降低了外部故障的发生概率。在该效应的作用下，联合策略实施成本的上升幅度会低于单一商业保险策略购买成本的上升幅度。因此，$\Delta CVaR$ 和 ΔE 随外部故障成本 c 的上升而上升。安全因子 θ 或零部件质量 α 对 $\Delta CVaR$ 和 ΔE 的影响与之相似。经济补偿 k 的上升增加了缺陷零部件被成功识别时的利润，缓解了利润的不利波动。因此，联合策略的 $CVaR^*_{COM}$ 随经济补偿 k 的上升而提高。相反的，单一商业保险策略 BI1 与经济补偿 k 无关。最终，$\Delta CVaR$ 与经济补偿 k 正相关。然而，当制造商采取联合策略 IS1＋BI2 时，经济补偿 k 对 ΔE 的影响是不确定的。这是因为，在联合策略 IS1＋BI2 下，产品质量缺陷引发的期望经济损失随经济补偿 k 的上升而下降，联合策略的实施成本随经济补偿 k 的上升而增加。这两种效应共同作用于期望利润，最终导致 ΔE 的变化不确定。当制造商采取联合策略 IS3＋BI1 时，较高的经济补偿 k 既能增加缺陷零部件被成功识别时的利润又能降低产品发生外部故障的概率。这两种效应使期望经济损失的降低幅度高于联合策略实施成本的上升幅度，进而使期望利润增加。因此，随经济补偿 k 的上升，$\Delta CVaR$ 和 ΔE 上升。风险规避程度 η 对 $\Delta CVaR$ 和 ΔE 的影响与之相似。单位收益 p 的增加使保险策略 BI1 更具吸引力，因此，随单位收益 p 的上升，$\Delta CVaR$ 和 ΔE 降低。

二、与单一入厂检测策略的比较

当制造商的风险规避程度及保险的安全因子位于图 4.9 的区域Ⅲ时，如果没有联合策略，制造商的最优选择是入厂检测策略 IS2。这时，联合策略的价值体现在它能比单一入厂检测策略带来更高的 CVaR 值。那么，在该区域，联合策略的 CVaR 值及期望利润究竟比单一入厂检测策略 IS2 的 CVaR 值及期望利润高多少？为了更好地体现联合策略的价值，本小节将联合策略和单一入厂检测策略 IS2 下的 CVaR 值及期望利润进行了比较，并定义 CVaR 变动比率为 $\Delta CVaR = \dfrac{CVaR^*_{\mathrm{COM}} - CVaR^*_{\mathrm{IS2}}}{CVaR^*_{\mathrm{IS2}}}$，期望利润变动比率为 $\Delta E = \dfrac{E^*_{\mathrm{COM}} - E^*_{\mathrm{IS2}}}{E^*_{\mathrm{IS2}}}$。$\Delta CVaR$ 越大，说明联合策略对 $CVaR$ 的改善作用越明显，其价值越高于单一入厂检测策略。ΔE 越大，意味着联合策略对期望利润的影响越小，其价值越高于单一入厂检测策略。此外，本小节还分析了系统参数变化如何影响 CVaR 变动比率和期望利润变动比率。

由于联合策略与当单一入厂检测策略 IS2 的比较相对复杂，无法给出解析解。因此，本小节利用算例给出价值分析。根据 Baiman 等(2000)的研究，设入厂检测的成本函数为：$f(\gamma) = \dfrac{m\gamma^2}{1-\gamma}$，其中 $m > 0$，表示检测的成本规模。系统的其他参数为：$m = 10$，$p = 100$，$c = 50$，$k = 80$，$w = 40$，$\alpha = 0.6$。

推论 4.7 联合策略下的期望利润始终低于单一入厂检测策略 IS2 下的期望利润，即 $E^*_{\mathrm{COM}} < E^*_{\mathrm{IS2}}$。■

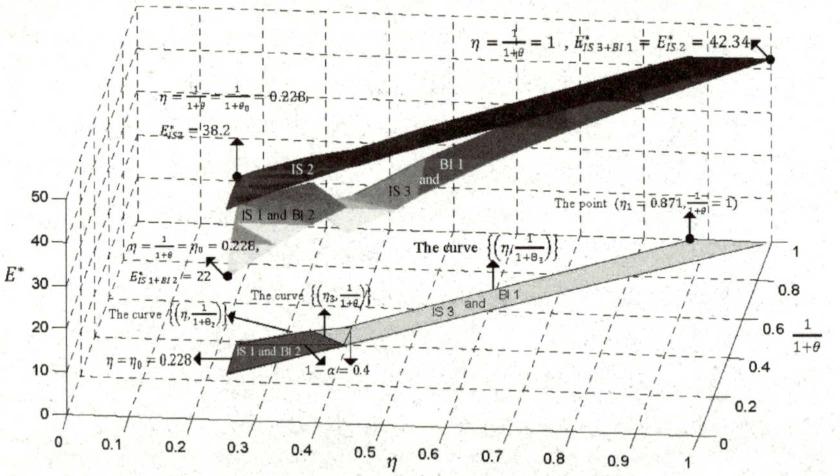

图 4.10 联合策略与单一入厂检测策略的期望利润

推论 4.7 的内容可由图 4.10 给出。与单一入厂检测策略相比较，联合策略既可降低制造商在产品发生外部故障时的经济损失又可降低缺陷零部件进入市场的概率。这两种效用使制造商在联合策略下的期望经济损失低于他在入厂检测策略 IS2 下的期望经济损失。然而，由于联合策略中保险的购买成本非常高，联合策略的实施成本远高于单一入厂检测策略的实施成本，这从整体上降低了制造商的盈利能力。最终，较高的实施成本使联合策略的期望利润低于单一入厂检测策略 IS2 的期望利润。

推论 4.8 安全因子及风险规避程度对 $\Delta CVaR$ 和 ΔE 的影响：

(1) $\Delta CVaR$ 随着安全因子 θ 或风险规避程度的下降(即随 η 的上升)而下降。

(2) ΔE 随着安全因子 θ 的上升而下降。当制造商采取联合策略 IS1＋BI2 时，ΔE 随 η 的上升而上升。当制造商采取联合策略 IS3＋BI1 时，风险承受能力 η 对 ΔE 的影响是不确定的。■

需要指出的是，安全因子 θ 的变化并不影响单一入厂检测策略 IS2 的检测水平。但是，安全因子 θ 的上升会增加联合策略的实施成本。因此，$\Delta CVaR$ 和 ΔE 随着安全因子 θ 的上升而下降。η 的上升提高了检测水平，进而降低了产品发生外部故障的概率。可见，不论制造商采取联合策略还是单一入厂检测策略 IS2，制造商的 CVaR 值都会得到改善。然而，较高的 η 意味着制造商的风险规避程度较低，他更关注的是期望利润而不是经济损失。这时，联合策略中的商业保险的作用被减弱。这意味着，联合策略下 CVaR 值的增幅要低于单一入厂检测策略 IS2 下 CVaR 值的增幅。因此，

$\Delta CVaR$ 随 η 的上升而下降。当制造商采取联合策略 IS1＋BI2 时，η 的变化不会影响 E^*_{COM}。然而，随 η 的上升，检测水平下降，制造商的期望经济损失增加，单一入厂检测策略下的期望利润 E^*_{IS2} 因此降低。最终，ΔE 随 η 的上升而上升。当制造商采取联合策略 IS3＋BI1 时，η 对 ΔE 的影响是不确定的。这是因为，η 的上升，会同时增加联合策略 IS3＋BI1 下的期望利润 E^*_{COM} 和单一入厂检测策略 IS2 下的期望利润 E^*_{IS2}。最终，期望利润的变动比率是不确定的。

推论 4.9 产品单位收益对 $\Delta CVaR$ 和 ΔE 的影响：

当制造商采取联合策略 IS1＋BI2 时，$\Delta CVaR$ 随单位收益 p 的上升而下降，ΔE 随单位收益 p 的上升而上升。然而，当制造商采取联合策略 IS3＋BI1 时，单位收益 p 对 $\Delta CVaR$ 和 ΔE 的影响是不确定的。■

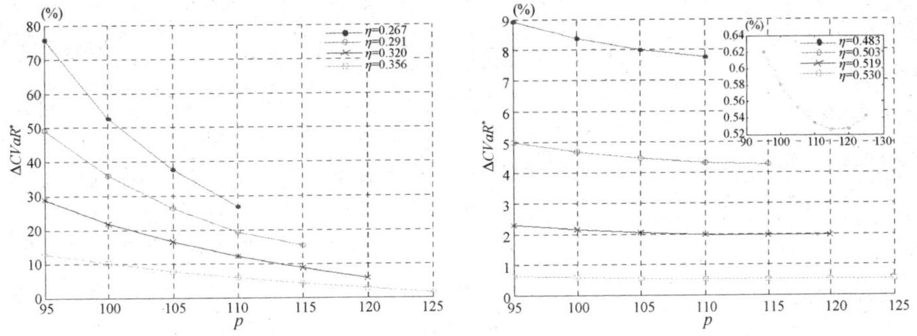

$\Delta CVaR^*=\dfrac{CVaR^*_{IS1+BI2}-CVaR^*_{IS2}}{CVaR^*_{IS2}}$　　$\Delta CVaR^*=\dfrac{CVaR^*_{IS3+BI1}-CVaR^*_{IS2}}{CVaR^*_{IS2}}$

图 4.11　单位收益 p 对 $\Delta CVaR$ 的影响

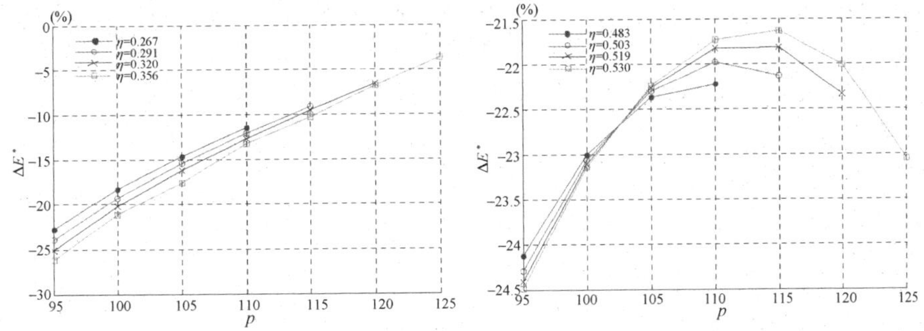

$\Delta E^*=\dfrac{E^*_{IS1+BI2}-E^*_{IS2}}{E^*_{IS2}}$　　$\Delta E^*=\dfrac{E^*_{IS3+BI1}-E^*_{IS2}}{E^*_{IS2}}$

图 4.12　单位收益 p 对 ΔE 的影响

推论 4.9 的内容可见图 4.11 和 4.12。单位收益 p 的增加将提高制造商的整体收益水平，进而降低了制造商面对的产品质量风险。不论制造商采用何种策略规避风险，制造商的 CVaR 值和期望利润都会随单位收益 p 的上升而增加。但是，当制造商采取联合策略 IS1＋BI2 时，$CVaR_{COM}^*$ 的增幅低于 $CVaR_{IS2}^*$ 的增幅。最终，$\Delta CVaR$ 随单位收益 p 的增加而下降。这是因为，当制造商采取联合策略 IS1＋BI2 时，制造商的风险规避程度较高，他更关注的是产品质量缺陷造成的经济损失。这时，单位收益 p 的增加会降低联合策略的投保额度，增加产品发生外部故障时的经济损失。因此，单位收益 p 对 $CVaR_{COM}^*$ 的正向影响会弱于单位收益 p 对 $CVaR_{IS2}^*$ 的正向影响。在联合策略 IS1＋BI2 下，E_{COM}^* 的增幅高于 E_{IS2}^* 的增幅。最终，ΔE 随单位收益 p 的增加而上升。这是因为，单位收益 p 的上升弱化了风险，最优检测水平和投保额度均下降。这时，联合策略的实施成本的下降幅度要高于单一入厂检测策略 IS2 的实施成本的下降幅度。然而，当制造商采取联合策略 IS3＋BI1 时，单位收益 p 的变化不会改变联合策略下的投保额。因此，单位收益 p 对 $\Delta CVaR$ 和 ΔE 的影响是不确定的。

推论 4.10 外部故障成本对 $\Delta CVaR$ 和 ΔE 的影响：$\Delta CVaR$ 随外部故障成本 c 的上升而上升，ΔE 随外部故障成本 c 的上升而下降。■

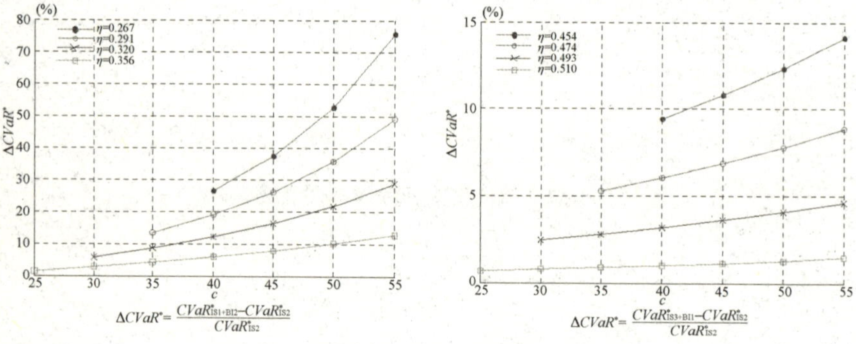

图 4.13 外部故障成本 c 对 $\Delta CVaR$ 的影响

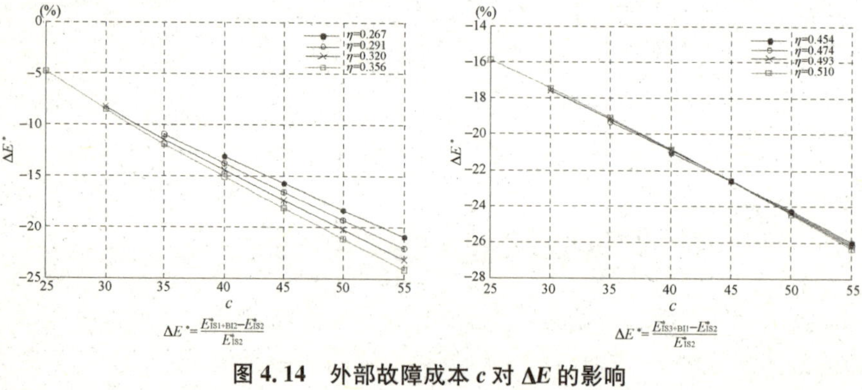

图 4.14 外部故障成本 c 对 ΔE 的影响

推论 4.10 的内容可见图 4.13 和 4.14。外部故障成本 c 的增加，意味着产品发生外部故障时的经济损失上升。这时，含有商业保险的联合策略的吸引力会越大。因此，$\Delta CVaR$ 随外部故障成本 c 的上升而上升。然而，外部故障成本 c 的增加不仅提高了检测水平还提高了联合策略的投保额度。因此，当外部故障成本 c 增加时，联合策略实施成本的增幅要高于单一入厂检测策略实施成本的增幅。最终，ΔE 随外部故障成本 c 的上升而下降。

推论 4.11 经济补偿对 $\Delta CVaR$ 和 ΔE 的影响：

当制造商采取联合策略 IS1＋BI2 时，经济补偿 k 对 $\Delta CVaR$ 的影响是不确定的，ΔE 随经济补偿 k 的上升而下降；当制造商采取联合策略 IS3＋BI1 时，$\Delta CVaR$ 随经济补偿 k 的上升而下降，ΔE 随经济补偿 k 的上升而上升。■

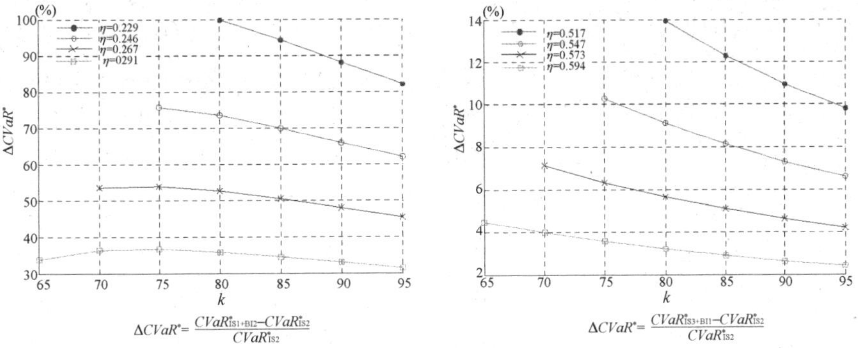

图 4.15 经济补偿 k 对 $\Delta CVaR$ 的影响

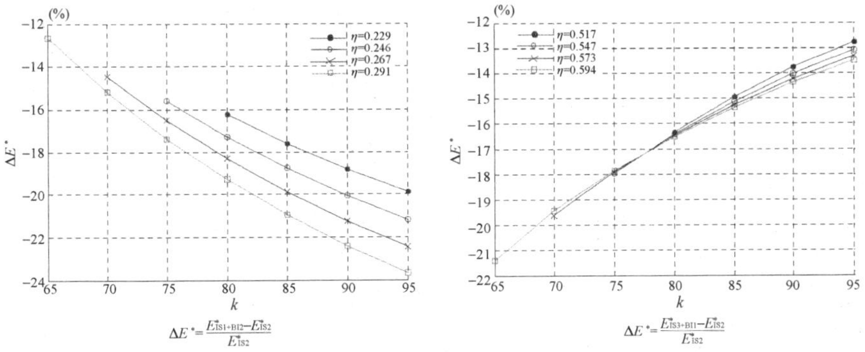

图 4.16 经济补偿 k 对 ΔE 的影响

推论 4.11 的内容可见图 4.15 和 4.16。较高的经济补偿 k 增加了缺陷零部件被成功识别时的利润，进而降低了产品质量缺陷造成的期望经济损失。因此，经济补偿k的上升增加了入厂检测策略的吸引力，$CVaR_{\mathrm{IS2}}^{*}$ 和 E_{IS2}^{*} 随经济补偿 k 的上升而增加。然而，当制造商采取联合策略 IS1＋BI2 时，E_{COM}^{*} 随经济补偿 k 的上升而下降。这是因为，较高的经济补偿 k 提高了联合策略的投保额度，使联合策略的实施成本大幅上升，进而造成期望利润 E_{COM}^{*} 的下降。最终，ΔE 随经济补偿k 的上升而下降。当制造商采取联合策略 IS1＋BI2 时，经济补偿 k 对 $\Delta CVaR$ 的影响是不确定的。这是因为，较高的经济补偿 k 提高了联合策略的投保额度，这将同时降低制造商在产品发生外部故障时的经济损失并提高联合策略的实施成本。两种相反的效应使 $\Delta CVaR$ 的变化变得不确定。当制造商采取联合策略 IS3＋BI1 时，ΔE 随经济补偿k 的上升而上升。这是因为，在联合策略 IS3＋BI1 下，经济补偿 k 的变化不会改变联合策略的投保额度，但会提高联合策略的检测水平。而检测水平的上升对联合策略的实施成本产生两种相反的影响。首先，检测水平的上升意味着联合策略的检测成本上升。其次，检测水平的上升降低了产品发生外部故障的概率，联合策略的保险购买成本因此下降。与单一入厂检测策略相比较，保险购买成本的下降会缓和联合策略实施成本的上升。因此，联合策略实施成本的增加幅度会低于单一入厂检测策略实施成本的增加幅度。最终，ΔE 随经济补偿k 的上升而上升。然而，随经济补偿k 的升上，联合策略 IS3＋BI1 的吸引力会降低。这主要因为较高的经济补偿k 减弱了商业保险的吸引力。因此，$\Delta CVaR$ 随经济补偿 k 的上升而下降。

推论 4. 12 质量水平对 $\Delta CVaR$ 和 ΔE 的影响：$\Delta CVaR$ 随零部件质量水平 α 的上升而下降，ΔE 随零部件质量水平 α 的上升而上升。■

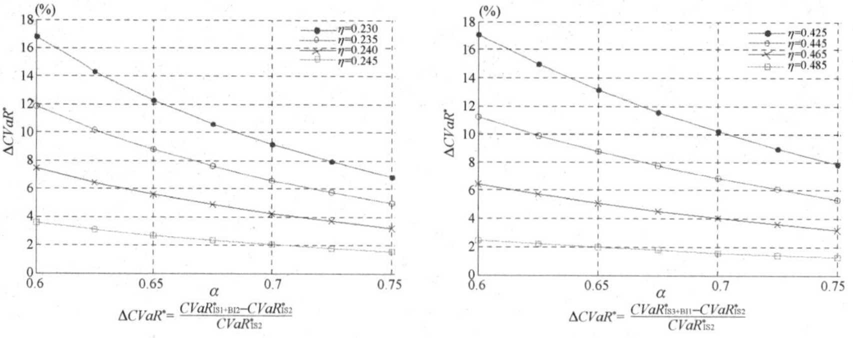

图 4. 17 质量水平 α 对 $\Delta CVaR$ 的影响

推论 4. 12 的内容可见图 4. 17 和 4. 18。零部件质量水平 α 的上升意味着产品质量风险的降低。不论采用哪种策略，制造商的期望利润和 CVaR

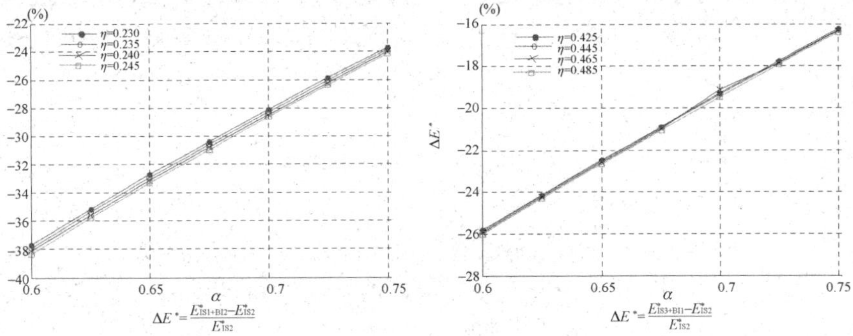

图 4.18　质量水平 α 对 ΔE 的影响

值都因产品质量风险的降低而上升。这时，与单一入厂检测策略相比较，在联合策略下，零部件质量水平 α 的上升不仅可以降低入厂检测水平还可降低保险的购买成本。因此，零部件质量水平 α 上升带来的联合策略成本的降低幅度要大于单一入厂检测策略实施成本的降低幅度。最终，ΔE 随零部件质量水平 α 的上升而上升。然而，零部件质量水平 α 的上升大幅降低制造商面对的风险。因此，成本较高的联合策略的避险价值减弱。最终，$\Delta CVaR$ 随零部件质量水平 α 的上升而下降。

第五节　本 章 小 结

本章基于信息对称下风险规避制造商的单周期生产决策模型，比较研究了制造商供应链产品质量风险管理策略的选择问题。通过本章的模型分析，找出单一入厂检测策略与单一商业保险策略的应用条件，并给出联合策略的应用条件。最后，比较分析了联合策略的避险价值，并通过算例分析了系统参数的变化如何影响联合策略的避险价值。

研究发现：

(1) 当制造商的风险规避程度较高而商业保险的安全因子较低时，制造商更倾向于利用商业保险避险。这是因为，尽管入厂检测可以帮助制造商降低产品质量风险事件的发生，但是，随着风险规避程度的不断上升，制造商必须以更高的检测水平来规避风险。这意味着入厂检测策略的实施成本越来越高。特别是，当制造商的风险规避程度非常高时，入厂检测策略的实施成本将超过入厂检测策略带来的收益，使入厂检测策略在该区域失效。

(2) 当制造商的风险规避程度较低而商业保险的安全因子较高时，制造商更倾向于利用入厂检测策略避险。这是因为，较低的风险规避程度大幅降低了入厂检测策略的实施成本，而安全因子较高意味着商业保险的购买成本较高。这时，利用更具成本优势的入厂检测策略管理供应链产品质量风险会更有效。

(3) 当安全因子较高时，利用联合策略可使更多风险规避程度较高的制造商从事生产经营活动。这是因为，在联合策略下，入厂检测的主要作用是降低产品发生外部故障的概率以降低商业保险的期望索赔额。这在一定程度上抵消了安全因子上升带来的商业保险购买成本的上升，从而使更多的制造商能够负担得起商业保险的购买成本。

第五章
商业保险与入厂检测的选择
——基于质量激励视角

第一节 基本问题

在供应链管理模式及外包策略下，供应商的质量水平成为影响购买企业面对的产品质量风险大小的重要因素。在实践中，供应商的质量水平有时无法观测而且不能合同化，存在道德风险（Balachandran 和 Radhakrishnan, 2005）。这时，购买企业必须制定一些策略来激励供应商（特别是中小供应商）选择使其自身利益最大化的质量水平。那么，风险事前防控策略与风险事后缓解策略在供应商质量激励上谁更有效？

一、问题描述

为了回答上述问题，本章以两级供应链为研究对象，基于博弈理论，通过构建零部件采购合约的决策模型，研究信息不对称下制造商供应链产品质量风险管理策略的选择问题。具体研究的问题包括：(1)制造商是否可以利用入厂检测策略管理供应商引发的产品质量风险？如果可以，在入厂检测策略下，制造商的最优采购合约如何制定，供应商的质量水平又该如何选择？(2)制造商是否可以利用商业保险管理供应商引发的产品质量风险？如果可以，在商业保险策略下，制造商的最优采购合约如何制定，供应商的质量水平又该如何选择？(3)入厂检测策略与商业保险策略在管理供应商引发的产品质量风险时哪个更有效？

二、策略描述

假设供应链由一个风险规避的零部件供应商和一个风险中性的产品制造商组成①。模型中，制造商向供应商订购 Q 单位零部件，单位采购价格为 w。为了简化证明，设 $Q=1$。供应商可生产两种质量水平的零部件，记为 α_i，$i=0, 1$，$\alpha_0<\alpha_1$。质量为 α_0 的零部件的单位生产成本为 0，质量为 α_1 的零部件的单位生产成本为 $M(>0)$。事实上，质量 α_0 可理解为制造商采购零部件的最低质量标准，α_1 为供应商的质量改进水平。根据 Balachandran 和 Radhakrishnan(2005)的研究，零部件的质量水平表示的是零部件能够实现需求功能的概率。因此，零部件存在质量缺陷的概率为 $1-\alpha_i$。另外，设单位最终产品由单位零部件构成，且最终产品的单位收益为 p。一旦由缺陷零部件构成的最终产品进入市场，质量问题最终会被消费者发现。这时，制造商将发生外部故障成本。假设直接成本为 p，表示缺陷产品的单位更换成本。间接成本包括因质量缺陷问题引发的品牌价值或市场价值的损失，记为 f。此外，通过追责，供应商需赔偿制造商 $w+\beta f$。其中，β 为供应商分担的间接成本的比例。

(一) 无策略

当制造商未实施任何策略管理产品质量风险时，他可通过采购价格的制定控制供应商生产不同质量水平的零部件以实现自身期望利润的最大化。这时，零部件的采购合约由采购价格构成，记为采购合约 $\{w\}$。其中，w 为制造商的决策变量[见图 5.1(1)]。

为了控制供应商的质量水平，降低供应商的零部件质量问题引发的经济损失，制造商可实施入厂检测策略或商业保险策略。

(二) 入厂检测策略

当制造商以入厂检测策略管理产品质量风险时，他将在采购合约中承诺以检测水平 γ 对零部件进行入厂检测。本章假设制造商的检测水平是给

① 实践中，规模较大的制造商具有良好抗风险能力，可视为风险中性的，特别是在汽车制造业。Kawasaki 和 McMillan(1987)及 Asanuma(1992)曾指出，假设汽车制造商是风险中性的或风险规避程度低于供应商是合理的。他们认为，汽车制造商的企业规模远大于各自的分包商。例如，丰田汽车公司的最大供应商组织 DENSO，其企业规模仅为丰田公司的一半。此外，单一合同产生的波动性对供应商利润的影响远高于对汽车制造商利润的影响。因此，供应商的风险规避程度要低于制造商(Tabeta 和 Rahman，1999)。

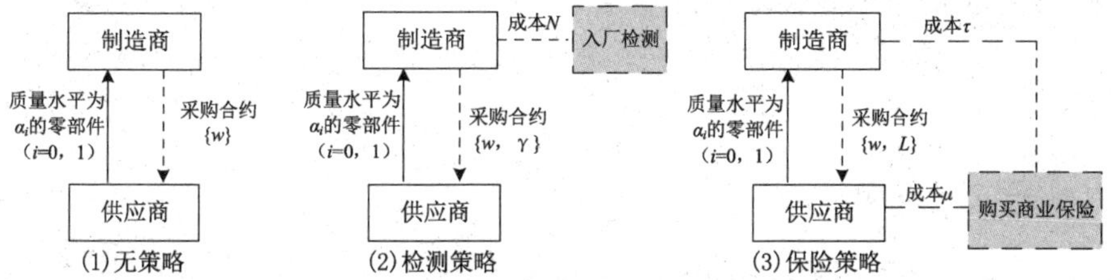

图 5.1　不同策略下的采购合约形式

定的。这是因为，检测水平由现有检测技术及设备决定，在短期内检测水平可视为固定值(Dong 等，2016)。相应的，入厂检测的实施成本为 $N>0$。检测水平表示缺陷零部件可以被检测识别的概率。如果缺陷零部件被识别，制造商拒绝接收该部件。因此，在入厂检测策略下，缺陷零部件被识别的概率应为 $(1-\alpha_i)\gamma$，产品发生外部故障的概率为 $(1-\alpha_i)(1-\gamma)$，其中，$i=0$，1。若零部件通过检测，制造商接收零部件并支付采购价格 w。此外，与第四章相似，假设只有缺陷零部件无法通过检测。最终，在入厂检测策略下，零部件采购合约由采购价格和承诺的检测水平构成，记为采购合约 $\{w, \gamma\}$。其中，w 为制造商的决策变量[见图 5.1(2)]。

(三) 商业保险策略

为了简化证明，本章以第二种方式 $I=\mu+\tau$ 描述保费。事实上，在本章中，保费的表达形式并不影响制造商及供应商的最优决策。根据 Serpa 和 Krishnan(2015)的研究，假设金融机构对外部故障的发生概率具有完全信息。商业保险的补偿方式为：如果零部件缺陷引发的经济损失低于免赔额 d，供应商不能从金融机构获得任何补偿；如果损失高于 d，供应商可从金融机构获得经济补偿，且补偿额度不超过 L。此外，商业保险策略的有效性要求 d 与 L 满足 $0 \leqslant d+L \leqslant w+\beta f$。最终，期望索赔额为 $\mu(d, L)=E[\min\{[w+\beta f-d]^+, L\}]$，其中 $[w+\beta f-d]^+=\max\{w+\beta f-d, 0\}$。

在商业保险策略下，制造商在采购合约中要求供应商为其提供的零部件购买投保额度为 L 的商业保险。而商业保险的购买费用由双方共同承担。其中，制造商承担保费中的交易成本 τ，供应商承担保费中的期望索赔额 μ。可见，在商业保险策略下，零部件的采购合约由采购价格和投保额度构成，记为采购合约 $\{w, L\}$。其中，w 和 L 为制造商的决策变量[见图 5.1(3)]。

通过上述策略描述可知，入厂检测策略或商业保险策略的实施可能影响制造商采购价格的制定，改变供应商零部件质量水平的选择，进而帮助制造商应对供应商引发的产品质量风险。因此，通过比较制造商在无策略、入厂检测策略及商业保险策略下的最优采购价格及利润，可找到入厂检测策略或商业保险策略的实施条件及管理供应链产品质量风险的占优策略。

三、决策序列

本章假设制造商为斯坦伯格领导者，决策采购价格并选择管理供应链产品质量风险的策略。供应商作为追随者决策是否接受采购合约并选择零部件的质量水平。供应链的决策过程可描述如下。

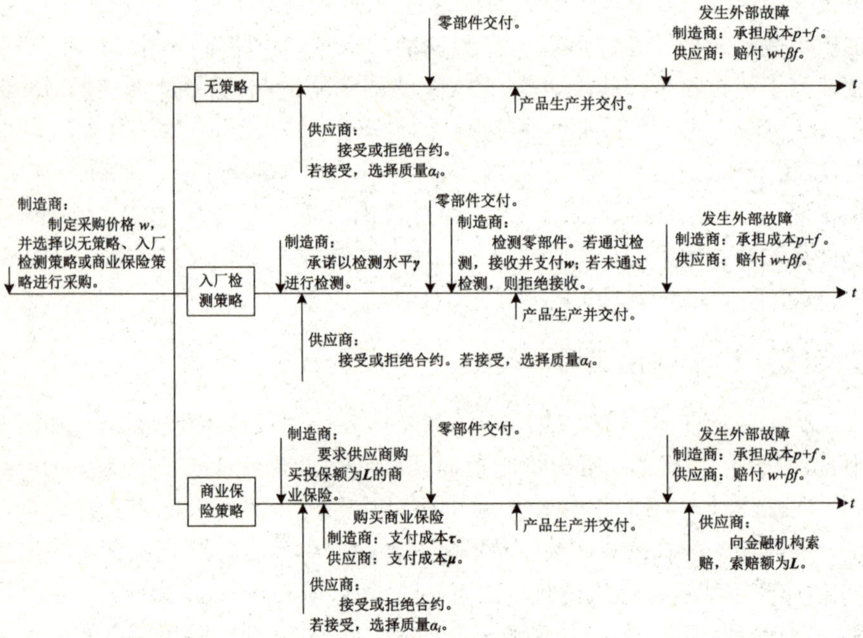

图 5.2　不同策略下的决策序列

(1) 制造商制定采购价格 w 并选择以无策略、入厂检测策略或商业保险策略应对供应商引发的产品质量风险。如果制造商选择入厂检测策略，他将在采购合约中承诺以检测水平 γ 对零部件进行入厂检测。如果制造商选择商业保险策略，他将在采购合约中要求供应商对零部件质量进行投保且投保额为 L。其中，L 为制造商的决策变量。

(2) 供应商选择接受或拒绝合约。如果供应商接受合约，将决策零部件的质量水平并根据合约向金融机构购买保险。根据 Serpa 和 Krishnan (2015)的研究，假设金融机构对供应商的质量选择行为具有完全信息。此外，在商业保险策略下，保险的购买费用由供应商和制造商共担。其中，制造商承担购买保险的安全因子(即交易成本) τ，而供应商承担保费中的期望索赔额 μ。

(3) 零部件交付。制造商在无策略或商业保险策略下接收零部件并支付采购价格 w。在入厂检测策略下，制造商会对零部件进行入厂检测。若零部件未通过检测，拒绝接收零部件。如果通过检测，制造商接收零部件并支付供应商采购价格 w。

(4) 最终产品以单位收益 p 交付至消费者。

(5) 产品因零部件缺陷发生外部故障，制造商承担外部故障成本 $p+f$，供应商向制造商赔付 $w+\beta f$。

(6) 在商业保险策略下，供应商向金融机构进行索赔。

四、模型假设

本章以无策略下制造商的最优决策及利润为基础，比较分析入厂检测或商业保险策略对产品质量风险的规避作用。为了保证无策略下有交易发生，系统参数需满足如下假设：

假设 5.1 当 $1-\alpha_1<\eta\leqslant 1-\alpha_0$ 时，单位收益 p 满足：

$$p>\frac{(1-\alpha_1)(1-\beta)f}{\alpha_1}+\frac{(1-\alpha_1)\beta f}{\eta-(1-\alpha_1)}\ ;$$

当 $1-\alpha_0<\eta<1$ 时，单位收益 p 满足：

$$p>\max\left\{\frac{(1-\alpha_i)(1-\beta)f}{\alpha_i}+\frac{(1-\alpha_i)\beta f}{\eta-(1-\alpha_i)}\right\},\ i=0,\ 1。$$

此外，在实践中，入厂检测作为一种控制缺陷零部件进入市场的策略，在一定程度上可帮助制造商降低风险事件发生的概率。然而，这种策略对质量风险的规避效果往往要低于产品质量改进。因此，本章对检测水平做出如下假设：

假设 5.2 检测水平 γ 满足：$1-\alpha_1<(1-\alpha_0)(1-\gamma)$。该假设说明供应商进行质量改进的效率高于制造商进行入厂检测的效率。

本章考虑供应商和制造商是理性行为人，他们行为决策应满足如下假设：

假设 5.3 制造商追求期望利润最大化。

假设 5.4 供应商追求 CVaR 值最大化。

第二节　无策略下的最优决策

一、决策目标

当制造商未实施任何策略管理供应链产品质量风险时，制造商首先给出采购价格 w。之后，供应商选择是否接受合约。如果接受合约 $\{w\}$，供应商选择生产的质量水平。随后，零部件以采购价格 w 交付。最终，制造商完成最终产品的生产并以单位收益 p 交付至消费者。如果产品因零部件缺陷发生外部故障，制造商需承担损失 $p+f$，供应商需赔付制造商 $w+\beta f$。

(1) 供应商的决策目标

本章假设供应商是风险规避的并以 CVaR 方法进行测度。这时，供应商的 CVaR 值可表述为：

$$CVaR_{\eta}[\pi_s(\alpha_i)] = \max_{v\in R}\left\{v+\frac{1}{\eta}E_{\alpha}\left\{\min[\pi_s(\alpha_i)-v,\ 0]\right\}\right\},\ i=0,1 \tag{5.1}$$

其中，$\eta\in(0,1]$，表示供应商的风险规避程度。η 越小，供应商的风险规避程度越高。

引理 5.1　令 $i=0,1$，无策略下供应商的 CVaR 值为：

(1) 若 $0<\eta\leqslant 1-\alpha_i$，$CVaR_{\eta}[\pi_s(\alpha_i\mid w)]=-\beta f-iM$； (5.2)

(2) 若 $1-\alpha_i<\eta<1$，

$$CVaR_{\eta}[\pi_s(\alpha_i\mid w)] = w-iM-\frac{(1-\alpha_i)(w+\beta f)}{\eta}。 \tag{5.3}$$

■

最终，供应商的决策目标可表述为：

$$\begin{aligned}&\max_{\alpha_i\in\{\alpha_0,\ \alpha_1\}} CVaR_{\eta}[\pi_s(\alpha_i)]\\ =&\max_{\alpha_i\in\{\alpha_0,\alpha_1\}}\ \max_{v\in R}\left\{v+\frac{1}{\eta}E_{\lambda}\left\{\min[\pi_s(\alpha_i)-v,0]\right\}\right\}。\end{aligned} \tag{5.4}$$

(2) 制造商的决策目标

本章中，制造商是风险中性的并追求期望利润最大化。由模型假设可知，制造商的期望利润可简化为：

$$E[\pi_m(w \mid \alpha_i)] = \alpha_i(p-w)+(1-\alpha_i)[p-w-(p+f)+(w+\beta f)]$$
$$= \alpha_i(p-w)-(1-\alpha_i)(1-\beta)f。 \tag{5.5}$$

最终，制造商的决策目标为：

$$\max_w E[\pi_m(w \mid \alpha_i^*)]$$

$$s.t.\begin{cases} CVaR_\eta[\pi_s(\alpha_i^* \mid w)]) \geqslant 0, & (S-IR), \\ \alpha_i^* = \arg\max_{\alpha_i} CVaR_\eta[\pi_s(\alpha_i \mid w)], & (S-IC), \\ E[\pi_m(w \mid \alpha_i^*)] > 0, & (M-IR)。 \end{cases}$$

其中，约束条件（$S-IR$）为供应商的参与约束，约束条件（$S-IC$）表示供应商的激励相容约束。约束条件（$M-IR$）为制造商的参与约束。

二、最优决策

定理 5.1 无策略下制造商与供应商的最优决策为：

（1）当供应商的风险规避程度满足 $0<\eta\leqslant 1-\alpha_1$ 时，无交易发生；

（2）当供应商的风险规避程度满足 $1-\alpha_1<\eta\leqslant 1-\alpha_0$ 时，若质量成本 $M<M_1$，制造商最优采购价格为 $w_1=\dfrac{\eta M+(1-\alpha_1)\beta f}{\eta-(1-\alpha_1)}$。在该合约下，供应商选择质量 α_1。否则，无交易发生。

（3）当供应商的风险规避程度满足 $1-\alpha_0<\eta<1$ 时，若质量成本 $M<M_2$，制造商的最优采购价格为 $w_1=\dfrac{\eta M+(1-\alpha_1)\beta f}{\eta-(1-\alpha_1)}$。在该合约下，供应商选择质量 α_1。若 $M\geqslant M_2$，制造商的最优采购价格为 $w_2=\dfrac{(1-\alpha_0)\beta f}{\eta-(1-\alpha_0)}$。在该合约下，供应商选择质量 α_0。

其中，$M_1=\dfrac{\eta-(1-\alpha_1)}{\alpha_1\eta}\left[\alpha_1 p-\dfrac{\alpha_1(1-\alpha_1)\beta f}{\eta-(1-\alpha_1)}-(1-\alpha_1)(1-\beta)f\right]$，

$$M_2=\frac{\eta-(1-\alpha_1)}{\eta}\left[\frac{(1-\alpha_0)\beta f}{\eta-(1-\alpha_0)}-\frac{(1-\alpha_1)\beta f}{\eta-(1-\alpha_1)}\right]。\blacksquare$$

定理 5.1 的内容由图 5.3 给出。可以看到，供应商的风险规避程度和零部件质量水平作为衡量供应链产品质量风险大小的两个重要因素将供应链的交易过程分成了三种情况。

（1）如果供应商的风险规避程度非常高，即 $0<\eta\leqslant 1-\alpha_1$ [见图 5.3(1)]，则无交易发生。在这种情况下，产品质量风险相对较高，质量问题引

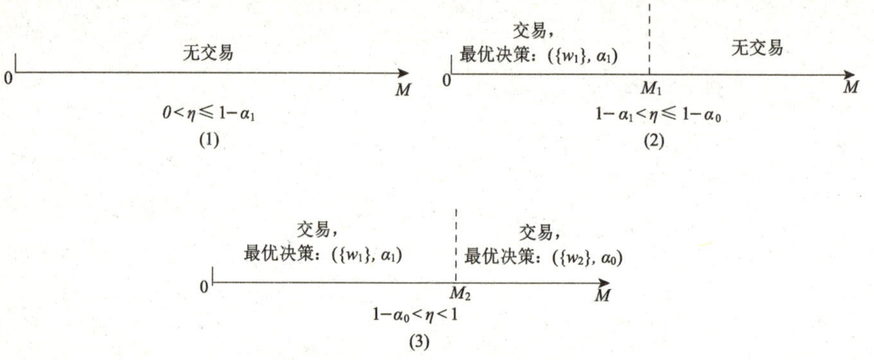

图 5.3　无策略下的最优决策

发的赔偿责任成为制约供应商参与交易的主要原因。

(2) 如果供应商的风险规避程度位于中间水平，即 $1-\alpha_1<\eta\leqslant 1-\alpha_0$［见图 5.3(2)］，双方只在质量成本较低(即 $M<M_1$) 时以高质量的零部件达成交易。否则无交易发生。实践中，随着风险规避程度的下降，供应商对期望利润的关注逐渐增强。对于风险规避程度位于中间的供应商而言，高质量水平下的期望利润可以消除赔偿责任对供应商的制约。然而，低质量水平下的期望利润还不足以消除这种制约。因此，当制造商面对风险规避程度位于中间水平的供应商时，制造商应利用采购价格控制供应商生产高质量的零部件。这个最优采购价格为 w_1，它由质量成本的加成 $\dfrac{\eta M}{\eta-(1-\alpha_1)}$ 和供应商承担的期望经济损失的加成 $\dfrac{(1-\alpha_1)\beta f}{\eta-(1-\alpha_1)}$ 两部分构成。

对最优采购价格进行分析可知，供应商的风险规避程度是通过采购价格影响制造商面对的产品质量风险的。当供应商的风险规避程度上升时，产品质量风险造成的赔偿责任对供应商的影响越加显著，供应商期望经济损失的加成比例不断上升。此外，风险规避程度的上升也提高了质量成本的加成比例。最终，采购价格随 η 的下降而上升。这说明，当供应商的风险规避程度变强时，制造商必须以更高的采购价格帮助供应商参与交易。事实上，这个问题也可理解为，供应商的风险规避程度越高，制造商为购买供应商在未来所期望履行的赔偿责任必须付出更高的成本。可以说，供应商的风险规避程度是影响制造商面对的产品质量风险大小的重要因素，供应商的风险规避程度越高，制造商面对的产品质量风险越高。

此外，需要指出的是，尽管质量改进可降低风险，然而，如果质量成本较高(即 $M_1<M$)，制造商为获得高质量的零部件必须支付较高的采购价格。

这时，质量改进的收益无法弥补采购价格上升造成的损失。最终，质量改进失效，双方无法达成交易。因此，只有质量成本足够低（即 $M<M_1$），制造商才能与中等风险规避程度的供应商以高质量的零部件达成交易。

(3) 如果供应商的风险规避程度较低，即 $1-\alpha_0<\eta<1$［见图 5.3(3)］，双方在质量成本较低（即 $M<M_2$）时以高质量的零部件进行交易，在质量成本较高（即 $M\geqslant M_2$）时以低质量的零部件进行交易。也就是说，对于风险规避程度较低的供应商而言，低质量水平下的期望利润也足以消除赔偿责任对其的制约。这时，采购价格的主要作用是控制供应商的质量决策以确保制造商的期望利润最大化。由定理 5.1 可知，激励供应商以质量水平 α_1 参与交易的采购价格为 w_1，激励供应商以质量水平 α_0 参与交易的采购价格为 w_2。其中，w_2 由供应商在低质量水平下的期望经济损失加成 $\dfrac{(1-\alpha_0)\beta f}{\eta-(1-\alpha_0)}$ 构成。

由图 5.3(3)可知，质量成本成为制造商激励供应商进行质量改进的关键因素。这是因为，质量成本越高，制造商为了激励供应商进行质量改进必须支付更高的采购价格（即采购价格 w_1 越高）。特别的，当质量成本超过 M_2（即 $M\geqslant M_2$）时，较高的采购价格使质量改进带来的收益低于为了改进质量而支付的成本，最终导致制造商期望利润的下降。因此，当质量成本较高时，制造商应控制供应商生产低质量的零部件。只有当质量成本足够低（即 $M<M_2$）时，制造商才能与风险规避程度较低的供应商以高质量零部件达成交易。如果质量成本较高（即 $M\geqslant M_2$），制造商应以低质量的零部件与风险规避程度较低的供应商达成交易。

推论 5.1 当 $1-\alpha_1<\eta$ 时，随供应商的风险规避程度的下降（即 η 的上升）或单位收益 p 的上升，M_1 逐渐上升。随成本分担比例 β 或间接成本 f 的上升，M_1 逐渐下降。质量水平 α_1 对 M_1 的影响不确定。■

推论 5.1 说明，如果供应商的风险规避程度满足 $1-\alpha_1<\eta<1-\alpha_0$，随风险规避程度的下降（即 η 的上升）或单位收益 p 的上升，图 5.3(2)中的 M_1 向右移动。也就是说，如果供应商的风险规避程度的下降或制造商整体收益提高，双方参与交易的意愿变得更强烈。相反的，如果供应商赔偿责任上升，双方达成交易的可能性降低。这是因为，风险规避程度的下降表明质量问题造成的经济损失对供应商的影响减弱了，供应商的期望经济损失及质量成本加成比例均会降低。这时，在原有的质量成本下，零部件的采购成本降低，制造商的期望利润上升。因此，当风险规避程度下降时，制造商能够负担得起更高的采购价格。此外，产品单位收益 p 的上升提高了制造商的

整体收益水平，这使制造商能够支付得起更高的采购价格。最终，双方达成交易的区域变大。相反的，成本分担比例β或间接成本f的上升，意味着供应商面对的产品质量风险的加剧，供应商的期望经济损失及质量成本加成比例随之上升。这时，在原有的质量成本下，零部件的采购价格将上升，制造商的期望利润因此下降。最终，当产品质量风险加剧时，双方不进行交易的区域变大。

推论 5.2 当$1-\alpha_0<\eta$时，随成本分担比例β、间接成本f或高质量水平α_1的上升，M_2逐渐上升。随质量水平α_0或供应商的风险规避程度的下降(即η的上升)，M_2逐渐下降。■

推论 5.2 说明，如果供应商的风险规避程度满足$1-\alpha_0<\eta<1$，成本分担比例β、间接成本f或质量水平α_1的上升，图 5.3(3)中的M_2向右移动。也就是说，当供应商的风险规避程度较低时，如果供应商的赔付责任上升或质量改进的效率提高，制造商控制供应商进行质量改进的意愿变得更强烈。这是因为，成本分担比例β或间接成本f的上升都会加剧供应商面对的质量风险，使供应商的期望经济损失上升。最终，制造商必须为购买零部件支付更高的采购价格。然而，在高质量水平α_1下采购价格的增幅低于低质量水平α_0下采购价格的增幅。因此，制造商购买高质量水平的零部件可获得更高的期望利润。此外，α_1的上升意味着高质量水平下零部件的产品质量风险变弱，这使供应商在质量α_1下的期望经济损失及质量成本加成比例下降。最终，制造商为购买高质量的零部件而支付的采购价格下降。可见，α_1的上升表明零部件进行质量改进的效率显著提高。因此，制造商更倾向于采购高质量水平的零部件。然而，随质量水平α_0或供应商的风险规避程度的下降(即η的上升)，图 5.3(3)中的M_2向左移动。也就是说，制造商激励供应商进行质量改进的意愿降低了。这是因为，质量水平α_0的上升意味着低质量水平下零部件的产品质量风险变弱，这使供应商在质量α_0下的期望经济损失下降。最终，制造商为购买低质量的零部件而支付的采购价格下降。显然，质量水平α_0的上升缩小了制造商在质量改进和无改进时期望利润的差距。因此，质量改进的吸引力降低。相似的，供应商的风险规避程度的下降弱化了产品质量风险对供应商的不利影响，使供应商的期望经济损失及质量成本加成比例下降，进而降低了零部件的采购价格。然而，在高质量水平α_1下采购价格的降幅会小于低质量水平α_0下采购价格的降幅。因此，制造商在低质量水平α_0下反而获得更高的期望利润。最终，制造商更倾向于采购低质量水平的零部件。

第三节　入厂检测策略下的最优决策

一、决策目标

当制造商利用入厂检测策略控制产品质量风险时，制造商首先给出采购价格 w 并承诺以检测水平 γ 检测零部件。之后，供应商决定是否接受合约 $\{w, \gamma\}$。若接受，供应商选择质量水平。当零部件交付时，制造商进行入厂检测。若零部件未通过检测，则拒绝接收零部件。如果零部件通过检测，制造商接收零部件并支付供应商采购价格 w。当最终产品完成生产并以单位收益 p 交付至消费者后，若产品因零部件缺陷发生外部故障，制造商需承担损失 $p+f$，供应商需赔付制造商 $w+\beta f$。

（1）供应商的决策目标

由于入厂检测策略改变了风险事件发生的概率，供应商的 CVaR 值发生变化。

引理 5.2　令 $i=0,1$，入厂检测策略下供应商的 CVaR 值为：

（1）若 $0<\eta\leqslant(1-\alpha_i)(1-\gamma)$，

$$CVaR_\eta[\pi_s(\alpha_i|w, \gamma)]=-\beta f-iM; \tag{5.6}$$

（2）若 $(1-\alpha_i)(1-\gamma)<\eta\leqslant 1-\alpha_i$，

$$CVaR_\eta[\pi_s(\alpha_i|w, \gamma)]=-\frac{(1-\alpha_i)(1-\gamma)\beta f}{\eta}-iM; \tag{5.7}$$

（3）若 $1-\alpha_i<\eta\leqslant 1$，

$$CVaR_\eta(\pi_s(\alpha_i|w, \gamma))=w-iM-\frac{(1-\alpha_i)[w+\beta f(1-\gamma)]}{\eta}。\tag{5.8}$$

■

最终，供应商的决策目标可表述为：

$$\begin{aligned}&\max_{\alpha_i^*\in\{\alpha_0, \alpha_1\}} CVaR_\eta[\pi_s(\alpha_i|w, \gamma)]\\ =&\max_{\alpha_i^*\in\{\alpha_0, \alpha_1\}}\max_{v\in R}\left\{v+\frac{1}{\eta}E_\lambda\left\{\min[\pi_s(\alpha_i|w, \gamma)-v, 0]\right\}\right\}。\end{aligned}$$

（2）制造商的决策目标

在入厂检测策略下，制造商的期望利润可简化为：

$$E[\pi_m(w,\ \gamma|\alpha_i)] = \alpha_i(p-w) - (1-\alpha_i)(1-\gamma)(1-\beta)f - N,\quad i=1,\ 0。$$

因此，制造商的决策目标为：

$$\max_w E[\pi_m(w,\ \gamma|\alpha_i^*)]$$

$$s.t.\begin{cases} CVaR_\eta[\pi_s(\alpha_i^*,\ \gamma\mid w)] \geqslant 0, & (S-IR), \\ \alpha_i^* = \arg\max_{\alpha_i} CVaR_\eta[\pi_s(\alpha_i,\ \gamma\mid w)], & (S-IC), \\ E(\pi_m[w,\ \gamma|\alpha_i^*)] \geqslant 0, & (M-IR)。\end{cases}$$

二、最优决策

定理 5.2　入厂检测策略下制造商与供应商的最优决策为：

(1) 当供应商的风险规避程度满足 $0<\eta\leqslant 1-\alpha_1$ 时，无交易发生；

(2) 当供应商的风险规避程度满足 $1-\alpha_1<\eta\leqslant 1-\alpha_0$ 时，若质量成本与检测成本满足 $N<\Gamma_1(M)$，制造商的最优采购价格为 $w_3=\dfrac{\eta M+(1-\alpha_1)(1-\gamma)\beta f}{\eta-(1-\alpha_1)}$。在该合约下，供应商选择质量 α_1。否则，无交易发生。

(3) 当供应商的风险规避程度满足 $1-\alpha_0<\eta<1$ 时，若质量成本与检测成本满足 $M<M_4$ 且 $N<\Gamma_1(M)$，制造商的最优采购价格为 $w_3=\dfrac{\eta M+(1-\alpha_1)(1-\gamma)\beta f}{\eta-(1-\alpha_1)}$。在该合约下，供应商选择质量 α_1。若质量成本与检测成本满足 $M\geqslant M_4$ 且 $N<N_2$，制造商的最优采购价格为 $w_4=\dfrac{(1-\alpha_0)(1-\gamma)\beta f}{\eta-(1-\alpha_0)}$。在该合约下，供应商选择质量 α_0。否则，无交易发生。

其中，曲线

$$\Gamma_1(M) = N_1 - \frac{\alpha_1\eta}{\eta-(1-\alpha_1)}M,$$

$$N_1 = \alpha_1 p - \frac{\alpha_1(1-\alpha_1)(1-\gamma)\beta f}{\eta-(1-\alpha_1)} - (1-\alpha_1)(1-\gamma)(1-\beta)f,$$

$$N_2 = \alpha_0 p - \frac{\alpha_0(1-\alpha_0)(1-\gamma)\beta f}{\eta-(1-\alpha_0)} - (1-\alpha_0)(1-\gamma)(1-\beta)f,$$

$$M_4 = \frac{\eta-(1-\alpha_1)}{\eta}\left[\frac{(1-\alpha_0)(1-\gamma)\beta f}{\eta-(1-\alpha_0)} - \frac{(1-\alpha_1)(1-\gamma)\beta f}{\eta-(1-\alpha_1)}\right]。■$$

定理 5.2 的内容由图 5.4 给出。与无策略下的决策相似，入厂检测策略下供应链的交易过程也被供应商的风险规避程度和零部件质量水平分成了三种情况：

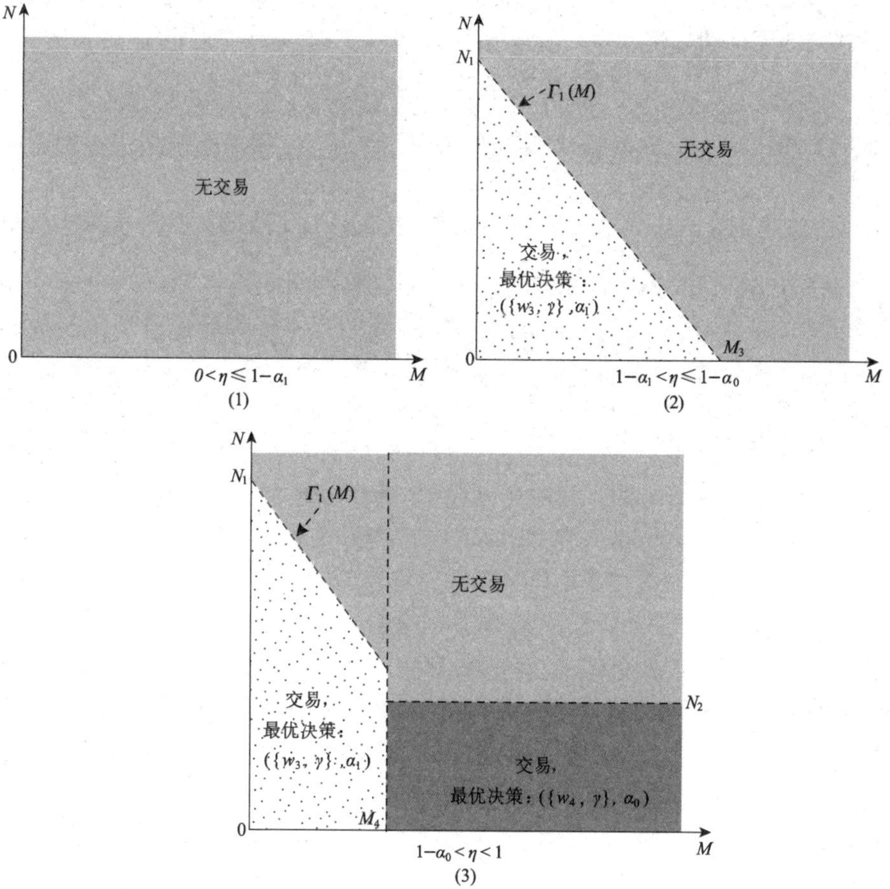

图 5.4　入厂检测策略下的最优决策

(1) 如果供应商的风险规避程度非常高，即 $0<\eta\leqslant 1-\alpha_1$ [见图 5.4 (1)]，无交易发生。也就是说，对于非常厌恶风险的供应商而言，入厂检测策略是无效的。这是因为，当 η 非常低时，赔偿责任成为制约供应商参与交易的主要原因。然而，入厂检测策略本身是不精确的，它既不能完全消除缺陷零部件，又不能降低或消除产品质量风险造成的经济损失。一旦未被检测出来的缺陷零部件进入市场，供应商仍需担负巨额的赔偿责任，入厂检测策略失效。

(2) 如果供应商的风险规避程度位于中间区域，即 $1-\alpha_1<\eta\leqslant 1-\alpha_0$

[见图 5.4(2)],双方只在检测成本较低[即 $N < \Gamma_1(M)$]时能够以高质量的零部件达成交易。由于入厂检测策略并不能消除风险或改变供应商承担的经济损失,与无策略的情况相似,低质量水平的期望利润不足以消除赔偿责任对风险规避程度位于中间区域的供应商造成的影响。但是,如果对零部件进行质量改进,潜在的产品质量风险能够下降到供应商的承受范围内。这时,制造商应利用采购价格控制供应商生产高质量的零部件。这个最优采购价格为 w_3,它由质量成本的加成 $\dfrac{\eta M}{\eta-(1-\alpha_1)}$ 和供应商承担的期望经济损失的加成 $\dfrac{(1-\alpha_1)(1-\gamma)\beta f}{\eta-(1-\alpha_1)}$ 两部分构成。与无策略下的最优采购价格 w_1 进行比较可知,入厂检测策略降低了零部件的采购价格,即 $w_3 < w_1$。这是因为,入厂检测策略通过降低风险事件发生的概率降低质量缺陷造成的期望经济损失,进而帮助制造商降低零部件的采购价格。

需要指出的是,尽管入厂检测策略的实施同时降低供应商期望经济损失的加成及制造商承担的期望经济损失,从而改善了制造商的期望利润。然而,实施入厂检测策略需要支付成本,从而导致制造商的盈利水平的下降。因此,制造商在入厂检测策略下能否获得正期望利润并参与交易取决于检测的实施成本与自身的盈利水平。特别的,当检测成本较高[即 $\Gamma_1(M) < N$]时,制造商在入厂检测策略下获得的收益不足以弥补检测成本。这时,对于制造商而言,不进行交易更有利。只有检测成本足够低[即 $N < \Gamma_1(M)$],制造商才能与风险规避程度位于中间区域的供应商以高质量的零部件达成交易。此外,这个使制造商参与交易与不参与交易无差异的曲线 $\Gamma_1(M)$ 是 M 的单调递减函数。这是因为,质量成本的下降降低了零部件的采购价格,提高了制造商的盈利水平,进而使制造商能够负担更高的检测成本。

(3) 如果供应商的风险规避程度较低,即 $1-\alpha_0 < \eta < 1$[见图 5.4(3)],双方在质量成本和检测成本均较低[即 $M < M_4$ 且 $N < \Gamma_1(M)$]时以高质量的零部件进行交易;双方在质量成本较高但检测成本较低(即 $M \geq M_4$ 且 $N < N_2$)时以低质量的零部件进行交易;否则无交易发生。与无策略的情况相似,较低的风险规避程度使供应商能够应对低质量水平 α_0 带来的风险。这时,采购价格的主要作用是控制供应商的质量决策以确保制造商的期望利润最大化。由定理 5.2 可知,激励供应商以质量水平 α_1 参与交易的采购价格为 w_3,激励供应商以质量水平 α_0 参与交易的采购价格为 w_4。与无策略相比较,入厂检测策略降低了风险事件造成的期望经济损失,进而降低了零部件的采购价格。

此外，在入厂检测策略下，质量成本仍是制造商激励供应商进行质量改进的关键因素。特别的，当质量成本超过 M_4，即 $M \geqslant M_4$ 时，较高的采购价格使质量改进带来的收益远低于为了激励质量改进而支付的成本，最终导致制造商期望利润的下降。因此，当质量成本较高时，制造商应控制供应商生产低质量的零部件。只有当质量成本足够低(即 $M < M_4$) 时，制造商才能与风险规避程度较低的供应商以高质量零部件达成交易。

值得注意的是，尽管入厂检测策略的实施可降低风险事件发生的概率，提高制造商的期望利润水平。然而，检测的实施成本会降低制造商的盈利水平并负向影响期望利润。这时，制造商在入厂检测策略下能否获得正期望利润并参与交易取决于入厂检测策略的成本与自身的盈利水平。由图 5.4(3)可知，在最优价格 w_3 和质量 α_1 下，只有当检测成本低于 $\Gamma_1(M)$，制造商可获得正期望利润并参与交易。在最优价格 w_4 和质量 α_0 下，只有当检测成本低于 N_2 时，制造商可获得正期望利润并参与交易。

由上述分析可对入厂检测策略的避险机理进行总结。(1)当供应商的风险规避程度较高时，利用入厂检测策略管理供应商引发的产品质量风险是无效的。在这种情况下，赔偿责任成为制约供应商参与交易的主要原因。只有那些能够完全消除质量缺陷或供应商赔偿责任的策略才能帮助供应商和制造商达成交易。然而，检测是不精确的且不能改变潜在的经济损失。因此，在这种情况下，入厂检测策略变得无效。(2)当供应商的风险规避程度较低时，入厂检测策略可有效降低供应商引发的产品质量风险。由前文可知，入厂检测策略降低质量风险的途径有两种：一是降低供应商的期望经济损失的加成，帮助制造商以低采购价格激励供应商参与交易；二是降低风险事件发生概率，进而降低制造商承担的期望经济损失。然而，值得注意的是，入厂检测策略的实施不一定提高制造商的期望利润。这是因为，制造商在入厂检测策略下获得的期望利润与检测成本负相关。如果检测成本过高，实施入厂检测策略带来的收益不足以抵消为此支付的成本，制造商的期望利润会因此下降。

定义无差异成本曲线 $\Gamma_1(M)$ 与横轴交于点 $(0, M_3)$，其中 $M_3 = \frac{\eta-(1-\alpha_1)}{\alpha_1\eta}N_1$，系统参数对交易的影响可见推论 5.3。

推论 5.3 当 $1-\alpha_1 < \eta$ 时，随供应商的风险规避程度的下降(即 η 的上升)、产品单位收益 p 或检测水平 γ 的上升，M_3 和 N_1 逐渐上升。随成本分担比例 β 或间接成本 f 的上升，M_3 和 N_1 逐渐降低。质量水平 α_1 对 M_3 和 N_1 的影响不确定。■

推论 5.3 说明，如果供应商的风险规避程度满足 $1-\alpha_1<\eta<1-\alpha_0$，随供应商的风险规避程度的下降(即 η 的上升)，产品单位收益 p 或检测水平 γ 的上升，图 5.4(2) 中的无差异曲线 $\Gamma_1(M)$ 向右上方移动。也就是说，如果供应商的风险规避程度下降、制造商整体收益增长或检测效率提高，双方参与交易的意愿变得更强烈。这是因为，风险规避程度下降表明质量问题造成的经济损失对供应商的影响变弱，供应商承担的期望经济损失及质量成本的加成比例随之降低。这时，在原有的质量成本及检测成本下，零部件的采购价格降低，制造商的期望利润上升，交易区域因此变大。产品单位收益的上升提高了制造商的期望收益，使制造商能够支付得起更高的采购价格，交易区域因此变大。检测水平的上升缓和了供应链的产品质量风险，降低了零部件的采购价格及制造商承担的期望经济损失，使制造商的期望利润上升。最终，交易区域变大。相反的，成本分担比例 β 或间接成本 f 的上升，意味着供应商面对的产品质量风险加剧，供应商承担的期望经济损失及质量成本的加成比例随之上升。这时，在原有的质量成本及检测成本下，零部件的采购价格上升，制造商的期望利润下降，无交易区域因此变大。

推论 5.4 当 $1-\alpha_0<\eta$ 时，(1)随成本分担比例 β、间接成本 f 或高质量水平 α_1 的上升，M_4 逐渐上升。随供应商的风险规避程度的下降(即 η 的上升)、质量水平 α_0 或检测水平 γ 的上升，M_4 逐渐下降；(2)随供应商的风险规避程度的下降(即 η 的上升)、产品单位收益 p 或检测水平 γ 的上升，N_2 逐渐上升。随成本分担比例 β 或间接成本 f 的上升，N_2 逐渐降低。质量水平 α_1 对 N_2 的影响不确定。■

推论 5.3 和 5.4 说明，在入厂检测策略下，如果供应商的风险规避程度满足 $1-\alpha_0<\eta<1$，(1)随成本分担比例 β 或赔付成本 f 的上升，图 5.4(3) 中的无差异曲线 $\Gamma_1(M)$ 向左下方移动，M_4 向右移动，N_2 向下移动。这说明双方参与交易的意愿减弱了。这是因为，β 或 f 的上升造成采购价格的上升，制造商的期望利润下降，无交易发生的区域变大。此外，M_4 向右移动说明制造商激励供应商进行质量改进的意愿变强。这是因为，β 或 f 的上升造成采购价格的上升。但是，在高质量水平 α_1 下采购价格的增幅会低于低质量水平 α_0 下采购价格的增幅。因而，制造商更希望供应商生产质量水平 α_1 的零部件。(2)随供应商的风险规避程度的下降(即 η 的上升)或检测水平 γ 的上升，图 5.4(3)中的无差异曲线 $\Gamma_1(M)$ 向右上方移动，M_4 向左移动，N_2 向上移动。这说明双方参与交易的意愿变强了。这是因为，风险规避程度的下降或检测水平的上升降低了零部件的采购价格及制造商承担的期望经济损失，制造商的期望利润上升，交易区域因此变大。此外，M_4 向左移动说明制造

商激励供应商进行质量改进的意愿变弱。这是因为，η 或 γ 的上升降低了采购价格。但是，在高质量水平 α_1 下采购价格的降幅会小于低质量水平 α_0 下采购价格的降幅。因此，制造商在低质量水平 α_0 下会获得更高的期望利润。

三、与无策略的比较

给出了无策略及入厂检测策略下的最优决策，本章将对制造商在入厂检测策略及无策略下的期望利润进行比较，以找出入厂检测策略占优于无策略的条件。结果见推论 5.5。

推论 5.5 将入厂检测策略与无策略进行比较可得：

(1) 当供应商的风险规避程度满足 $1-\alpha_1<\eta\leqslant 1-\alpha_0$ 时，如果质量成本与检测成本满足 $M<\Gamma_1^{-1}(N)$ 且 $N<N_3$，占优策略为 $(\{w_3,\gamma\},\alpha_1)$。如果 $M\leqslant M_1$ 且 $N_3\leqslant N$，占优策略为 $(\{w_1\},\alpha_1)$。

(2) 当供应商的风险规避程度满足 $1-\alpha_0<\eta<1$ 时，如果质量成本与检测成本满足 $M\leqslant M_4$ 且 $N<N_3$，占优策略为 $(\{w_3,\gamma\},\alpha_1)$。如果 $M\leqslant M_4$ 且 $N_3\leqslant N$ 或 $M_4<M\leqslant M_2$ 且 $\Gamma_2(M)\leqslant N$，占优策略为 $(\{w_1\},\alpha_1)$。如果 $M_4<M\leqslant M_2$ 且 $N<\Gamma_2(M)$ 或 $M_2\leqslant M$ 且 $N<N_5$，占优策略为 $(\{w_4,\gamma\},\alpha_0)$。否则，占优策略为 $(\{w_2\},\alpha_0)$。

其中，曲线

$$\Gamma_2(M)=N_4+\frac{\alpha_1\eta}{\eta-(1-\alpha_1)}M,$$

$$N_3=\frac{\alpha_1(1-\alpha_1)\gamma\beta f}{\eta-(1-\alpha_1)}+(1-\alpha_1)(1-\beta)\gamma f,$$

$$N_4=-(\alpha_1-\alpha_0)p+\left[\frac{\alpha_1(1-\alpha_1)}{\eta-(1-\alpha_1)}-\frac{\alpha_0(1-\alpha_0)(1-\gamma)}{\eta-(1-\alpha_0)}\right]\beta f$$
$$-[(1-\alpha_0)(1-\gamma)-(1-\alpha_1)](1-\beta)f,$$

$$N_5=\frac{\alpha_0(1-\alpha_0)\gamma\beta f}{\eta-(1-\alpha_0)}+(1-\alpha_0)(1-\beta)\gamma f。■$$

推论 5.5 的结果由图 5.5 给出。如果供应商的风险规避程度非常高，即 $0<\eta\leqslant 1-\alpha_1$，入厂检测策略避险是无效的。在这种情况下，实施入厂检测策略与无策略的情况是无差异的[见图 5.3(1)和 5.4(1)]。

如果供应商的风险规避程度位于中间区域，即 $1-\alpha_1<\eta\leqslant 1-\alpha_0$，入厂检测策略占优于无策略的区域见图 5.5(1)。由图 5.5(1)可知，(1)如果质量成本及检测成本均较低(即 $M\leqslant M_1$ 且 $N<N_3$)，制造商以入厂检测策略采

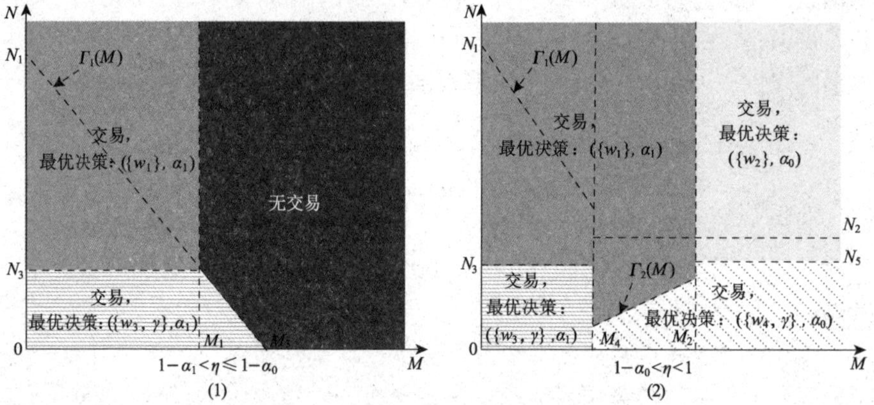

图 5.5　入厂检测策略与无策略的比较

购高质量的零部件要优于以无策略采购高质量的零部件。这是因为，较低的质量成本保证了制造商可以较低的采购价格购买高质量的零部件。这时，制造商利用入厂检测策略可进一步降低零部件的采购价格及承担的期望经济损失。与无策略相比较，如果检测成本足够低（即 $N < N_3$），入厂检测策略为制造商带来的收益将高于检测成本。因此，实施入厂检测策略要优于无策略。相反的，如果检测成本较高（即 $N_3 < N$），检测带来的收益低于检测成本，无策略更优。(2)如果质量成本较高但检测成本足够低（即 $M_1 < M$ 且 $N < \Gamma_1(M)$），实施入厂检测策略更优。由定理 5.1 可知，在无策略下，当质量成本超过 M_1 时，双方不会达成交易。但是，只要检测成本足够低（即 $N < \Gamma_1(M)$），入厂检测策略可帮助双方以高质量的零部件达成交易（见定理 5.2）。

如果供应商的风险规避程度较低，即 $1-\alpha_0 < \eta < 1$，入厂检测策略占优于无策略的区域见图 5.5(2)。由图 5.5(2)可知，(1)如果质量成本及检测成本均较低（即 $M \leqslant M_4$ 且 $N < N_3$），制造商以入厂检测策略采购高质量的零部件要优于以无策略采购高质量的零部件。该情况与图 5.5(1)相似。(2)如果质量成本位于中间区域而检测成本足够低（即 $M_4 < M \leqslant M_2$ 且 $N < \Gamma_2(M)$）时，制造商利用入厂检测策略采购低质量的零部件将优于制造商以无策略采购高质量的零部件。否则，制造商以无策略采购高质量的零部件更优。这说明，当质量成本相对较高而检测成本较低时，利用更具成本优势的入厂检测策略替代质量改进，可以更好地帮助制造商节约成本以提高期望利润。特别是，随质量成本的提高，入厂检测策略的成本优势越加显著，入厂检测策略对质量改进的这种替代作用会越强。因此，入厂检测策略的

占优区域随质量成本的提高而扩大，即 $\Gamma_2(M)$ 是 M 的递增函数。(3) 如果质量成本非常高但检测成本足够低(即 $M_2 < M$ 且 $N < N_5$) 时，制造商利用入厂检测策略采购低质量的零部件将优于以无策略采购低质量的零部件。这是因为，当质量成本非常高时，制造商的最优选择是采购低质量的零部件。与无策略不同的是，入厂检测策略可帮助制造商以较低的采购价格购买零部件。特别是，如果检测成本足够低，检测的收益将高于检测的成本从而帮助制造商提高期望利润。

由上述分析可以发现，入厂检测策略的实施不一定造成零部件质量水平的下降：(1) 当质量成本和检测成本非常低[即图 5.5(1) 中 $M \leqslant M_1$ 且 $N < N_3$ 或 5.5(2) 中 $M \leqslant M_4$ 且 $N < N_3$] 时，入厂检测策略与质量改进之间具有互补效应。正是利用这种互补效应，制造商能够在高质量水平下获得比无策略下更高的期望利润。(2) 如果供应商的风险规避程度较高而检测成本足够低，入厂检测策略与质量改进之间的互补效应可降低质量风险，帮助供应商和制造商转变运营决策，从原来的不参与交易转变为参与交易，见图 5.5(1) 中右下方的三角区域(即 $M_1 < M$ 且 $N < \Gamma_1(M)$)。(3) 只有当供应商的风险规避程度较低而质量成本较高时，更具成本优势的入厂检测策略才会对质量改进产生替代作用，见图 5.5(2) 中 $M_4 < M \leqslant M_2$ 且 $N < \Gamma_2(M)$ 的区域。

四、避险价值

本节将分析入厂检测策略的避险价值及系统参数对入厂检测策略避险价值的影响。由前文可知，入厂检测策略对制造商的影响方式分为两类。第一类，当供应商的风险规避程度较高时，入厂检测策略在一定范围内可以帮助制造商和供应商转变运营决策，从不参与交易变成参与交易。这时，对制造商而言，策略的避险价值主要体现在能够为制造商带来多高的期望利润。以 E_{IS}^* 表示制造商在入厂检测策略下实现的期望利润，E_{IS}^* 越高，入厂检测策略的避险价值就越高。第二类，当供应商的风险规避程度下降并使双方在无策略下可达成交易时，入厂检测策略的主要用途是改善制造商的期望利润。这时，对制造商而言，策略的避险价值主要体现在能够使制造商的期望利润提高多少。因此，策略的避险价值可由制造商期望利润的变动比率 ΔE 来刻画。定义入厂检测策略下期望利润的变动比率为 ΔE_{IS} 且 $\Delta E_{IS} = \dfrac{E_{IS}^* - E_\eta^0}{E_\eta^0}$。其中，$E_\eta^0$ 为制造商在无策略下的期望利润。可见，ΔE 越大，策略的避险价值越高。

推论 5.6 系统参数对入厂检测策略的避险价值的影响：

(1) E_{IS}^{*} 随成本分担比例 β，间接成本 f 或质量成本 M 的上升而下降，随风险规避程度的下降(即 η 的上升)、检测水平 γ 或产品单位收益 p 的上升而上升。

(2) ΔE_{IS} 随成本分担比例 β，间接成本 f，检测水平 γ 或质量成本 M 的上升而上升，随风险规避程度的下降(即 η 的上升)或产品单位收益 p 的上升而下降。■

推论 5.6 说明，当入厂检测策略主要用于帮助制造商和供应商转变运营决策时：(1)入厂检测策略的避险价值随间接成本 f 或质量成本 M 的上升而下降。这是因为，间接成本 f 或质量成本 M 的上升导致供应商的质量成本和期望经济损失的加成比例上升，进而造成采购价格的上升，使入厂检测策略下制造商的期望利润下降。(2)入厂检测策略的避险价值随成本分担比例 β 的上升而下降。这是因为，成本分担比例 β 的上升一方面增加了供应商承担的期望经济损失，使零部件采购价格上升，另一方面降低了制造商承担的期望经济损失。但是，在入厂检测策略下，采购价格上升带来的期望利润的降幅要高于制造商期望经济损失下降带来的期望利润的增幅。因此，成本分担比例 β 的上升将降低制造商的期望利润。(3)入厂检测策略的避险价值随风险规避程度的下降(即 η 的上升)、检测水平 γ 或产品单位收益 p 的上升而上升。这是因为，风险规避程度的下降可降低供应商的质量成本和期望经济损失的加成比例，使采购价格下降，制造商的期望利润因此上升。检测水平越高，产品发生外部故障的概率越低，入厂检测策略的避险效果越好。产品单位收益的上升提升了制造商整体的盈利水平，在一定程度上弱化了质量风险，使制造商在入厂检测策略下的期望利润得到改善。

当入厂检测策略主要用于改善制造商的期望利润时：(1)入厂检测策略的避险价值随成本分担比例 β、间接成本 f、检测水平 γ 或质量成本 M 的上升而上升。这是因为，不论是否采取入厂检测策略规避产品质量风险，成本分担比例 β、间接成本 f 或质量成本 M 的上升都会造成制造商期望利润的下降。然而，入厂检测策略在一定程度上可抑制产品质量风险的加剧。特别是，在入厂检测策略下，制造商期望利润下降的幅度要低于无策略下期望利润下降的幅度。因此，入厂检测策略的避险价值会更突出。而检测水平的上升提高了检测的效率，使避险价值提高。(2)入厂检测策略的避险价值随风险规避程度的下降(即 η 的上升)或产品单位收益 p 的上升而下降。这是因为，风险规避程度的下降或产品单位收益的上升缓解了产品质量风险，降低了入厂检测策略的吸引力。

第四节　商业保险策略下的最优决策

一、决策目标

当制造商利用商业保险管理产品质量风险时，制造商首先给出采购价格 w 并要求供应商对其供应的零部件进行投保，投保额为 L。之后，供应商选择是否接受合约 $\{w, L\}$。如果接受合约，供应商选择质量水平，并向金融机构购买商业保险。这时，制造商承担保费中的交易成本 τ，供应商承担保费中的期望索赔额 μ。随后，零部件以采购价格 w 交付。制造商完成最终产品的生产后以单位收益 p 交付消费者。如果产品因零部件缺陷发生外部故障，制造商需承担损失 $p+f$，供应商需赔付制造商 $w+\beta f$。同时，供应商向金融机构进行索赔。

(1) 供应商的决策目标

由于商业保险策略降低了供应商在产品质量风险事件下的经济损失，供应商的 CVaR 值发生变化。

引理 5.3　令 $i=0,1$，商业保险策略下供应商的 CVaR 值为：

(1) 若 $0<\eta\leqslant(1-\alpha_i)$，

$$CVaR_\eta[\pi_s(\alpha_i \mid w,L)]=-\beta f-I+L-iM; \tag{5.9}$$

(2) 若 $(1-\alpha_i)<\eta<1$，

$$CVaR_\eta[\pi_s(\alpha_i \mid w,L)]=w-I-\frac{(1-\alpha_i)(w+\beta f-L)}{\eta}-iM。 \tag{5.10}$$

■

最终，供应商的决策目标可表述为：

$$\begin{aligned}&\max_{\alpha_i^*\in\{\alpha_0,\alpha_1\}} CVaR_\eta[\pi_s(\alpha_i \mid w, L)]\\ =&\max_{\alpha_i^*\in\{\alpha_0,\alpha_1\}}\max_{v\in R}\left\{v+\frac{1}{\eta}E_\lambda\left\{\min[\pi_s(\alpha_i \mid w, L)-v, 0]\right\}\right\}。\end{aligned}$$

(2) 制造商的决策目标

在商业保险策略下，制造商的期望利润为：

$$E[\pi_m(w, L \mid \alpha_i)]=\alpha_i(p-w)-(1-\alpha_i)(1-\beta)f-\tau, \ i=1, 0。$$

因此，制造商的决策目标为：

$$\max_{w,L} E[\pi_m(w, L \mid \alpha_i^*)]$$

$$s.t.\begin{cases} CVaR_\eta[\pi_s(\alpha_i^* \mid w,L)] \geqslant 0, & (S-IR), \\ \alpha_i^* = \arg\max_{\alpha_i} CVaR_\eta[\pi_s(\alpha_i \mid w, L)], & (S-IC), \\ E[\pi_m(w, L \mid \alpha_i^*)] \geqslant 0, & (M-IR)。\end{cases}$$

二、最优决策

定理 5.3 商业保险策略下制造商与供应商的最优决策为：

当供应商的风险规避程度满足 $0<\eta<1$ 时，若质量成本和商业保险购买成本满足 $M<M_5$ 且 $\tau<\Lambda_1(M)$，制造商的最优采购价格为 $w_5=\frac{M+(1-\alpha_1)\beta f}{\alpha_1}$，最优投保额为 $L_1=w_5+\beta f$。在该合约下，供应商选择质量 α_1。若质量成本和保险成本满足 $M\geqslant M_5$ 且 $\tau<\tau_2$，制造商的最优采购价格为 $w_6=\frac{(1-\alpha_0)\beta f}{\alpha_0}$，最优投保额度为 $L_2=w_6+\beta f$。在该合约下，供应商选择质量 α_0。否则，无交易发生。

其中，曲线

$$\Lambda_1(M)=\tau_1-M,\ \tau_1=\alpha_1 p-(1-\alpha_1)f,$$

$$\tau_2=\alpha_0 p-(1-\alpha_0)f,\ M_5=\alpha_1\left[\frac{(1-\alpha_0)\beta f}{\alpha_0}-\frac{(1-\alpha_1)\beta f}{\alpha_1}\right]。\blacksquare$$

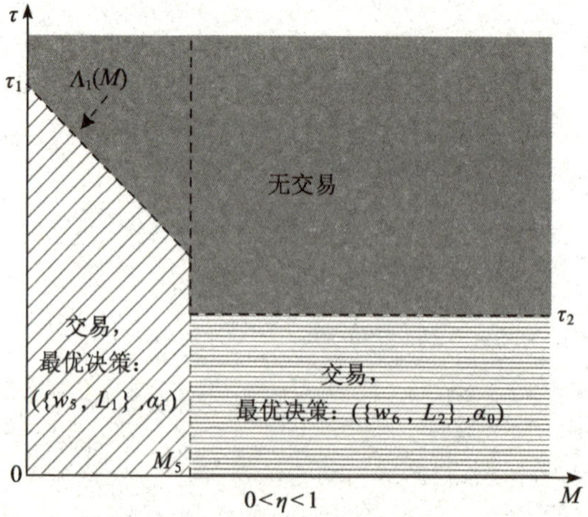

图 5.6 商业保险策略下的最优决策

定理5.3的内容由图5.6给出。与无策略或入厂检测策略不同，在商业保险策略下，供应商的风险规避程度不再是制约双方进行交易的关键因素。这是因为，商业保险直接作用于风险事件带来的经济损失。供应商利用商业保险可将自己承担的赔偿责任部分或全部转移给第三方金融机构，从而缓解或消除利润的下方波动。特别的，由定理5.3可知，最优商业保险策略是全额投保(即 $L_i = w_j + \beta f$，其中，$i = 1, 2$，$j = 5, 6$)。也就是说，在最优商业保险策略下，金融机构将承担供应商全部的赔偿责任。因此，商业保险策略下的最优决策与 η 无关(见图5.6)。

当风险规避程度不再影响最优决策时，采购价格主要被用来控制供应商的质量决策以确保制造商的期望利润最大化。由定理5.3可知，在全额投保的商业保险策略下，激励供应商以质量水平 α_1 参与交易的采购价格为 w_5，激励供应商以质量水平 α_0 参与交易的采购价格为 w_6。其中，w_5 由质量成本加成 $\frac{M}{\alpha_1}$ 和供应商承担的期望经济损失的加成 $\frac{(1-\alpha_1)\beta f}{\alpha_1}$ 两部分组成，w_6 由供应商承担的期望经济损失的加成 $\frac{(1-\alpha_0)\beta f}{\alpha_0}$ 组成。由于全额投保的商业保险策略消除了风险规避程度的制约，因此，商业保险策略下的采购价格与 η 无关。

此外，在商业保险策略下，质量成本成为制造商激励供应商进行质量改进的关键因素。这是因为，质量成本越高，制造商为了激励供应商进行质量改进必须付出更高的代价(即采购价格 w_5 越高)。特别的，当质量成本超过 M_5，即 $M \geqslant M_5$ 时，较高的采购价格使质量改进带来的收益远低于为了激励质量改进而支付的成本，最终导致制造商期望利润的下降。因此，当质量成本较高时，制造商应控制供应商生产低质量的零部件。只有当质量成本较低(即 $M < M_5$)时，制造商才能与供应商以高质量零部件达成交易。

需要指出的是，与无策略相比较，全额投保的商业保险策略消除了来自供应商风险规避程度的影响，降低了供应商的质量成本及期望经济损失的加成，使制造商的期望利润得到改善。然而，商业保险策略的购买成本会负向影响制造商的期望利润。这时，制造商在商业保险策略下能否获得正期望利润并参与交易取决于商业保险策略的成本与自身的盈利水平。由图5.6可知，在价格 w_6 和质量 α_0 下，只有保险成本低于 τ_2(即 $\tau < \tau_2$)时，制造商可获得正期望利润并参与交易。在价格 w_5 和质量 α_1 下，只有商业保险策略的购买成本低于 $\Lambda_1(M)$，即 $\tau < \Lambda_1(M)$，制造商可获得正期望利润并参与交易。此外，这个使制造商参与交易与不参与交易无差异的成本 $\Lambda_1(M)$ 随

M的下降而上升。这是因为,质量成本的下降降低了零部件的采购价格,提高了制造商的盈利水平,进而使制造商能够负担更高的商业保险购买成本。

由上述分析可对商业保险策略的避险机理进行总结如下。(1)当供应商的风险规避程度较高时,商业保险策略可帮助双方达成交易。这是因为,商业保险策略通过弥补风险事件发生后的经济损失缓解供应商风险规避程度的影响。特别是,在全额投保的商业保险策略下,金融机构承担起供应商的全部赔偿责任,这完全消除了风险规避程度对双方交易的制约。(2)当供应商的风险规避程度较低时,商业保险策略通过弥补风险事件造成的经济损失,降低产品质量风险。由前文可知,商业保险策略降低产品质量风险的途径主要是:消除供应商的风险规避程度的制约,进而降低供应商的质量成本及期望经济损失的加成,最终使制造商以较低采购价格激励供应商参与交易。然而,需要指出的是,商业保险策略的实施并不一定提高制造商的期望利润。这是因为,制造商在商业保险策略下获得的期望利润与保险购买成本负相关。如果商业保险的购买成本过高,实施商业保险策略带来的收益不足以抵消为此支付的成本,将最终导致制造商的期望利润下降。

商业保险策略下系统参数对交易的影响见推论 5.7。

推论 5.7 随产品单位收益 p 和质量水平 α_1 的上升或间接成本 f 的下降,τ_1 逐渐上升。随产品单位收益 p 和质量水平 α_0 的上升或间接成本 f 的下降,τ_2 逐渐上升。随质量水平 α_1 、成本分担比例 β、间接成本 f 的上升或质量水平 α_0 的下降,M_5 逐渐上升。■

推论 5.7 表明:(1)随产品单位收益 p 的上升,图 5.6 中的无差异曲线 $\Lambda_1(M)$ 和 τ_2 同时向上移动。也就是说,如果制造商整体收益上升,双方参与交易的意愿变得更强烈。这是因为,单位收益 p 的上升提高了制造商在相同采购价格下的盈利水平,相对而言,商业保险购买成本对期望利润的负向影响被减弱了。因此,交易区域变大。(2)随质量水平 α_1 的上升,无差异曲线 $\Lambda_1(M)$ 向上移动,M_5 向右移动。也就是说,如果质量改进的效率提高了,制造商激励供应商进行质量改进的意愿变强。特别的,α_1 与 α_0 的趋近意味着质量改进效率的降低,质量改进的吸引力下降。(3)随间接成本 f 的上升,无差异曲线 $\Lambda_1(M)$ 和 τ_2 同时向下移动,M_5 向右移动。也就是说,如果产品质量风险造成的经济损失提高了,双方参与交易的意愿会变弱,同时制造商激励供应商进行质量改进的意愿会变强。这是因为,f 的上升意味着供应商面对的产品质量风险的加剧。这时,制造商必须以更高的采购价格才能保证供应商参与交易。较高的采购价格降低了制造商的盈利,弱化了制造商参与交易的意愿。此外,尽管 f 的上升造成零部件采购价格的上升,但是,在高质量水平 α_1 下采购价格的增幅会低于低质量水平 α_0 下采购价格的增幅。因此,制造商更希望供应商生产高质量水平的零部件。(4)随成本分担比例 β 的上升,M_5 向右移动。也就是说,如果供应商的赔偿责任提高了,制造商激励供应商进行质量改进的意愿会变强。这是因为,β 的上升意味着供应商面对的产品质量风险的加剧。这时,制造商必须以更高的采购价格才能保证供应商参与交易。但是,在高质量水平 α_1 下采购价格的增幅会低于低质量水平 α_0 下采购价格的增幅。因此,制造商更希望供应商生产高质量水平的零部件。

三、与无策略的比较

给出了无策略及商业保险策略下的最优决策,本章将对制造商在商业保险策略及无策略下的期望利润进行比较,以找出商业保险策略占优于无策略的条件。结果见推论 5.8。

推论 5.8 商业保险策略与无策略的比较结果可见表 5.1。

其中,

$$\tau_3=\frac{(1-\alpha_1)(1-\eta)\beta f}{\eta-(1-\alpha_1)},$$

$$\tau_4=\left[\frac{\alpha_1(1-\alpha_1)}{\eta-(1-\alpha_1)}-(1-\alpha_0)\right]\beta f-(\alpha_1-\alpha_0)p-(\alpha_1-\alpha_0)(1-\beta)f,$$

$$\tau_5=\frac{(1-\alpha_0)(1-\eta)\beta f}{\eta-(1-\alpha_0)},$$

η_1 满足:$\dfrac{\eta_1-(1-\alpha_1)}{\alpha_1\eta_1}\left[\alpha_1 p-\dfrac{\alpha_1(1-\alpha_1)\beta f}{\eta_1-(1-\alpha_1)}-(1-\alpha_1)(1-\beta)f\right]=M_5$,曲线 $\Lambda_2(M)=\dfrac{(1-\alpha_1)(1-\eta)}{\eta-(1-\alpha_1)}M+\tau_3$,曲线 $\Lambda_3(M)=\dfrac{\alpha_1\eta}{\eta-(1-\alpha_1)}M+\tau_4$。■

表 5.1 商业保险策略与无策略的比较

风险承受能力	质量成本与保险成本	占优策略
$0<\eta\leqslant 1-\alpha_1$	$\tau<\Lambda_1(M)$ 且 $M<M_5$	$(\{w_5, L_1\}, \alpha_1)$
	$\tau<\tau_2$ 且 $M_5\leqslant M$	$(\{w_6, L_2\}, \alpha_0)$
$1-\alpha_1<\eta\leqslant\min\{\eta_1, 1-\alpha_0\}$	$\tau<\Lambda_2(M)$ 且 $M<M_1$ 或 $\tau<\Lambda_1(M)$ 且 $M_1<M<M_5$	$(\{w_5, L_1\}, \alpha_1)$
	$\tau>\Lambda_2(M)$ 且 $M<M_1$	$(\{w_1\}, \alpha_1)$
	$\tau<\tau_2$ 且 $M_5\leqslant M$	$(\{w_6, L_2\}, \alpha_0)$

（续表）

风险承受能力	质量成本与保险成本	占优策略
$\eta_1 < \eta \leqslant 1-\alpha_0$	$\tau < \Lambda_2(M)$ 且 $M < M_5$	$(\{w_5, L_1\}, \alpha_1)$
	$\tau \geqslant \Lambda_2(M)$ 且 $M < M_5$ 或 $\tau \geqslant \Lambda_3(M)$ 且 $M_5 \leqslant M < M_1$	$(\{w_1\}, \alpha_1)$
	$\tau < \Lambda_3(M)$ 且 $M_5 \leqslant M < M_1$ 或 $\tau < \tau_2$ 且 $M_1 \leqslant M$	$(\{w_6, L_2\}, \alpha_0)$
$1-\alpha_0 < \eta < 1$	$\tau < \Lambda_2(M)$ 且 $M < M_5$	$(\{w_5, L_1\}, \alpha_1)$
	$\tau \geqslant \Lambda_2(M)$ 且 $M < M_5$ 或 $\tau \geqslant \Lambda_3(M)$ 且 $M_5 \leqslant M < M_2$	$(\{w_1\}, \alpha_1)$
	$\tau < \Lambda_3(M)$ 且 $M_5 \leqslant M < M_2$ 或 $\tau < \tau_5$ 且 $M_2 \leqslant M$	$(\{w_6, L_2\}, \alpha_0)$
	$\tau \geqslant \tau_5$ 且 $M_2 \leqslant M$	$(\{w_2\}, \alpha_0)$

推论 5.8 的结果由图 5.7 给出。如果供应商的风险规避程度非常高，即 $0 < \eta \leqslant 1-\alpha_1$，在无策略的情况下，由于供应商无法承担质量问题引发的经济损失，双方不能进行交易。然而，在商业保险策略下，全额投保的策略将赔付责任完全转移给第三方金融机构。这相当于提高了供应商的风险承受能力，降低了产品质量风险。可见，当供应商的风险规避程度较低时，利用商业保险管理供应商引发的产品质量风险是一种有效策略[见图 5.7(1)]。

如果供应商的风险规避程度位于中间区域，即 $1-\alpha_1 < \eta \leqslant 1-\alpha_0$，由图 5.3(2)可知，无策略下制造商参与交易与不参与交易无差异的曲线 M_1 与 η 正相关，即 η 的上升使 M_1 向右移动，交易区域变大。但是，在商业保险策略下，供应商的风险规避程度不再影响供应链的最优决策。这时，关于质量 α_1 与 α_0 无差异的曲线 M_5 不会随 η 的变化而变化。最终，随着 η 的改变，无差曲线 M_1 与 M_5 的相对位置将发生改变。因此，商业保险策略与无策略的比较结果被细分为两种情况，见图 5.7(2-1)和(2-2)。由图 5.7(2-1)和(2-2)可知，(1)如果质量成本及商业保险购买成本均较低，即图 5.7(2-1)中 $M < M_1$ 且 $\tau < \Lambda_2(M)$ 或图 5.7(2-2)中 $M < M_5$ 且 $\tau < \Lambda_2(M)$，制造商以商业保险策略采购高质量的零部件要优于以无策略采购高质量的零部件。这是因为，较低的质量成本保证了制造商可以较低的采购价格购买高质量的零部件。这时，制造商利用商业保险策略可进一步降低零部件的采购价格。与无策略相比较，如果商业保险的购买成本足够低[即 $\tau < \Lambda_2(M)$]，商业保险

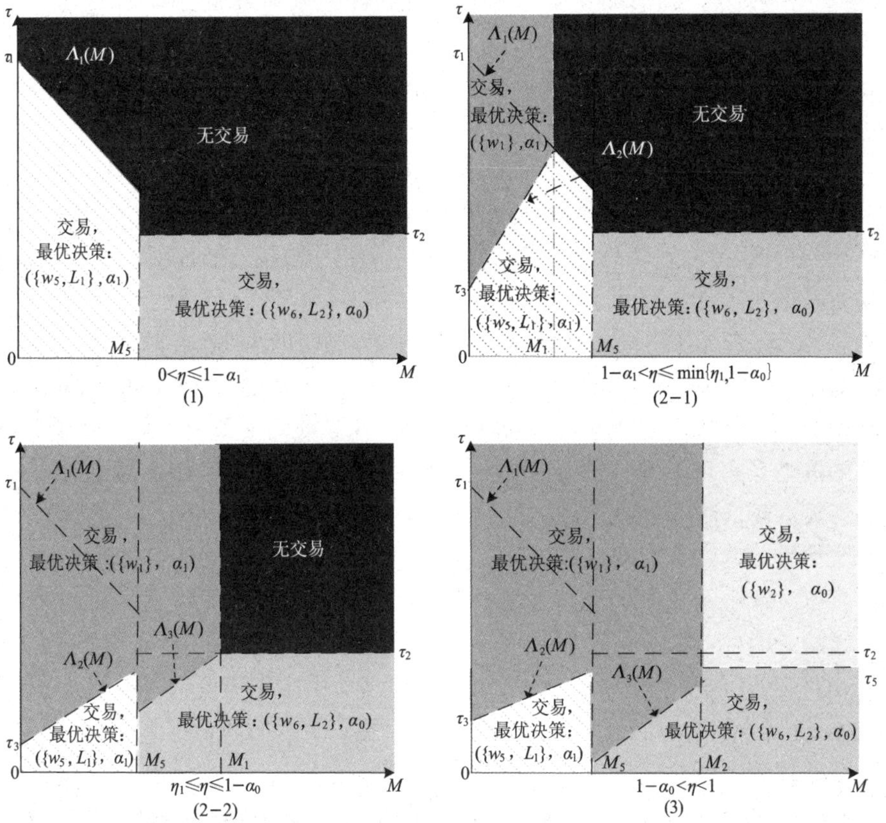

图 5.7　商业保险策略与无策略的比较

策略为制造商带来的收益将高于商业保险的购买成本。因此，实施商业保险策略要优于无策略。相反的，如果商业保险购买成本较高[即 $\tau > \Lambda_2(M)$]，商业保险带来的收益低于保险的购买成本，无策略更优。此外，这个使制造商在无策略下与商业保险策略下无差异的曲线 $\Lambda_2(M)$ 是 M 的单调递增函数。也就是说，随着质量成本的上升，商业保险策略的占优区域变大。这是因为，商业保险策略能够消除风险规避程度对采购价格的影响，进而降低质量成本的加成比例。特别是，随着质量成本的上升，商业保险策略对质量成本加成比例的这种影响越加凸显。与商业保险策略不同的是，入厂检测策略下的无差异曲线 N_3 [见图 5.5(1)]与质量成本无关。这是因为，入厂检测策略只能改变供应商期望经济损失的加成，它不会对质量成本的加成产生任何影响。(2)如果质量成本较高但商业保险成本足够低，即图 5.7(2-1)中 $M_1 < M$ 且 $\tau < \Lambda_1(M)$ 及 $M_5 < M$ 且 $\tau < \tau_2$ 或图

5.7(2-2)中 $M_1 < M$ 且 $\tau < \tau_2$，实施商业保险策略更优。由定理 5.1 可知，在无策略下，当质量成本超过 M_1 时，双方不会达成交易。但是，只要商业保险成本足够低[即 $\tau < \Lambda_1(M)$ 或 $\tau < \tau_2$]，商业保险策略可帮助双方达成交易(见定理 5.3)。

如果供应商的风险规避程度较低，即 $1-\alpha_0 < \eta < 1$，商业保险策略占优于无策略的区域见图 5.7(3)。由图 5.7(3)可知，(1)如果质量成本及商业保险的购买成本均较低[即 $M < M_5$ 且 $\tau < \Lambda_2(M)$]，制造商以商业保险策略采购高质量的零部件要优于以无策略采购高质量的零部件。该情况与图 5.7(2-1)或(2-2)相似。(2)当质量成本位于中间区域而商业保险购买成本足够低(即 $M_5 < M \leqslant M_2$ 且 $\tau < \Lambda_3(M)$)时，制造商利用商业保险策略采购低质量的零部件将优于制造商以无策略采购高质量的零部件。否则，制造商以无策略采购高质量的零部件更优。这说明，当质量成本较高而商业保险购买成本较低时，利用更具成本优势的商业保险策略替代质量改进，可以更好地帮助制造商节约成本以提高期望利润。特别的，随着质量成本的提高，商业保险策略的成本优势越显著，商业保险策略对质量改进的这种替代作用越强。因此，商业保险策略的占优区域随质量成本的提高而扩大，即 $\Lambda_3(M)$ 是 M 的单调递增函数。(3)当质量成本非常高但商业保险购买成本足够低[即 $M_2 < M$ 且 $\tau < \tau_5$]时，制造商利用商业保险策略采购低质量的零部件将优于制造商以无策略采购低质量的零部件。这是因为，当质量成本非常高时，制造商的最优选择是采购低质量的零部件。与无策略不同的是，商业保险策略可帮助制造商以较低的采购价格购买零部件。特别的，如果商业保险购买成本足够低，商业保险带来的收益将高于商业保险的购买成本从而帮助制造商提高期望利润。

由上述分析可以发现，商业保险策略的实施不一定造成零部件质量水平的下降。(1)当质量成本和商业保险购买成本非常低[即图 5.7(2-1)中 $M < M_1$ 且 $\tau < \Lambda_2(M)$]时，商业保险策略与质量改进之间具有互补效应。正是利用这种互补效应，制造商能够在高质量水平下获得比无策略下更高的期望利润。(2)如果供应商的风险规避程度较高而商业保险购买成本足够低，商业保险策略与质量改进之间的互补效应可降低质量风险，帮助供应商和制造商转变运营决策，从原来的不参与交易转变为参与交易，见图 5.7(2-1)中 $M_1 < M \leqslant M_5$ 且 $\tau < \Lambda_1(M)$ 的区域。(3)只有当供应商的风险规避程度较低而质量成本较高时，更具成本优势的商业保险策略才会对质量改进产生替代作用，见图 7(2-2)中 $M_5 < M \leqslant M_1$ 且 $\tau < \Lambda_3(M)$ 和图 5.7(3)中 $M_5 < M \leqslant M_2$ 且 $\tau < \Lambda_3(M)$ 的区域。

四、避险价值

本节将分析商业保险策略的避险价值及系统参数对策略避险价值的影响。由前文可知,商业保险策略对制造商的影响方式分为两类。第一类,当供应商的风险规避程度较高时,商业保险策略在一定范围内可以帮助制造商和供应商转变运营决策,从不参与交易变成参与交易。这时,对制造商而言,策略的避险价值主要体现在能够为制造商带来多高的期望利润。以 E_{BI}^{*} 表示制造商在商业保险策略下实现的期望利润,E_{BI}^{*} 越高,商业保险策略的避险价值就越高。第二类,当供应商风险规避程度下降并使双方在无策略的情况下可达成交易时,商业保险策略的主要用途是改善制造商的期望利润。这时,对制造商而言,策略的避险价值主要体现在能够使制造商的期望利润提高多少。因此,策略的避险价值可由制造商期望利润的变动比率 ΔE 来刻画。定义保险策略下期望利润的变动比率为 ΔE_{BI} 且 $\Delta E_{\mathrm{BI}}=\dfrac{E_{\mathrm{BI}}^{*}-E_{\eta}^{0}}{E_{\eta}^{0}}$。其中,$E_{\eta}^{0}$ 为制造商在无策略下的期望利润。可见,ΔE 越大,策略的避险价值越高。

推论 5.9 系统参数对商业保险策略的避险价值的影响:

(1) E_{BI}^{*} 随间接成本 f 或质量成本 M 的上升而下降,随产品单位收益 p 的上升而上升,与成本分担比例 β 或风险规避程度 η 无关。

(2) ΔE_{BI} 随成本分担比例 β,间接成本 f 或质量成本 M 的上升而上升,随产品单位收益 p 的上升或风险规避程度的下降(即 η 的上升)而下降。■

推论 5.9 说明,当商业保险策略主要用于帮助制造商和供应商转变运营决策时:(1)商业保险策略的避险价值随间接成本 f 或质量成本 M 的上升而下降。这是因为,间接成本 f 或质量成本 M 的上升导致供应商的质量成本和承担的期望经济损失的加成比例上升,进而造成采购价格的上升,使商业保险策略下制造商的期望利润下降。(2)商业保险策略的避险价值随产品单位收益 p 的上升而上升。这是因为,产品单位收益 p 的上升提升了制造商整体的盈利水平,在一定程度上弱化了产品质量风险,使制造商在商业保险策略下的期望利润得到改善。(3)商业保险策略的避险价值与供应商的风险规避程度 η 或成本分担比例 β 无关。这是因为,商业保险策略完全弥补了供应商在产品质量风险下的经济损失并消除了风险规避程度对供应商的影响。成本分担比例 β 的上升一方面增加了供应商承担的期望经济损失,使零部件采购价格上升,另一方面降低了制造商承担的期望经济损失。但是,在商业保险策略下,这两种效果相互抵消。最终,成本分担比例 β 的变化不会改变制造商的期望利润。

当商业保险策略主要用于改善制造商的期望利润时:(1)商业保险策略的避险价值随成本分担比例β、间接成本f或质量成本M的上升而上升。这是因为,不论是否采取商业保险策略规避产品质量风险,成本分担比例β、间接成本f或质量成本M的上升都会造成制造商期望利润的下降。然而,商业保险策略在一定程度上可抑制产品质量风险的加剧。特别的,在商业保险策略下,制造商期望利润下降的幅度要低于无策略下期望利润下降的幅度。因此,商业保险策略的避险价值会更突出。(2)商业保险策略的避险价值随产品单位收益p的上升或风险规避程度的下降(即η的上升)而下降。这是因为,风险规避程度的下降或产品单位收益的上升弱化了制造商的产品质量风险,使商业保险的吸引力下降。

第五节　入厂检测策略还是商业保险策略

给出制造商在入厂检测策略与商业保险策略下的最优决策后,当入厂检测策略的实施成本与商业保险策略的购买成本相同时,制造商以商业保险策略避险更有效还是以入厂检测策略避险更有效呢?为了解决这一问题,本章对制造商在入厂检测策略及商业保险策略下的期望利润进行了比较。由于$N=\tau$,为了简化模型,本文以N替换商业保险策略下的交易成本τ。这一问题可理解为,当制造商以资本N进行产品质量风险管理投资时,他应选择入厂检测还是商业保险策略。

一、占优策略

推论 5.10　当$0<\eta\leqslant 1-\alpha_1$时,入厂检测策略与商业保险策略的比较结果为:

如果质量成本与商业保险成本满足$M<M_5$且$\tau<\Lambda_1(M)$,占优策略为$(\{w_5, L_1\}, \alpha_1)$。如果质量成本与商业保险购买成本满足$M\geqslant M_5$且$\tau<\tau_2$,占优策略为$(\{w_6, L_2\}, \alpha_0)$。■

推论5.10的结果由图5.8给出。推论5.10说明,如果供应商的风险规避程度非常高,即$0<\eta\leqslant 1-\alpha_1$时,商业保险策略优于入厂检测策略。这是因为,较高的风险规避程度使入厂检测策略失效。然而,在商业保险策略下,全额投保的策略能够完全消除供应商的经济损失。这相当于提高了供应商的风险承受能力,使其能够参与交易。因此,当供应商的风险规避程度

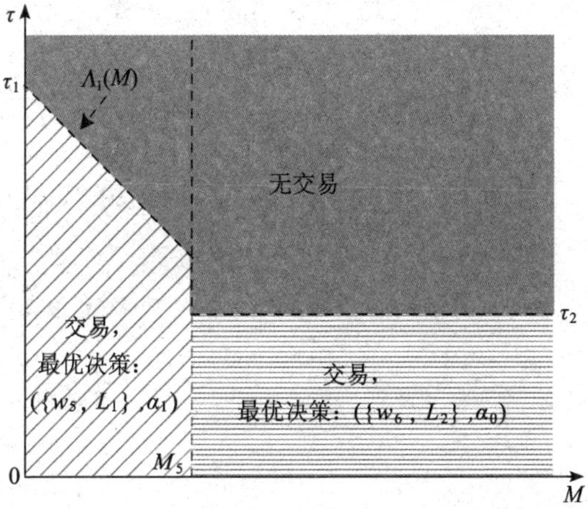

图 5.8　当 $0<\eta\leqslant 1-\alpha_1$ 时,入厂检测策略与商业保险策略的比较

非常高时,商业保险策略优于入厂检测策略。

推论 5.11　当 $1-\alpha_1<\eta\leqslant 1-\alpha_0$ 时,入厂检测策略与商业保险策略的比较结果为:

(1) 当供应商的风险规避程度满足 $1-\alpha_1<\eta\leqslant \min\{\eta_2, 1-\alpha_0\}$,若质量成本与投资成本满足 $M<M_6$ 且 $N<\Gamma_1(M)$,占优策略为 $(\{w_3, \gamma\}, \alpha_1)$。若 $M_6\leqslant M<M_5$ 且 $N<\Lambda_1(M)$,占优策略为 $(\{w_5, L_1\}, \alpha_1)$。若 $M_5\leqslant M$ 且 $N<\tau_2$,占优策略为 $(\{w_6, L_2\}, \alpha_0)$。

(2) 当供应商的风险规避程度满足 $\eta_2<\eta\leqslant 1-\alpha_0$,若质量成本与投资成本满足 $M<M_6$ 且 $N<\Gamma_1(M)$ 或 $M_5\leqslant M\leqslant M_7$ 且 $N<\Gamma_1(M)$,占优策略为 $(\{w_3, \gamma\}, \alpha_1)$。若 $M_6\leqslant M<M_5$ 且 $N<\Lambda_1(M)$,占优策略为 $(\{w_5, L_1\}, \alpha_1)$。若 $M_7<M$ 且 $N<\tau_2$,占优策略为 $(\{w_6, L_2\},\alpha_0)$。

其中,η_2 满足:

$$\frac{\alpha_1\eta_2}{\eta_2-(1-\alpha_1)}M_5+\tau_2=\alpha_1 p-\frac{\alpha_1(1-\alpha_1)(1-\gamma)\beta f}{\eta_2-(1-\alpha_1)}-(1-\alpha_1)(1-\gamma)(1-\beta)f,$$

M_6 满足:

$$\frac{(1-\alpha_1)(1-\eta)M_6}{\eta-(1-\alpha_1)}+\frac{(1-\alpha_1)(1-\alpha_1\gamma-\eta)\beta f}{\eta-(1-\alpha_1)}=(1-\alpha_1)\gamma(1-\beta)f,$$

M_7 满足

$$\frac{\alpha_1\eta M_7+\alpha_1(1-\alpha_1)(1-\gamma)\beta f}{\eta-(1-\alpha_1)}-(1-\alpha_0)\beta f$$
$$=(\alpha_1-\alpha_0)p+[(1-\alpha_0)-(1-\alpha_1)(1-\gamma)](1-\beta)f。\blacksquare$$

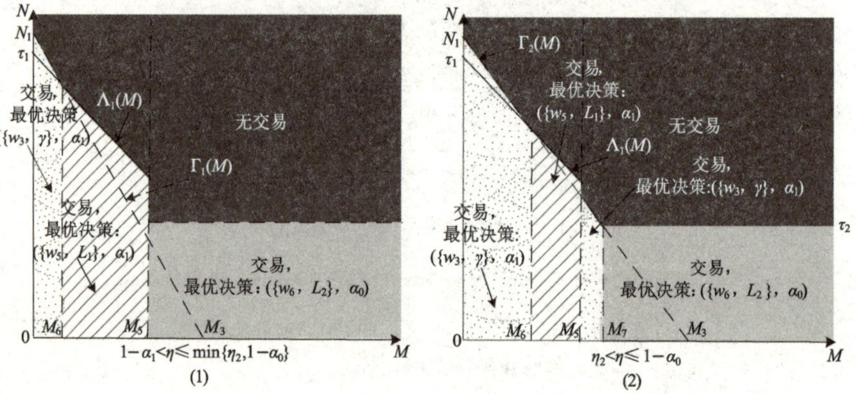

图 5.9　当 $1-\alpha_1<\eta\leqslant1-\alpha_0$ 时，入厂检测策略与商业保险策略的比较

推论 5.11 的结果由图 5.9 给出。由前文可知，如果供应商的风险规避程度位于中间区域，即 $1-\alpha_1<\eta\leqslant1-\alpha_0$，供应链在入厂检测策略及商业保险策略下的最优决策分别由图 5.4(2)和图 5.6 给出。这时，在入厂检测策略下，制造商参与交易与不参与交易无差异的曲线 $\Gamma_1(M)$ 与供应商的风险规避程度负相关，即随着 η 的上升，无差异曲线 $\Gamma_1(M)$ 向斜上方移动且变得更加平坦，交易区域变大。但是，在商业保险策略下，供应商的风险规避程度不再影响供应链的最优决策，无差异曲线 M_5 和 τ_2 不会随 η 的变化而变化。因此，η 的变化改变了无差异曲线 $\Gamma_1(M)$ 与 M_5 和 τ_2 的相对位置，并将入厂检测策略与商业保险策略的比较结果分成两种情况，见图 5.9(1)和(2)。

由图 5.9(1)和(2)可知，(1)当质量成本非常低(即 $M<M_6$)时，制造商以入厂检测策略采购高质量的零部件要优于以商业保险策略采购高质量的零部件。如前文所示，入厂检测策略主要是通过降低风险事件造成的期望经济损失来改善制造商的期望利润的。与之不同，商业保险策略则主要通过消除风险规避程度对供应商的约束，进而降低零部件采购价格来改善制造商的期望利润。当质量成本非常低时，质量成本加成在采购价格中比重较小。这时，商业保险策略对采购价格的影响减弱。相比之下，入厂检测策略降低期望经济损失的效果更加突出。因此，当质量成本非常低时，入厂检测策略优于商业保险策略。(2)当质量成本位于中间区域(即 $M_6<M<$

M_5)时，制造商以商业保险策略采购高质量的零部件要优于以入厂检测策略采购高质量的零部件。随着质量成本的上升，由质量成本加成导致零部件采购价格上涨的问题会越加凸显。这时，能够降低质量成本加成比例的商业保险策略变得更为有效。因此，当质量成本较高时，商业保险策略优于入厂检测策略。(3)当质量成本非常高(即 $\max\{M_5, M_7\} \leqslant M$) 时，制造商以商业保险策略采购低质量的零部件要优于以入厂检测策略采购高质量的零部件。这是因为，过于高昂的质量成本使质量改进变得不经济。因此，当质量成本非常高时，制造商应激励供应商生产低质量水平的零部件。

推论 5.12 当 $1-\alpha_0<\eta<1$ 时，入厂检测策略与商业保险策略的比较结果为：

(1) 当供应商的风险规避程度满足 $1-\alpha_0<\eta\leqslant\eta_2$ 时，若质量成本与投资成本满足 $M<M_6$ 且 $N<\Gamma_1(M)$，占优策略为 $(\{w_3, \gamma\}, \alpha_1)$。若 $M_6\leqslant M<M_5$ 且 $N<\Lambda_1(M)$，占优策略为 $(\{w_5, L_1\}, \alpha_1)$。如果 $M_5\leqslant M$ 且 $N<\tau_2$，占优策略为 $(\{w_6, L_2\}, \alpha_0)$。

(2) 当供应商的风险规避程度满足 $\max\{\eta_2, 1-\alpha_0\}<\eta\leqslant\eta_3$ 时，若质量成本与投资成本 $M<\min\{M_5, M_6\}$ 且 $N<\Gamma_1(M)$ 或 $M_5\leqslant M\leqslant\min\{M_4, M_7\}$ 且 $N<\Gamma_1(M)$，占优策略为 $(\{w_3, \gamma\}, \alpha_1)$。若 $M_6\leqslant M<M_5$ 且 $N<\Lambda_1(M)$，占优策略为 $(\{w_5, L_1\}, \alpha_1)$。若 $\min\{M_4, M_7\}<M$ 且 $N<\tau_2$，占优策略为 $(\{w_6, L_2\}, \alpha_0)$。

(3) 当供应商的风险规避程度满足 $\eta_3<\eta\leqslant\eta_4$ 时，若质量成本与投资成本满足 $M<\min\{M_5, M_6\}$ 且 $N<\Gamma_1(M)$ 或 $M_5\leqslant M<M_4$ 且 $N<\Gamma_1(M)$，占优策略为 $(\{w_3, \gamma\}, \alpha_1)$。若 $M_4\leqslant M$ 且 $N<N_2$，占优策略为 $(\{w_4, \gamma\}, \alpha_0)$。若 $M_6\leqslant M<M_5$ 且 $N<\Lambda_1(M)$，占优策略为 $(\{w_5, L_1\}, \alpha_1)$。

(4) 当供应商的风险规避程度满足 $\eta_4<\eta<1$ 时，若质量成本与投资成本满足 $M<\min\{M_5, M_6\}$ 且 $N<\Gamma_1(M)$，占优策略为 $(\{w_3, \gamma\}, \alpha_1)$。若 $\min\{M_5, M_8\}\leqslant M$ 且 $N<N_2$，占优策略为 $(\{w_4, \gamma\}, \alpha_0)$。若 $M_6<M\leqslant M_4$ 且 $N<\Lambda_1(M)$，$M_4\leqslant M<M_5$ 且 $N_2\leqslant N<\Lambda_1(M)$，或 $M_4\leqslant M<\min\{M_5, M_8\}$ 且 $N<N_2$，占优策略为 $(\{w_5, L_1\}, \alpha_1)$。

其中，

$$\eta_3=\frac{\alpha_0(1-\gamma)\beta}{\beta+\gamma-\beta\gamma}+(1-\alpha_0), \quad \eta_4=1-\alpha_0\gamma,$$

$$M_8=(\alpha_1-\alpha_0)p+[(1-\alpha_0)(1-\gamma)-(1-\alpha_1)](1-\beta)f$$
$$+\frac{\alpha_0(1-\alpha_0)(1-\gamma)\beta f}{\eta-(1-\alpha_0)}-(1-\alpha_1)\beta f。■$$

推论 5.12 的结果由图 5.10 给出。由前文可知，如果供应商的风险规避程度较低，即 $1-\alpha_0<\eta<1$，供应链在入厂检测策略及商业保险策略下的最优决策由图 5.4(3)和图 5.6 给出。这时，η 的变化将入厂检测策略与商业保险策略的比较结果分成四种情况，见图 5.10(1)—(4)。

由图 5.10(1)—(4)可知：(1)当质量成本非常低（即 $M<M_6$）时，制造商以入厂检测策略采购高质量的零部件要优于以商业保险策略采购高质量的零部件。该情况与图 5.9 相似。(2)当供应商的风险规避程度和质量成本均较高，即 $1-\alpha_0<\eta\leqslant\eta_3$ 且 $M_6<M$ 时，商业保险策略优于入厂检测策略。该情况与图 5.9 相似。(3)当供应商的风险规避程度较低而质量成本较高，特别是，当 $\eta_3<\eta<1$ 且 $\max\{M_4, M_5\}<M$[见图 5.10(3)]或当 $\eta_3<\eta<1$ 且 $\min\{M_8, M_5\}<M$[见图 5.10(4)]时，制造商以入厂检测策略采购低质量的零部件要优于以商业保险策略采购低质量的零部件。当质量成本非

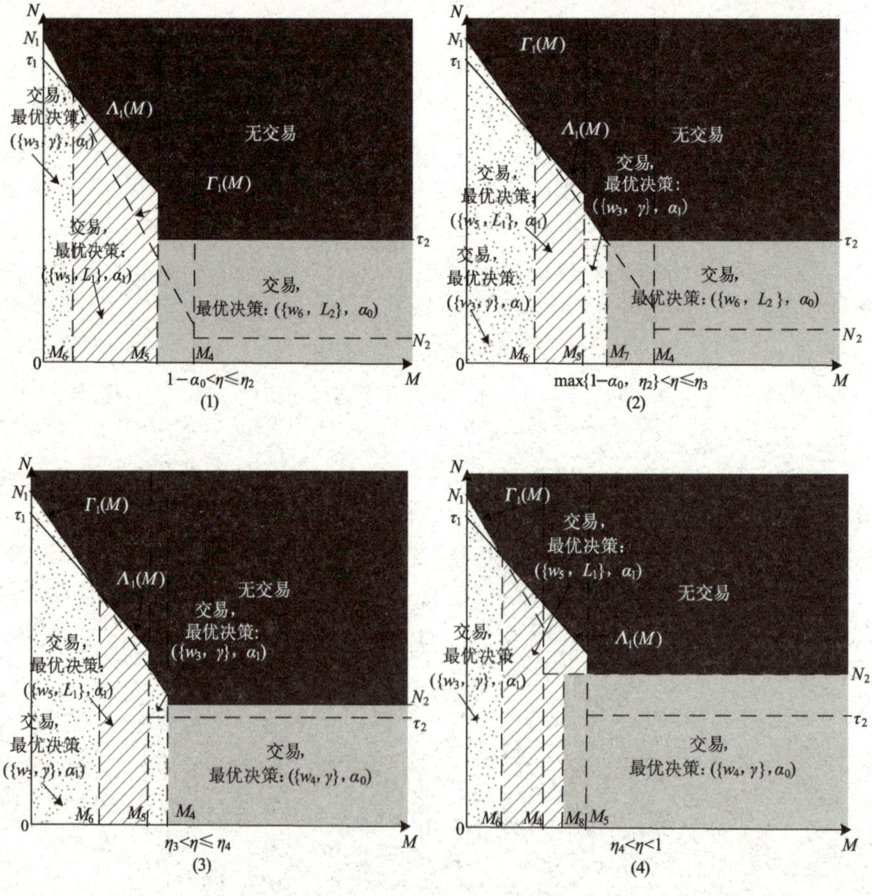

图 5.10　当 $1-\alpha_0<\eta<1$ 时，入厂检测策略与商业保险策略的比较

常高时,采购高质量零部件是不经济的,制造商的最优选择是控制供应商生产低质量的零部件。由前文可知,低质量零部件的采购价格由供应商期望经济损失的加成构成,这个加成比例与 η 负相关。当供应商的风险规避程度非常低(即 $\eta_3 < \eta$) 时,风险规避程度对采购价格的影响变得非常有限。这时,主要作用于赔偿责任的商业保险策略不再具有吸引力,降低期望经济损失的入厂检测策略反而成为最有效的避险策略。(4)需要指出的是,如果供应商的风险规避程度满足 $\eta_2 < \eta < \eta_3$ 并且质量成本满足 $M_5 < M < \min(M_4, M_7)$,制造商以入厂检测策略采购高质量的零部件要优于以商业保险策略采购低质量的零部件,见图 5.9(2)、图 5.10(2)和 5.10(3)。也就是说,只要供应商的风险规避程度足够低(即 $\eta_2 < \eta$) 且质量成本适中,质量改进与入厂检测策略同时实施的避险方式要比只利用商业保险策略避险更有效。

由推论 5.10、5.11 和 5.12 可以看到,入厂检测策略与商业保险策略的哪个更有效与供应商的风险规避程度和质量成本密切相关。(1)如果供应商的风险规避程度非常高而质量成本非常低,即 $0 < \eta \leqslant 1-\alpha_1$ 且 $M < M_5$,制造商利用商业保险策略控制供应商生产高质量的零部件成为占优策略。(2)如果供应商的风险规避程度与质量成本均较高,即 $0 < \eta \leqslant 1-\alpha_1$ 且 $M_5 < M$,制造商利用商业保险策略控制供应商生产低质量的零部件成为占优策略。(3)如果供应商的风险规避程度与质量成本非常低,即 $1-\alpha_1 < \eta$ 且 $M < M_6$,制造商利用入厂检测策略控制供应商生产高质量的零部件成为占优策略。(4)如果供应商的风险规避程度非常低而质量成本位于中间区域,即 $1-\alpha_1 < \eta$ 且 $M_6 < M < \min\{M_4, M_5\}$,制造商利用商业保险策略控制供应商生产高质量的零部件成为占优策略。(5)如果供应商的风险规避程度位于中间区域而质量成本非常高,即 $1-\alpha_1 < \eta < \eta_3$ 且 $\max\{M_5, M_7\} < M$,制造商利用商业保险策略控制供应商生产低质量的零部件成为占优策略。(6)如果供应商的风险规避程度非常低而质量成本非常高,即 $\eta_3 < \eta < 1$ 且 $\max\{M_4, M_5\} < M$,制造商利用入厂检测策略控制供应商生产低质量的零部件成为占优策略。

二、系统参数变化对占优策略的影响

给出占优策略后,本章将分析系统参数的变化如何改变制造商对入厂检测或商业保险策略的偏好。

推论 5.13 当系统参数发生变化时,(1)随风险规避程度的下降(即 η 的上升),质量水平 α_1 、检测水平 γ 和间接成本 f 的上升,或成本分担比例 β

的下降，M_6 逐渐上升；(2)随质量水平 α_0 和检测水平 γ 的下降，或成本分担比例 β 的上升，η_3 逐渐上升，此外，η_3 与其他参数无关；(3)随风险规避程度的下降(即 η 的上升)，质量水平 α_1 及检测水平 γ 的上升，或质量水平 α_0 的下降，M_7 逐渐上升。此外，成本分担比例 β 及间接成本 f 对 M_7 的影响不确定。■

由推论 5.4、5.7 和 5.13 可知系统参数变化对 M_4、M_5、M_6、M_7 及 η_3 的影响，并由此找出系统参数如何影响制造商的占优策略。

(1) 风险规避程度对占优策略的影响

当供应商的风险规避程度非常高(即 $\eta \leqslant 1-\alpha_1$)时，赔偿责任成为制约供应商参与交易的主要原因。这时，只有全额投保的商业保险策略才能帮助供应链缓解产品质量风险。由于全额投保的商业保险策略完全消除了风险规避程度对制造商和供应商生产决策的影响，因此，η 的变化并不会影响制造商对商业保险策略的偏好。当供应商的风险规避程度下降(即 $\eta > 1-\alpha_1$)时，随着 η 的上升，M_4 下降，M_6 和 M_7 上升，而 M_5 不变。从图 5.9(2)可以看到，M_4、M_5、M_6 或 M_7 的这些变化意味着入厂检测策略的应用范围变大。也就是说，随着供应商的风险规避程度的下降，制造商利用入厂检测策略规避产品质量风险的意愿变得越来越强。这是因为，风险规避程度的下降使其不再成为制约双方交易的关键因素。这时，用于消除风险规避程度带来的不利影响的商业保险策略逐渐失去吸引力，而能够帮助制造商获得更高期望利润的入厂检测策略逐渐成为更有效的策略。

(2) 成本分担比例对占优策略的影响

随着成本分担比例 β 的上升，M_4、M_5 和 η_3 上升，M_6 下降，M_7 保持不变。首先，η_3 的上升说明供应商和制造商的决策更符合图 5.9 或图 5.10(1)和 5.10(2)中描述的情况。其次，M_5 的上升及 M_6 的下降意味着商业保险策略的应用范围变大。也就是说，随着成本分担比例的上升，制造商利用商业保险策略规避质量风险的意愿变得越来越强。这是因为，成本分担比例的上升恶化了供应商面对的风险，制造商必须支付较高的采购价格才能激励供应商参与交易。这时，较高的采购价格成为影响制造商期望利润的主要因素。通过前文可知，商业保险策略可有效抑制供应商的成本加成比例，缓解采购价格的上涨。因此，成本分担比例的上升使制造商更偏好商业保险策略。

(3) 间接成本对占优策略的影响

随着间接成本 f 的上升，M_4、M_5 和 M_6 上升，η_3 和 M_7 保持不变。M_5 的上升说明制造商控制供应商生产高质量水平的零部件的意愿变强。这是因为，f 的上升意味着供应商面对的产品质量风险加剧。这时，制造商必须以更高的采购价格才能保证供应商参与交易。但是，在高质量水平 α_1 下间接成本上升造成采购价格上涨的幅度要低于在质量水平 α_0 下采购价格的上涨幅度。因此，制造商更希望供应商生产高质量水平的零部件。

(4) 质量水平对占优策略的影响

随着高质量水平 α_1 的上升，M_4、M_5、M_6 和 M_7 上升，η_3 保持不变。首先，α_1 的上升使更多的供应商和制造商能够参与交易，并且他们的决策更符合图 5.9 或图 5.10(1)和 5.10(2)中描述的情况。其次，M_5 的上升说明制造商控制供应商生产高质量水平零部件的意愿变强。这是因为，质量水平 α_1 的上升提高了质量改进的效率，这相当于降低了质量成本，使质量改进更具成本优势。

随着低质量水平 α_0 的上升，M_4、M_5、η_3 和 M_7 下降，M_6 保持不变。首先，η_3 的下降说明供应商和制造商的决策更符合图 5.10(3)和 5.10(4)中描述的情况。其次，M_5 的下降和 M_6 保持不变意味着商业保险策略的应用范围变小。也就是说，随着低质量水平 α_0 的上升，制造商利用入厂检测策略控制供应商生产低质量水平零部件的意愿变得越来越强。这是因为，α_0 的上升缩小了两种质量水平下的风险差距，使质量改进的吸引力下降。此外，α_0 的上升大幅降低了供应商在低质量水平下的期望经济损失，从而弱化了供应商风险规避程度对产品质量风险的影响。因此，制造商对入厂检测策略的偏好变强。

(5) 检测水平对占优策略的影响

随着检测水平 γ 的上升，M_4 下降，M_6 和 M_7 上升，M_5 和 η_3 保持不变。其中，M_5 保持不变及 M_6 的上升意味着入厂检测策略的应用范围变大。显然，检测水平的上升提高了入厂检测策略的效率，这相当于降低了检测成本，使入厂检测策略更具成本优势。因此，制造商更倾向于利用入厂检测策略规避质量风险。

第六节　本章小结

本章以信息不对称下单周期制造商的零部件采购合约决策模型为基础，借助 CVaR 风险测度方法，研究了制造商供应链产品质量风险管理策略的选择问题。研究有如下发现。

(1) 当供应商的风险规避程度非常高时，利用入厂检测策略避险是无效的。这是因为，当供应商的风险规避程度非常高时，赔偿责任成为制约供应商参与交易的主要原因。而入厂检测策略本身是不精确的，它既不能完全消除缺陷零部件，又不能降低或消除产品质量风险引发的赔偿责任。在这种情况下，入厂检测策略失效。

(2) 当供应商的风险规避程度较低时，入厂检测策略可帮助制造商降低采购价格及承担的期望经济损失，缓解产品质量风险造成的期望利润的波动。

(3) 当供应商的风险规避程度非常高时，利用商业保险策略可缓解赔偿责任的制约，帮助双方参与交易。

(4) 当供应商的风险规避程度非常低时，入厂检测策略优于商业保险策略。这是因为，当供应商的风险规避程度非常低时，风险规避程度对采购价格的影响变得非常有限。这时，主要作用于赔偿责任的商业保险策略不再具有吸引力，而降低期望经济损失的入厂检测策略将成为最有效的避险策略。

(5) 商业保险与入厂检测的实施不一定造成零部件质量水平的下降。当质量成本较低或供应商的风险规避程度较高时，入厂检测策略及商业保险策略与质量改进之间具有互补效应。当风险规避程度较低而质量成本较高时，入厂检测策略及商业保险策略与质量改进之间具有替代效应。这是因为，当质量成本较低时，由质量改进造成的零部件采购价格的上升幅度较小。也就是说，制造商能够以比较低廉的采购价格控制供应商生产高质量的零部件。然而，当质量成本较高时，由质量改进造成的零部件采购价格的上升幅度较大。这时，相对于质量成本，商业保险或入厂检测策略更具成本优势。在这种情况下，利用商业保险或入厂检测策略替代质量改进来管理产品质量风险更有效。

第六章
总结与展望

第一节 管理启示

如今,市场竞争日益加剧。为了迎合多样化和个性化的需求并快速抢占市场份额,企业不断加快产品的推陈出新。为了构建竞争优势,越来越多的企业将非核心业务外包,以供应链管理模式从事生产经营活动。产品上市时间的缩短、生产工艺复杂度的提升以及供应链多主体、跨地域、多环节的特征无疑加剧了企业产品质量控制与管理的难度。而随着我国产品质量法律法规制度的进一步完善、消费者维权意识的进一步加深、国外产品质量监管的进一步严格化,制造企业面对的产品责任正逐步加重。事实上,通过近年来发生的多起召回事件可以看到,产品质量问题引发的社会影响及经济损失日益凸显。在这样的背景下,加强企业质量风险管理显得尤为重要。

实践中,管理供应链产品质量风险的策略包括事前防控和事后弥补两种。如在产品生产前对零部件进行检测,避免缺陷零部件进入市场,从而抑制质量风险事件的发生,达到风险防控的目的。当产品售后发生外部故障时,利用商业保险弥补由此产生的经济损失,也可达到风险控制的目的。那么,企业在生产运营中应以哪种策略来规避潜在的产品质量风险,是需要根据自身的风险规避程度以及每种策略成本与收益的权衡来进行抉择的。

本书正是基于产品质量风险管理理论、金融工具在供应链风险管理中的应用研究及风险偏好理论,通过数理模型的构建及优化求解,研究风险规避制造商供应链产品质量风险管理策略的选择与制定。研究得到的管理启示如下。

（1）供应商的风险规避程度是影响企业面对的产品质量风险的重要因素。这是因为，采购价格是由质量成本加成和供应商承担的期望经济损失的加成构成的。随着供应商风险规避程度的上升，质量成本加成比例和供应商期望经济损失加成比例不断提高。也就是说，供应商的风险规避程度越高，企业为购买供应商在未来期所履行的赔偿责任必须付出更高的成本。因此，企业面对的产品质量风险随着供应商风险规避程度的上升而不断加剧。

（2）入厂检测策略通过降低缺陷产品进入市场的概率缓解企业期望利润的波动。对于风险规避程度较高的企业而言，潜在的经济损失是阻碍企业从事生产经营活动的关键因素。由于入厂检测既不能完全消除缺陷产品又不能降低质量缺陷造成的经济损失，当企业风险规避程度较高时，利用入厂检测策略管理供应链产品质量风险是无效的。随着企业风险规避程度的下降，企业更关注如何获得更高的期望利润。这时，利用入厂检测策略可降低期望经济损失，提高企业的期望利润，入厂检测策略逐渐成为管理产品质量风险的有效策略。特别是，入厂检测策略可帮助风险规避程度位于中间区域的企业顺利进入市场参与交易，帮助风险规避程度较低的企业改善 *CVaR* 值和期望利润。当企业面对风险规避的供应商时，利用入厂检测策略，可从两方面帮助企业降低产品质量风险：一是降低供应商的期望经济损失的加成，帮助企业以低采购价格激励供应商参与交易；二是降低风险事件发生概率，进而降低企业承担的期望经济损失。

（3）商业保险策略通过弥补产品质量风险事件造成的经济损失缓解企业利润的下方波动。对于风险规避程度较高的企业而言，只要保险的安全因子足够低，在商业保险策略的帮助下，企业可顺利进入市场参与交易。但是，在这种情况下，商业保险的避险价值随着外部故障成本的上升而下降。当企业风险规避程度逐渐下降时，期望利润逐渐成为企业追逐的目标。这时，如果保险的安全因子较低，利用商业保险策略，企业可提高 CVaR 值。在这种情况下，商业保险的避险价值会随着外部故障成本的上升而上升。当企业面对风险规避的供应商时，商业保险策略可降低供应商的质量成本及期望经济损失的加成，帮助企业以较低采购价格激励供应商参与交易。

（4）实践中，较大规模的产品质量缺陷往往引起政府或媒体的介入，企业品牌形象重塑成本将发生跳跃式上升。这时，企业应首先为政府或媒体介入引发的经济损失进行投保。如果保险的安全因子足够低，企业可提高投保额，增加投保小规模产品质量缺陷下的经济损失。此外，需要指出的是，随着产品质量的提升，企业更应购买商业保险并选择具有更高投保额度的保险策略。这是因为，产品质量的提升，降低了产品质量风险事件发生的概率。这将大幅降低商业保险的期望索赔额，从而降低保险的购买成本，使企业能够负担得起具有更高投保额度的商业保险策略。

(5) 商业保险策略与入厂检测策略在管理供应链产品质量风险时并不总是替代关系，在一定条件下两种策略具有互补性。特别是，当安全因子较高时，风险规避程度较高的企业应以联合策略管理供应链产品质量风险。这是因为，在联合策略下，入厂检测的主要作用是降低产品发生外部故障的概率以降低商业保险的期望索赔额。这在一定程度上抵消了安全因子上升带来的商业保险购买成本的上升。可见，在这种情况下，联合策略比单一商业策略更具成本优势，在联合策略帮助下，将有更多的风险规避程度较高的企业能够进入市场参与交易。此外，需要指出的是，尽管联合策略在一定条件下优于单一入厂检测策略，然而，由于商业保险购买成本的存在，企业在联合策略下的期望利润一定低于其在单一入厂检测策略下能够获得的期望利润。

当企业只能采取单一策略管理供应链产品质量风险时，随着外部故障成本的上升，企业更倾向于实施入厂检测策略。随着产品单位收益或供应商质量水平的上升，企业更倾向于实施商业保险策略。此外，相较于入厂检测策略，只要商业保险的安全因子足够低，商业保险策略不仅可以给风险规避程度位于中间区域的企业带来更高的 CVaR 值，还可帮其获得更高的期望利润。如果入厂检测策略成为管理供应链产品质量风险的占优策略时，入厂检测策略带来的期望利润一定高于商业保险策略带来的期望利润的。

(6) 商业保险与入厂检测的实施不一定造成零部件质量水平的下降。当质量成本较低或供应商的风险规避程度较高时，入厂检测策略及商业保险策略与质量改进之间具有互补效应。当风险规避程度较低而质量成本较高时，入厂检测策略及商业保险策略与质量改进之间具有替代效应。这是因为，当质量成本较低时，由质量改进造成的零部件采购价格的上升幅度较小，制造商能够以比较低廉的采购价格控制供应商生产高质量的零部件。然而，当质量成本较高时，由质量改进造成的零部件采购价格的上升幅度较大。这时，相对于质量成本，商业保险或入厂检测策略更具成本优势。在这种情况下，利用商业保险或入厂检测策略替代质量改进管理产品质量风险更有效。

事实上，除了上述结论，商业保险的应用还有助于企业进行新产品的研发。为了应对激烈的市场竞争、满足多样化和个性化需求，企业必须不断加快产品推陈出新，提升产品技术复杂度。然而，新产品质量在上市初期往往是不稳定的，一旦研发的新品有质量缺陷，特别是设计缺陷，企业将面临巨额的赔偿和召回损失。面对市场先机与潜在的巨额经济损失，制造企业产品创新陷入两难的抉择。这时，金融机构提供的产品质量保险、产品保修保险等险种便可有效解决企业的后顾之忧，促进企业进行产品研发。此外，商业保险有利于社会福利的提高。当发生产品质量风险事件时，如果企业抗风险能力不足，可能会导致企业逃避社会责任，从而造成消费者利益的损失。然而，当企业对产品质量进行投保后，金融机构会对制造商进行担保与监督，这在一定程度上促使制造商积极应对产品质量风险事件，从而降低质量问题引发的社会福利损失。

第二节　研究展望

本书仅考虑了单周期且安全因子外生下制造商的供应链产品质量风险管理策略的选择。后续研究可从如下几个方面进行拓展：

(1) 考虑质量信息更新下制造商产品质量风险管理的选择与制定。

(2) 考虑质量信息不对称下制造商产品质量风险管理策略的选择与制定。

(3) 考虑质量信息更新下供应链的质量协调问题。如，当质量信息可更新时，比较研究制造商如何利用风险事前防控策略、风险事后缓解策略或联合策略实现供应链的质量协调。

(4) 考虑质量信息不对称下供应链的质量协调问题。如，当质量信息不对称时，比较研究制造商如何利用风险事前防控策略、风险事后缓解策略或联合策略实现供应链的质量协调。

(5) 考虑资金约束下产品质量风险管理体系的构建问题。如，制造商应将有限资金优先配置给风险事前防控策略还是风险事后缓解策略。

参 考 文 献

[1] 陈崇萍，陈志祥，邵校. 制造商对供方缺陷改善投资的双源采购决策研究. 管理科学学报，2017，Vol. 20(12)：39-51.

[2] 陈娟，季建华，李美燕. 基于闭环供应链核心企业的产品召回应急管理. 软科学，2010，Vol. 24(4)：60-63.

[3] 洪江涛，黄沛. 金融工程在供应链风险管理中的应用分析. 生产力研究，2011，Vol. 4：32-33.

[4] 何绍慰. 产品质量保证保险改善产品质量的机制和条件——基于信息不对称条件下产品质量博弈的分析. 河南大学学报：社会科学版，2013，Vol. 53(1)：28-33.

[5] 李丽君，黄小原，庄新田. 双边道德风险条件下供应链的质量控制策略. 管理科学学报，2005，Vol. 8(1)：42-47.

[6] 林洁. 违约损失率分布特征与量化方法研究. 2008，厦门大学.

[7] 李婕. 两级供应链上质量控制的动态协调机制研究. 管理工程学报，2008，Vol. 25(2)：62-65.

[8] 刘学勇，熊中楷，熊榆. 线性需求下的产品召回成本分担和质量激励. 系统工程理论与实践，2012，Vol. 32(7)：1400-1407.

[9] 孙华，胡金焱. 风险偏好下的供应链协同契约机制研究. 云南大学学报：社会科学版，2011，Vol. 10(3)：85-91.

[10] 孙树垒，吴士亮，孟秀丽. 产品质量保险作用下的质量控制策略分析. 工业技术经济，2013，Vol. (11)：39-44.

[11] 宋跃晋. 产品质量风险探析. 生产力研究，2005，Vol(9)：180-181.

[12] 吴祥佑. 论产品召回保险的性质. 保险研究，2011，Vol. 3：70-78.

[13] 张娓. 促进产品质量保险发展的几点思考. 生产力研究，2010，Vol. 4：85-86.

[14] 朱立龙，尤建新. 非对称信息供应链质量信号传递博弈分析. 中国管理科学，2011，Vol. 19(1)：109-118.

[15] SherefkinR.. Ford's Recall Challenge. Automotive News, 2002,

Vol. 62 (5985): 8-9. http://www.cqvip.com/qk/95360b/201310/46015161.html.

[16] Aldred C. Brake applied to recall cover. Business Insurance, 2004, Vol. 38(14): 1,29.

[17] Asanuma B. 1992, Manufacturer-Supplier Relationships in International Perspective: The Automobile Case. International Adjustment and the Japanese Firm. Paul Sheard, ed. St. Leonards, NSW: Allen and Unwin: 99-124.

[18] Aust G, Bräuer I, Buscher U. A Note on "Quality Investment and Inspection Policy in A Supplier-manufacturer Supply Chain". European Journal of Operational Research, 2014, Vol. 234 (3): 910-915.

[19] Babich V, Tang CS. Managing Opportunistic Supplier Product Adulteration: Deferred Payments, Inspection, and Combined Mechanisms. Manufacturing & Service Operations Management, 2012 Vol. 14 (2): 301-314.

[20] Baiman S, Fischer PE, Rajan MV. Information, Contracting, and Quality Costs. Management Science, 2000, Vol. 46(6): 776-789.

[21] Balachandran KR, Radhakrishnan S. Quality Implications of Warranties in A Supply Chain. Management Science, 2005, Vol. 51 (8): 1266-1277.

[22] Bandaly D, et al. Supply Chain Risk Management-I: Conceptualization, Framework and Planning Process. Risk Management, 2012, Vol. 14(4): 249-271.

[23] Barber BM, Darrough MN. Product Reliability and Firm Value: The Experience of American and Japanese Automakers 1973—1992. Journal of Political Economy, 1996, Vol. 104 (5): 1084-1099.

[24] Benjaafar S, Elahi E, Donohue KL. Outsourcing via Service Competition. Management Science, 2007, Vol. 53(2): 241-259.

[25] Billington C, Johnson B, Triantis A. A Real Options Perspective on Supply Chain Management in High Technology. Journal of Applied Corporate Finance, 2002, Vol. 15(2): 32-43.

[26] Borch K. Product Liability, Quality Control and Insurance. Rivis-

ta Di Matematica Per Le Scienze Economiche E Sociali，1978，Vol. 1 (2)：89-98.

[27] Bowers NL. Actuarial Mathematics. Itasca，Ill.：Society of Actuaries，1986.

[28] Chan WM，Ibrahim RN，Lochert PB. A New EPQ Model：Integrating Lower Pricing Rework and Reject Situations. Production Planning Control，2003，Vol. 14：588-595.

[29] Chao GH，Iravani SM，Savaskan RC. Quality Improvement Incentives and Product Recall Cost Sharing Contracts. Management Science，2009，Vol. 55 (7)：1122-1138.

[30] Chen F，Federgruen A. Mean-variance Analysis of Basic Inventory Models. Technical manuscript，Columbia University，2000.

[31] Chen JX，Liang L，Yang F. Cooperative Quality Investment in Outsourcing. International Journal of Production Economics，2015，Vol. 162：174-191.

[32] Chen J. Sourcing for Quality：Cooperating with a Single Supplier or Developing Two Competing Suppliers?. Mathematical Problems in Engineering，2016，Vol. 2016：1-13.

[33] Chen YH，Xu MH，Zhang ZG. A Risk-averse Newsvendor Model under The CVaR Criterion. Operations Research，2006，Vol. 57 (4)：1040-1044.

[34] Chen YJ，Deng M. Supplier Certification and Quality Investment in Supply Chains. Naval Research Logistics (NRL)，2013，Vol. 60 (3)：175-189.

[35] Choi TM，Chiu CH. Mean-downside-risk and Mean-variance Newsvendor Models：Implications for Sustainable Fashion Retailing. International Journal of Production Economics，2012，Vol. 135 (2)：552-560.

[36] Clark KB. Project Scope and Project Performance：The Effect of Parts Strategy and Supplier Involvement on Product Development. Management science，1989，Vol. 35(10)：1247-1263.

[37] Cummins JD. Statistical and Financial Models of Insurance Pricing and The Insurance Firm. Journal of Risk and Insurance，1991：261-302.

[38] Cusumano MA, Takeishi A. Supplier Relations and Management: A Survey of Japanese, Japanese-transplant, and US Auto Plants. Strategic Management Journal, Vol. 12(8): 563-588.

[39] Dong L, Tomlin B. Managing Disruption Risk: The Interplay between Operations and Insurance. Management Science, 2012, Vol. 58(10): 1898-1915.

[40] Dong Y, Xu K, Xu Y, et al. Quality Management in Multi-Level Supply Chains with Outsourced Manufacturing. Production and Operations Management, 2016, Vol. 25(2): 290-305.

[41] Dowlatshahi S. Purchasing's Role in A Concurrent Engineering Environment. Journal of Supply Chain Management, 1992, Vol. 28 (1): 21.

[42] Dunk AS. Product Quality, Environmental Accounting and Quality Performance. Accounting, Auditing & Accountability Journal, 2000, Vol. 15 (5): 719-732.

[43] Eilert M, Jayachandran S, Kalaignanam K, et al. Does It Pay to Recall Your Product Early? An Empirical Investigation in The Automobile Industry. Journal of Marketing, 2017, Vol, 81(3): 111-129.

[44] El Ouardighi F. Supply Quality Management with Optimal Wholesale Price and Revenue Sharing Contracts: A Two-stage Game Approach. International Journal of Production Economics, 2014, Vol. 156: 260-268.

[45] Gagg CR. Failure of Components and Products by "Engineered-in" Defects: Case Studies. Engineering Failure Analysis, 2005, Vol. 12 (6): 1000-1026.

[46] Gan X, Sethi SP, Yan H. Channel Coordination with A Risk-neutral Supplier and A Downside-risk-averse Retailer. Production and Operations Management, 2005, Vol. 14(1): 80-89.

[47] Garvin DA. Quality W D P. Really Mean?. Sloan management review, 1984: 25.

[48] Gotoh J, Takano Y. Newsvendor Solutions via Conditional Value-at-risk Minimization. European Journal of Operational Research, 2007, Vol. 179 (1): 80-96.

[49] Hayek PA, Salameh MK. Production Lot Sizing with The Reworking of Imperfect Quality Items Produced. Production Planning and Control, 2001, Vol. 12 (6): 584-590.

[50] Hora M, Bapuji H, Roth AV. Safety Hazard and Time to Recall: The Role of Recall Strategy, Product Defect Type, and Supply Chain Player in The US Toy Industry. Journal of Operations Management, 2011, Vol. 29(7): 766-777.

[51] Hwang I, Radhakrishnan S, Su L. Vendor Certification and Appraisal: Implications for Supplier Quality. Management Science, 2006, Vol. 52(10): 1472-1482.

[52] Huthwaite B. Designing in Quality. Quality, 1988, Vol. 27 (11): 34.

[53] Jarrell G, Peltzman S. The Impact of Product Recalls On The Wealth of Sellers. Journal of Political Economy, 1985, Vol. 93: 512-536.

[54] Jiang X, et al. Study on Product Lifecycle Oriented Product Design Quality Control System. International Asia Conference on Industrial Engineering and Management Innovation (IEMI2012) Proceedings, Springer Berlin Heidelberg, 2013: 793-803.

[55] Kawasaki S, McMillan J. The Design of Contracts: Evidence from Japanese Subcontracting. Journal of the Japanese and International Economies, 1987, Vol. 1(3): 327-349.

[56] Kimura F. Modeling, Evaluation and Design of Product Quality under Disturbances Throughout The Total Product Life Cycle. The Future of Product Development. Springer Berlin Heidelberg, 2007: 675-684.

[57] Kisiel R. Honda and Toyota: Early Role for Suppliers Can Control Costs. Automotive News, 2007, Vol. 81(6251): 70.

[58] Lamming R. Beyond Partnership: Strategies for Innovation and Lean Supply. London: Prentice Hall, 1993.

[59] Lee HH, Li C. Supplier Quality Management: Investment, Inspection, and Incentives. Production and Operations Management, 2018, Vol. 27(2): 304-322.

[60] Lee HL. Lot Sizing to Reduce Capacity Utilization in A Produc-

tion Process with Defective Items, Process Corrections, and Rework. Management Science, 1992, Vol. 38 (9): 1314-1328.

[61] Lee HL, Rosenblatt MJ. Simultaneous Determination of Production Cycle and Inspection Schedules in A Production System. Management science, 1987, Vol. 33(9): 1125-1136.

[62] Lim WS. Producer-supplier Contracts with Incomplete Information. Management Science, 2001, Vol. 47 (5): 709-715.

[63] Lizzeri A. Information Revelation and Certification Intermediaries. The RAND Journal of Economics, 1999, Vol. 30 (2): 214-231.

[64] Luo QY. 5 Million IPhones Defective Returned to Foxconn-OEMs in Shenzhen Stand The Test. IT Time Weekly, 2 Dec, 2013, PP10:57-58.

[65] Ma T. Study on Integrated Design Quality Mode Based on QFD and DOE. International Asia Conference on Industrial Engineering and Management Innovation (IEMI2012) Proceedings, Springer Berlin Heidelberg, 2013: 785-791.

[66] Mayer KJ, Nickerson JA, Owan H. Are Supply and Plant Inspections Complements or Cubstitutes? A Strategic and Operational Assessment of Inspection Practices in Biotechnology. Management Science, 2004, Vol. 50(8): 1064-1081.

[67] Misra KB. Quality Engineering and Management. Springer, 2008: 157-170.

[68. Murthy DNP, Kumar KR. Total Product Quality. International Journal of Production Economics, 2000, Vol. 67 (3): 253-267.

[69] Porteus EL. Optimal Lot Sizing, Process Quality Improvement and Setup Cost Reduction. Operations research, 1986, Vol. 34 (1): 137-144.

[70] Reyniers DJ, Tapiero CS. Contract Design and The Control of Quality in A Conflictual Environment. European Journal of Operational Research, 1995, Vol. 82(2): 373-382.

[71] Reyniers DJ, Tapiero CS. The Delivery and Control of Quality in Supplier-producer Contracts. Management Science, 1995, Vol. 41 (10): 1581-1589.

[72] Rockafellar RT, Uryasev S. Conditional Value-at-risk for General

Loss Distributions. Journal of banking & finance, 2002, Vol. 26 (7): 1443-1471.

[73] Rui H, Lai G. Sourcing with Deferred Payment and Inspection under Supplier Product Adulteration Risk. Production and Operations Management, 2015, Vol. 24(6): 934-946.

[74] Sarkar B, Cárdenas-Barrón LE, Sarkar M, Singgih ML. An Economic Production Quantity Model with Random Defective Rate, Rework Process and Backorders for A Single Stage Production System. Journal of Manufacturing Systems, 2014, Vol. 33(3): 423-435.

[75] Serpa JC, Krishnan H. The Strategic Role of Business Insurance. Management Science, 2016, Vol. 63(2): 384-404.

[76] Sherefkin R, Armstrong JC. Suppliers Wary of Increasing Warranty Charges. Automotive News, 2003: 17.

[77] Souiden N, Pons F. Product Recall Crisis Management: The Impact on Manufacturer's Image, Consumer Loyalty and Purchase Intention. Journal of Product & Brand Management, 2009, Vol. 18(2): 106-114.

[78] Sroufe R, Curkovic S. An Examination of ISO 9000: 2000 and Supply Chain Quality Assurance. Journal of Operations Management, 2008, Vol. 26(4): 503-520.

[79] Tabeta N, Rahman S. Risk Sharing Mechanism in Japan's Auto Industry: The Keiretsu Versus Independent Parts Suppliers. Asia Pacific Journal of Management, 1999, Vol. 16(3): 311-330.

[80] Tang CS, Babich V. Using Social and Economic Incentives to Discourage Chinese Suppliers from Product Adulteration. Business Horizons, 2014, Vol. 57(4): 497-508.

[81] Teng SH, Ho SY. Failure Mode and Effects Analysis: An Integrated Approach for Product Design and Process Control. International Journal of Quality & Reliability Management, 1996, Vol. 13(5): 8-26.

[82] Tjahjono B, Ball P, Vitanov VI, et al. Six Sigma: A Literature Review. International Journal of Lean Six Sigma, 2010, Vol. 1 (3): 216-233.

[83] Tsay AA. Risk Sensitivity in Distribution Channel Partnerships: Implications for Manufacturer Return Policies. Journal of Retailing, 2002, Vol. 78(2): 147-160.

[84] Vörös J. Lot Sizing with Quality Improvement and Setup Time Reduction. European Journal of Operational Research, 1999, Vol. 113(3): 568-574.

[85] Wu M, Zhu SX, Teunter RH. The Risk-averse Newsvendor Problem with Random Capacity. European Journal of Operational Research, 2013, Vol. 231(2): 328-336.

[86] Wynstra F, Ten Pierick E. Managing Supplier Involvement in New Product Development: A Portfolio Approach. European Journal of Purchasing & Supply Management, 2000, Vol. 6(1): 49-57.

[87] Xie G, Yue W, Wang S, et al. Quality Investment and Price Decision in A Risk-averse Supply Chain. European Journal of Operational Research, 2011, Vol. 214(2): 403-410.

[88] Xiuli L, Baozhi C, Hanqing X. Study on Principle of Product Defect Identification. Procedia Engineering, 2012, Vol. 43: 393-398.

[89] Yanmei Z, Alard R, Schönsleben P. Design Quality: A Key Factor to Improve the Product Quality in International Production Networks. Production Management Systems, Springer US, 2007: 133-141.

[90] Zhao X, Li Y, Flynn BB. The Financial Impact of Product Recall Announcements in China. International Journal of Production Economics, 2013, Vol. 142(1): 115-123.

[91] Zhu K, Zhang RQ, Tsung F. Pushing Quality Improvement Along Supply Chains. Management Science, 2007, Vol. 53(3): 421-436.

附　录

1. 引理 3.2 的证明。

证明：制造商的 CVaR 值被 (d, L) 分成三种情况：(1) $k \leqslant d \leqslant c\gamma Q + k$ 且 $k \leqslant d + L \leqslant c\gamma Q + k$；(2) $k \leqslant d \leqslant c\gamma Q + k$ 且 $c\gamma Q + K \leqslant d + L \leqslant cQ + K$；(3) $c\gamma Q + K \leqslant d$ 且 $c\gamma Q + K \leqslant d + L \leqslant cQ + K$。

(1) 当 $k \leqslant d \leqslant c\gamma Q + k$ 且 $k \leqslant d + L \leqslant c\gamma Q + k$ 时，令 $r_1 = \dfrac{d-k}{cQ}$，$r_2 = \dfrac{d+L-k}{cQ}$。金融机构承担的索赔额 $BL(R, d, L)$ 为：

$$BL(R, d, L) = \begin{cases} 0, & 0 \leqslant r \leqslant r_1, \\ c\gamma Q + k - d, & r_1 \leqslant r \leqslant r_2, \\ L, & r_2 \leqslant r \leqslant \gamma, \\ L, & \gamma \leqslant r \leqslant 1。 \end{cases}$$

因此，期望索赔额满足：

$$\mu(d, L) = \int_{r_1}^{r_2} (crQ + k - d) f(r) \mathrm{d}r + \int_{r_2}^{1} Lf(r) \mathrm{d}r。$$

这时，根据 v 的取值范围可得 $CVaR_\eta$ 表达式：

a. 当 $pQ - I - v - k \leqslant 0$ 时，对任意的 $r \in [0, 1]$，有 $\pi(R, d, L) < v$，

$$CVaR_\eta[\pi(R, d, L)] = pQ - I - k\left(1 - \frac{1}{\eta}\right) + \frac{1}{\eta}\Big[\mu(d, L) - \int_0^\gamma (crQ + k) f(r) \mathrm{d}r - \int_\gamma^1 (crQ + K) f(r) \mathrm{d}r\Big]。$$

b. 当 $pQ-I-v-cQ-K+L\geqslant 0$ 时，对任意的 $r\in[0,1]$，有 $\pi(R,d,L)\geqslant v$，$CVaR_\eta(\pi(R,d,L))=pQ-I-cQ-K+L$。

c. 当 $pQ-I-cQ-K+L\leqslant v\leqslant pQ-I-c\gamma Q-K+L$ 时，存在唯一一个 $r(v)\in[\gamma,1]$ 且 $r(v)=\dfrac{pQ-I-v-K+L}{cQ}$。最终，当 $r<r(v)$，有 $\pi(R,d,L)\geqslant v$。否则，$\pi(R,d,L)<v$。因此，$CVaR_\eta(\pi(R,d,L))=\max\limits_{v\in R}\left\{v+\dfrac{1}{\eta}\int_{r(v)}^{1}(pQ-I-v-crQ-K+L)f(r)\mathrm{d}r\right\}$。

令 $g(v)=v+\dfrac{1}{\eta}\int_{r(v)}^{1}(pQ-I-v-crQ-K+L)f(r)\mathrm{d}r$，将函数 $g(v)$ 对 v 求导可得：$\dfrac{\partial g(v)}{\partial v}=1-\dfrac{1}{\eta}+\dfrac{1}{\eta}F(r(v))$，将函数 $\dfrac{\partial g(v)}{\partial v}$ 对 v 求导 $\dfrac{\partial^2 g(v)}{\partial v^2}=\dfrac{1}{\eta}f(r(v))\dfrac{\partial r(v)}{\partial v}\leqslant 0$，即函数 $\dfrac{\partial g(v)}{\partial v}$ 是 v 的减函数。当 $v=pQ-I-cQ-K+L$，即 $r(v)=1$ 时，$1-\dfrac{1}{\eta}+\dfrac{1}{\eta}F(1)=1>0$，是函数 $\dfrac{\partial g(v)}{\partial v}$ 最大值。当 $v=pQ-I-c\gamma Q-K+L$，即 $r(v)=\gamma$ 时，$1-\dfrac{1}{\eta}+\dfrac{1}{\eta}F(\gamma)$，是函数 $\dfrac{\partial g(v)}{\partial v}$ 最小值。由于 $\dfrac{\partial g(v)}{\partial v}$ 的符号由 $1-\dfrac{1}{\eta}+\dfrac{1}{\eta}F(\gamma)$ 给出。因此，需要进行分类讨论：

如果 $1-\dfrac{1}{\eta}+\dfrac{1}{\eta}F(\gamma)\geqslant 0$，则 $\dfrac{\partial g(v)}{\partial v}>0\Rightarrow g(v)$ 为增函数，因此，令 $g(v)$ 最大的 $v^*=pQ-I-c\gamma Q-K+L$，$r(v^*)=\gamma$。最终，$CVaR_\eta[\pi(R,d,L)]=pQ-I-c\gamma Q\left[1-\dfrac{1}{\eta}+\dfrac{1}{\eta}F(\gamma)\right]-K+L-\dfrac{1}{\eta}\int_{\gamma}^{1}crQf(r)\mathrm{d}r$。

如果 $1-\dfrac{1}{\eta}+\dfrac{1}{\eta}F(\gamma)<0$，则在区间 $[pQ-I-cQ-K+L,\ pQ-I-c\gamma Q-K+L]$ 上存在一个 v^* 满足：$1-\dfrac{1}{\eta}+\dfrac{1}{\eta}F(r(v^*))=0$，$r(v^*)=F^{-1}(1-\eta)$，$v^*=pQ-I-K+L-cQF^{-1}(1-\eta)$。最终，

$$CVaR_\eta[\pi(R,d,L)]=pQ-I-K+L-\frac{1}{\eta}\int_{F^{-1}(1-\eta)}^{1}crQf(r)\mathrm{d}r。$$

同理可证，

d. 当 $pQ-I-c\gamma Q-K+L\leqslant v\leqslant pQ-I-c\gamma Q-k+L$ 时，

如果 $1-\frac{1}{\eta}+\frac{1}{\eta}F(\gamma)\geqslant 0$，

$$CVaR_{\eta}[\pi(R, d, L)]=pQ-I-(c\gamma Q+k)\left[1-\frac{1}{\eta}+\frac{1}{\eta}F(\gamma)\right]+L-\frac{1}{\eta}\int_{\gamma}^{1}(crQ+K)f(r)\mathrm{d}r。$$

如果 $1-\frac{1}{\eta}+\frac{1}{\eta}F(\gamma)<0$，

$$CVaR_{\eta}[\pi(R, d, L)]=pQ-I-c\gamma Q\left[1-\frac{1}{\eta}+\frac{1}{\eta}F(\gamma)\right]-K+L-\frac{1}{\eta}\int_{\gamma}^{1}crQf(r)\mathrm{d}r。$$

e. 当 $pQ-I-c\gamma Q-k+L\leqslant v\leqslant pQ-I-d$ 时，

如果 $1-\frac{1}{\eta}+\frac{1}{\eta}F(r_2)\leqslant 1-\frac{1}{\eta}+\frac{1}{\eta}F(\gamma)\leqslant 0$，

$$CVaR_{\eta}[\pi(R, d, L)]=pQ-I-(c\gamma Q+k)\left[1-\frac{1}{\eta}+\frac{1}{\eta}F(\gamma)\right]+L-\frac{1}{\eta}\int_{\gamma}^{1}(crQ+K)f(r)\mathrm{d}r。$$

如果 $1-\frac{1}{\eta}+\frac{1}{\eta}F(r_2)\leqslant 0\leqslant 1-\frac{1}{\eta}+\frac{1}{\eta}F(\gamma)$，

$$CVaR_{\eta}[\pi(R, d, L)]=pQ-I-k+L-\frac{1}{\eta}\left[\int_{F^{-1}(1-\eta)}^{\gamma}crQf(r)\mathrm{d}r-\int_{\gamma}^{1}(k-crQ-K)f(r)\mathrm{d}r\right]。$$

如果 $0\leqslant 1-\frac{1}{\eta}+\frac{1}{\eta}F(r_2)\leqslant 1-\frac{1}{\eta}+\frac{1}{\eta}F(\gamma)$，

$$CVaR_{\eta}[\pi(R, d, L)]=pQ-I-d+\frac{1}{\eta}\left[\int_{r_2}^{\gamma}(d+L-crQ-k)f(r)\mathrm{d}r+\int_{\gamma}^{1}(d+L-crQ-K)f(r)\mathrm{d}r\right]。$$

f. 当 $pQ-I-d\leqslant v\leqslant pQ-I-k$ 时，

如果 $1-\frac{1}{\eta}+\frac{1}{\eta}F(r_1)\leqslant 0$，

$$CVaR_\eta[\pi(R,d,L)] = pQ - I - d + \frac{1}{\eta}\Big[\int_{r_2}^{\gamma}(d+L-crQ-k)f(r)\mathrm{d}r + \int_{\gamma}^{1}(d+L-crQ-K)f(r)\mathrm{d}r\Big]。$$

否则，

$$CVaR_\eta[\pi(R,d,L)] = pQ - I - k - \frac{1}{\eta}\Big[\int_{F^{-1}(1-\eta)}^{r_1} crQf(r)\mathrm{d}r - \int_{r_1}^{r_2}(k-d)f(r)\mathrm{d}r - \int_{r_2}^{\gamma}(-crQ+L)f(r)\mathrm{d}r - \int_{\gamma}^{1}(k-crQ-K+L)f(r)\mathrm{d}r\Big]。$$

同理可证，

(2) 当 $k \leqslant d \leqslant c\gamma Q + k$，$c\gamma Q + K \leqslant d + L \leqslant cQ + K$ 时，

如果 $1-\frac{1}{\eta}+\frac{1}{\eta}F(r_1) \leqslant 1-\frac{1}{\eta}+\frac{1}{\eta}F(r_2) \leqslant 0$，可得

$$CVaR_\eta[\pi(R,d,L)] = pQ - I - K + L - \frac{1}{\eta}\int_{F^{-1}(1-\eta)}^{1} crQf(r)\mathrm{d}r。$$

如果 $1-\frac{1}{\eta}+\frac{1}{\eta}F(r_1) \leqslant 0 \leqslant 1-\frac{1}{\eta}+\frac{1}{\eta}F(r_2)$，可得

$$CVaR_\eta[\pi(R,d,L)] = pQ - I - d + \frac{1}{\eta}\int_{r_2}^{1}(d+L-crQ-K)f(r)\mathrm{d}r。$$

如果 $0 \leqslant 1-\frac{1}{\eta}+\frac{1}{\eta}F(r_1) \leqslant 1-\frac{1}{\eta}+\frac{1}{\eta}F(r_2)$，可得

$$CVaR_\eta[\pi(R,d,L)] = pQ - I - k - \frac{1}{\eta}\Big[\int_{F^{-1}(1-\eta)}^{r_1} crQf(r)\mathrm{d}r - \int_{r_1}^{r_2}(k-d)f(r)\mathrm{d}r - \int_{r_2}^{1}(k-crQ-K+L)f(r)\mathrm{d}r\Big]。$$

(3) 当 $c\gamma Q + K \leqslant d$，$c\gamma Q + K \leqslant d + L \leqslant cQ + K$，

如果 $1-\frac{1}{\eta}+\frac{1}{\eta}F(\gamma) \leqslant 1-\frac{1}{\eta}+\frac{1}{\eta}F(r_1) \leqslant 1-\frac{1}{\eta}+\frac{1}{\eta}F(r_2) \leqslant 0$，可得

$$CVaR_\eta[\pi(R,d,L)] = pQ - I - K + L - \frac{1}{\eta}\int_{F^{-1}(1-\eta)}^{1} crQf(r)\mathrm{d}r。$$

如果 $1-\frac{1}{\eta}+\frac{1}{\eta}F(\gamma)\leqslant 1-\frac{1}{\eta}+\frac{1}{\eta}F(r_1)\leqslant 0\leqslant 1-\frac{1}{\eta}+\frac{1}{\eta}F(r_2)$，可得

$$CVaR_\eta[\pi(R,d,L)]=pQ-I-d+\frac{1}{\eta}\int_{r_2}^{1}(d+L-crQ-K)f(r)\mathrm{d}r。$$

如果 $1-\frac{1}{\eta}+\frac{1}{\eta}F(\gamma)\leqslant 0\leqslant 1-\frac{1}{\eta}+\frac{1}{\eta}F(r_1)\leqslant 1-\frac{1}{\eta}+\frac{1}{\eta}F(r_2)$，可得

$$\begin{aligned}CVaR_\eta[\pi(R,d,L)]=pQ-I-K-\frac{1}{\eta}\Big[&\int_{F^{-1}(1-\eta)}^{r_1}crQf(r)\mathrm{d}r\\&-\int_{r_1}^{r_2}(K-d)f(r)\mathrm{d}r-\int_{r_2}^{1}(-crQ+L)f(r)\mathrm{d}r\Big]。\end{aligned}$$

如果 $0\leqslant 1-\frac{1}{\eta}+\frac{1}{\eta}F(\gamma)\leqslant 1-\frac{1}{\eta}+\frac{1}{\eta}F(r_1)$，可得

$$\begin{aligned}CVaR_\eta[\pi(R,d,L)]=pQ-I-k\Big[1-\frac{1}{\eta}+\frac{1}{\eta}F(\gamma)\Big]&\\-\frac{1}{\eta}\Big[\int_{F^{-1}(1-\eta)}^{\gamma}crQf(r)\mathrm{d}r+\int_{\gamma}^{r_1}(crQ+K)f(r)\mathrm{d}r&\\+\int_{r_1}^{r_2}df(r)\mathrm{d}r-\int_{r_2}^{1}(-crQ-K+L)f(r)\mathrm{d}r\Big]。&\end{aligned}$$

证毕!

2. 定理 3.3 的证明。

证明: 首先,求 $\eta<1-F(\gamma)$ 时制造商的最优决策。

当 $\eta<1-F(\gamma)$ 时,根据引理 3.2,可将 (d,L) 的取值范围分成 6 个子区域。之后,我们先求出每一子区域的局部最优解。然后,对子区域的局部最优解进行比较以找出全局最优解。

子区域 1: $k\leqslant d\leqslant c\gamma Q+k$ 且 $k\leqslant d+L\leqslant c\gamma Q+k$。

根据引理 3.2,制造商在该区域的 $CVaR$ 值为:

$$CVaR_\eta[\pi(R)]=pQ-I-K+L-\frac{1}{\eta}\int_{F^{-1}(1-\eta)}^{1}crQf(r)\mathrm{d}r,$$

其中, $r_1=\frac{d-k}{cQ}$, $r_2=\frac{d+L-k}{cQ}$, $I=\int_{r_1}^{r_2}(crQ+k-d)f(r)\mathrm{d}r+\int_{r_2}^{1}Lf(r)\mathrm{d}r$。因此,期望索赔额为

$$\mu(d,\ L)=\int_{r_1}^{r_2}(crQ+k-d)f(r)\mathrm{d}r+\int_{r_2}^{1}Lf(r)\mathrm{d}r。$$

显然，$r_1\leqslant r_2$。将 $\mu(d,\ L)$ 分别对 d 和 L 求一阶偏导数：

$$\frac{\partial\mu(d,\ L)}{\partial d}=-[F(r_2)-F(r_1)]\leqslant 0,\ \frac{\partial\mu(d,\ L)}{\partial L}=1-F(r_2)\geqslant 0。$$

由此可知，给定 L，$CVaR_\eta(\pi(R))$ 对 d 的一阶导数为 $\frac{\partial CVaR_\eta(\pi(R))}{\partial d}=-(1+\theta)\frac{\partial\mu(d,\ L)}{\partial d}\geqslant 0$，$CVaR_\eta(\pi(R))$ 是 d 的单调递增函数。因此，最优免赔额为 $d^*(L)=c\gamma Q+k-L$。

将 $d^*(L)$ 代入 $CVaR_\eta(\pi(R))$ 并将其对 L 求一阶导数可得：

$$\begin{aligned}CVaR'_\eta[\pi(R),\ d^*(L),\ L]&=\frac{\partial CVaR_\eta(\pi(R),\ d^*(L),\ L)}{\partial d^*}\frac{\partial d^*(L)}{\partial L}\\&\quad+\frac{\partial CVaR_\eta(\pi(R),\ d^*(L),\ L)}{\partial L}\\&=1-(1+\theta)\left[1-F\left(\frac{d-k}{cQ}\right)\right]。\end{aligned}$$

可见，$CVaR_\eta[\pi(R),\ d^*(L),\ L]$ 是 L 凹函数。因此，最优的 $L^*=c\gamma Q-cQF^{-1}\left(\frac{\theta}{1+\theta}\right)$。

最终，制造商在该区域的最优决策为：

若 $\gamma\leqslant F^{-1}\left(\frac{\theta}{1+\theta}\right)$，最优策略为 $d^*=c\gamma Q+k$ 且 $L^*=0$。若 $\gamma>F^{-1}\left(\frac{\theta}{1+\theta}\right)$，最优策略为 $d^*=cQF^{-1}\left(\frac{\theta}{1+\theta}\right)+k$ 且 $L^*=c\gamma Q-cQF^{-1}\left(\frac{\theta}{1+\theta}\right)$。

其他 5 个子区域可用相同方法求解，且结果分别为：

子区域 2：当 $k\leqslant d\leqslant c\gamma Q+k$ 且 $c\gamma Q+K\leqslant d+L\leqslant cQF^{-1}(1-\eta)+K$，若 $\gamma\geqslant F^{-1}\left(\frac{\theta}{1+\theta}\right)\geqslant 0$，最优策略为 $d^*=cQF^{-1}\left(\frac{\theta}{1+\theta}\right)+k$ 且 $L^*=cQF^{-1}(1-\eta)-cQF^{-1}\left(\frac{\theta}{1+\theta}\right)+K-k$。若 $\gamma\leqslant F^{-1}\left(\frac{\theta}{1+\theta}\right)\leqslant F^{-1}(1-\eta)$，最优策略为 $d^*=c\gamma Q+k$ 且 $L^*=K-k$ 或 $d^*=cQF^{-1}\left(\frac{\theta}{1+\theta}\right)+k$ 且 $L^*=$

$cQF^{-1}(1-\eta)-cQF^{-1}\left(\frac{\theta}{1+\theta}\right)+K-k$。若 $F^{-1}(1-\eta)\leqslant F^{-1}\left(\frac{\theta}{1+\theta}\right)$，最优策略为 $d^*=c\gamma Q+k$ 且 $L^*=K-k$。

子区域 3：当 $k\leqslant d\leqslant c\gamma Q+k$ 且 $cQF^{-1}(1-\eta)+K\leqslant d+L\leqslant cQ+K$，若 $\gamma\geqslant F^{-1}\left(\frac{\theta}{1+\theta}\right)\geqslant 0$，最优策略为 $d^*=cQF^{-1}\left(\frac{\theta}{1+\theta}\right)+k$ 且 $L^*=cQ-cQF^{-1}\left(\frac{\theta}{1+\theta}\right)+K-k$。若 $\gamma\leqslant F^{-1}\left(\frac{\theta}{1+\theta}\right)\leqslant F^{-1}(1-\eta)$，最优策略为 $d^*=c\gamma Q+k$ 且 $L^*=cQ-c\gamma Q+K-k$。若 $F^{-1}(1-\eta)\leqslant F^{-1}\left(\frac{\theta}{1+\theta}\right)$，最优策略为 $d^*=c\gamma Q+k$ 且 $L^*=cQF^{-1}(1-\eta)-c\gamma Q+K-k$。

子区域 4：当 $c\gamma Q+K\leqslant d\leqslant cQF^{-1}(1-\eta)+K$ 且 $c\gamma Q+K\leqslant d+L\leqslant cQF^{-1}(1-\eta)+K$，若 $\gamma\geqslant F^{-1}\left(\frac{\theta}{1+\theta}\right)\geqslant 0$，最优策略为 $d^*=c\gamma Q+k$ 且 $L^*=cQF^{-1}(1-\eta)-c\gamma Q$。若 $\gamma\leqslant F^{-1}\left(\frac{\theta}{1+\theta}\right)\leqslant F^{-1}(1-\eta)$，$d^*=cQF^{-1}\left(\frac{\theta}{1+\theta}\right)+K$ 且 $L^*=cQF^{-1}(1-\eta)-cQF^{-1}\left(\frac{\theta}{1+\theta}\right)$。若 $F^{-1}(1-\eta)\leqslant F^{-1}\left(\frac{\theta}{1+\theta}\right)$，最优策略为 $d^*=cQF^{-1}(1-\eta)+K$ 且 $L^*=0$。

子区域 5：当 $c\gamma Q+K\leqslant d\leqslant cQF^{-1}(1-\eta)+K$ 且 $cQF^{-1}(1-\eta)+K\leqslant d+L\leqslant cQ+K$，若 $\gamma\geqslant F^{-1}\left(\frac{\theta}{1+\theta}\right)\geqslant 0$，最优策略为 $d^*=c\gamma Q+k$ 且 $L^*=cQ-c\gamma Q$。若 $\gamma\leqslant F^{-1}\left(\frac{\theta}{1+\theta}\right)\leqslant F^{-1}(1-\eta)$，$d^*=cQF^{-1}\left(\frac{\theta}{1+\theta}\right)+K$ 且 $L^*=cQ-cQF^{-1}\left(\frac{\theta}{1+\theta}\right)$。若 $F^{-1}(1-\eta)\leqslant F^{-1}\left(\frac{\theta}{1+\theta}\right)$，最优策略为 $d^*=cQF^{-1}(1-\eta)+K$ 且 $L^*=0$。

子区域 6：当 $cQF^{-1}(1-\eta)+K\leqslant d$ 且 $cQF^{-1}(1-\eta)+K\leqslant d+L\leqslant cQ+K$，若 $\gamma\geqslant F^{-1}\left(\frac{\theta}{1+\theta}\right)\geqslant 0$，最优策略为 $d^*=cQF^{-1}(1-\eta)+K$ 且 $L^*=cQ-cQF^{-1}(1-\eta)$。若 $F^{-1}(1-\eta)\leqslant F^{-1}\left(\frac{\theta}{1+\theta}\right)$，最优策略为 $d^*=cQ+K$ 且 $L^*=0$。

现在将局部最优解进行比较以找出全局最优解。先比较前三个子区域的局部最优解。

当 $\gamma \geqslant F^{-1}\left(\frac{\theta}{1+\theta}\right) \geqslant 0$ 且 $\gamma \leqslant F^{-1}\left(\frac{\theta}{1+\theta}\right) \leqslant F^{-1}(1-\eta)$，子区域 2 的最优解是子区域 3 的可行解。因此，子区域 3 的最优解更优。当 $F^{-1}(1-\eta) \leqslant F^{-1}\left(\frac{\theta}{1+\theta}\right)$，子区域 3 的最优解是子区域 2 的可行解。因此，子区域 2 的最优解更优。最终，将子区域 2 和子区域 3 合并为新的区域，定义为子区域 2^{new}，即 $k \leqslant d \leqslant c\gamma Q + k$ 且 $c\gamma Q + K \leqslant d + L \leqslant cQ + K$。在子区域 2^{new}，若 $\gamma \geqslant F^{-1}\left(\frac{\theta}{1+\theta}\right) \geqslant 0$，最优策略为 $d^* = cQF^{-1}\left(\frac{\theta}{1+\theta}\right) + k$ 且 $L^* = cQ - cQF^{-1}\left(\frac{\theta}{1+\theta}\right) + K - k$。若 $F^{-1}(1-\eta) \leqslant F^{-1}\left(\frac{\theta}{1+\theta}\right)$，最优策略为 $d^* = c\gamma Q + k$ 且 $L^* = K - k$ 或 $d^* = c\gamma Q + k$ 且 $L^* = cQ - c\gamma Q + K - k$。若 $F^{-1}(1-\eta) \leqslant F^{-1}\left(\frac{\theta}{1+\theta}\right)$，最优策略为 $d^* = c\gamma Q + k$ 且 $L^* = K - k$。

之后，比较子区域 2^{new} 和子区域 1 的局部最优解。

当 $\gamma \geqslant F^{-1}\left(\frac{\theta}{1+\theta}\right) \geqslant 0$，定义 $CVaR_\eta^1$ 为子区域 1 在最优策略 $d^* = cQF^{-1}\left(\frac{\theta}{1+\theta}\right) + k$ 且 $L^* = c\gamma Q - cQF^{-1}\left(\frac{\theta}{1+\theta}\right)$ 下的 $CVaR$ 值。这时，

$$
\begin{aligned}
CVaR_\eta^1 = {} & pQ - (1+\theta)\left\{\int_{F^{-1}\left(\frac{\theta}{1+\theta}\right)}^{1}\left[crQ - cQF^{-1}\left(\frac{\theta}{1+\theta}\right)\right]f(r)\mathrm{d}r\right. \\
& \left.+\int_{\gamma}^{1}\left[c\gamma Q - cQF^{-1}\left(\frac{\theta}{1+\theta}\right)\right]f(r)\mathrm{d}r\right\} - K + c\gamma Q \\
& - cQF^{-1}\left(\frac{\theta}{1+\theta}\right) - \frac{1}{\eta}\int_{F^{-1}(1-\eta)}^{1} crQf(r)\mathrm{d}r。
\end{aligned}
$$

定义 $CVaR_\eta^2$ 为子区域 2^{new} 在最优策略 $d^* = cQF^{-1}\left(\frac{\theta}{1+\theta}\right) + k$ 且 $L^* = cQ - cQF^{-1}\left(\frac{\theta}{1+\theta}\right) + K - k$ 下的 $CVaR$ 值。这时，

$$
\begin{aligned}
CVaR_\eta^2 = {} & pQ - (1+\theta)\left\{\int_{F^{-1}\left(\frac{\theta}{1+\theta}\right)}^{1}\left[crQ - cQF^{-1}\left(\frac{\theta}{1+\theta}\right)\right]f(r)\mathrm{d}r + \right. \\
& \left.\int_{\gamma}^{1}\left[c\gamma Q - cQF^{-1}\left(\frac{\theta}{1+\theta}\right) + K - k\right]f(r)\mathrm{d}r\right\} \\
& - cQF^{-1}\left(\frac{\theta}{1+\theta}\right) - k。
\end{aligned}
$$

另外，设

$$\Delta = CVaR_\eta^2 - CVaR_\eta^1 = (1+\theta)\Big[\int_\gamma^1 c\gamma Q f(r)\mathrm{d}r - \int_\gamma^1 crQf(r)\mathrm{d}r - (K-k)\int_\gamma^1 f(r)\mathrm{d}r\Big] + K - k - c\gamma Q + \frac{1}{\eta}\int_{F^{-1}(1-\eta)}^1 crQf(r)\mathrm{d}r。$$

当 $K=k$ 时，有

$$\begin{aligned}\Delta &= (1+\theta)\int_\gamma^1 c\gamma Qf(r)\mathrm{d}r - c\gamma Q + \frac{1}{\eta}\int_{F^{-1}(1-\eta)}^1 crQf(r)\mathrm{d}r \\ &\quad - (1+\theta)\int_\gamma^1 crQf(r)\mathrm{d}r \\ &\geqslant (1+\theta)\int_{F^{-1}\left(\frac{\theta}{1+\theta}\right)}^1 c\gamma Qf(r)\mathrm{d}r - c\gamma Q + \frac{1}{\eta}\int_{F^{-1}(1-\eta)}^1 crQf(r)\mathrm{d}r \\ &\quad - \frac{1}{1-F(\gamma)}\int_\gamma^1 crQf(r)\mathrm{d}r \\ &= \frac{1}{\eta}\int_{F^{-1}(1-\eta)}^1 crQf(r)\mathrm{d}r - \frac{1}{1-F(\gamma)}\int_\gamma^1 crQf(r)\mathrm{d}r \geqslant 0。\end{aligned}$$

此外，根据 $F^{-1}\left(\frac{\theta}{1+\theta}\right)\leqslant\gamma$，可得 $\int_\gamma^1 f(r)\mathrm{d}r < \int_{F^{-1}\left(\frac{\theta}{1+\theta}\right)}^1 f(r)\mathrm{d}r$。这时，

$$\begin{aligned}\frac{\partial\Delta}{\partial K} &= 1-(1+\theta)\int_\gamma^1 f(r)\mathrm{d}r \geqslant 1-(1+\theta)\int_{F^{-1}\left(\frac{\theta}{1+\theta}\right)}^1 f(r)\mathrm{d}r \\ &= 1-(1+\theta)\left(1-\frac{1}{1+\theta}\right) = 0。\end{aligned}$$

因此，Δ 是 K 的增函数。由此可得，给定任意 $K>k$，有 $\Delta>0$。因此，子区域 2^{new} 的局部最优解占优于子区域 1 的局部最优解。

类似的，可证当 $\gamma\geqslant F^{-1}\left(\frac{\theta}{1+\theta}\right)\geqslant 0$ 时，最优策略为 $d^* = cQF^{-1}\left(\frac{\theta}{1+\theta}\right)+k$ 且 $L^* = cQ - cQF^{-1}\left(\frac{\theta}{1+\theta}\right)+K-k$。这时，制造商的 CVaR 值

$$CVaR_\eta[\pi(R)] = pQ - (1+\theta)\Big[\int_{F^{-1}\left(\frac{\theta}{1+\theta}\right)}^1 crQf(r)\mathrm{d}r + (K-k)\int_\gamma^1 f(r)\mathrm{d}r\Big] - k。$$

将 $CVaR_\eta[\pi(R)]$ 对 $\frac{1}{1+\theta}$ 求一阶导数：

$$\frac{\partial CVaR_\eta[\pi(R)]}{\partial \dfrac{1}{1+\theta}}=\frac{cQ}{\left(\dfrac{1}{1+\theta}\right)^2}\int_{F^{-1}\left(\frac{\theta}{1+\theta}\right)}^{1}[1-F(r)]f(r)\mathrm{d}r\geqslant 0。$$

因此，$CVaR_\eta[\pi(R)]$ 是 $\dfrac{1}{1+\theta}$ 的单调递增函数。由此可得，当 $\dfrac{1}{1+\theta}=1-F(r)$ 时，若 $\eta_0<1-F(r)$，

$$\begin{aligned}CVaR_\eta[\pi(R)]&=pQ-K-\frac{1}{1-F(\gamma)}\int_\gamma^1 crQf(r)\mathrm{d}r\\&>pQ-K-\frac{cQ}{\eta_0}\int_{F^{-1}(1-\eta_0)}^{1}rf(r)\mathrm{d}r=0。\end{aligned}$$

制造商应接受订单。

若 $\gamma\leqslant F^{-1}\left(\dfrac{\theta}{1+\theta}\right)\leqslant F^{-1}(1-\eta)$，最优策略为 $d^*=cQF^{-1}\left(\dfrac{\theta}{1+\theta}\right)+K$ 且 $L^*=cQ-cQF^{-1}\left(\dfrac{\theta}{1+\theta}\right)$。这时，制造商的 $CVaR$ 值为 $CVaR_\eta[\pi(R)]=pQ-(1+\theta)\int_{F^{-1}\left(\frac{\theta}{1+\theta}\right)}^{1}crQf(r)\mathrm{d}r-K$。将 $CVaR_\eta[\pi(R)]$ 对 $\dfrac{1}{1+\theta}$ 求一阶导数：

$$\frac{\partial CVaR_\eta[\pi(R)]}{\partial \dfrac{1}{1+\theta}}=\frac{cQ}{\left(\dfrac{1}{1+\theta}\right)^2}\int_{F^{-1}\left(\frac{\theta}{1+\theta}\right)}^{1}[1-F(r)]f(r)\mathrm{d}r\geqslant 0。$$

因此，$CVaR_\eta[\pi(R)]$ 是 $\dfrac{1}{1+\theta}$ 的单调递增函数。由此可得，当 $\eta_0<\eta<1-F(\gamma)$，$CVaR_\eta[\pi(R)]>0$。因此，当 $\dfrac{1}{1+\theta}>\eta_0$ 时，如果 $\eta_0<1-F(\gamma)$，制造商应接受订单。

若 $F^{-1}(1-\eta)\leqslant F^{-1}\left(\dfrac{\theta}{1+\theta}\right)$，最优策略为 $d^*=cQ+K$ 且 $L^*=0$，$CVaR$ 值 $CVaR_\eta[\pi(R)]=pQ-K-\dfrac{1}{\eta}\int_{F^{-1}(1-\eta)}^{1}crQf(r)\mathrm{d}r$。将 $CVaR_\eta[\pi(R)]$ 对 η 求导数：

$$\frac{\partial CVaR_\eta[\pi(R)]}{\partial\eta}=\frac{cQ}{\eta^2}\int_{F^{-1}(1-\eta)}^{1}[1-F(r)]f(r)\mathrm{d}r\geqslant 0。$$

因此，$CVaR_\eta[\pi(R)]$ 是 η 的单调递增函数。当 $\eta_0 < \eta < 1 - F(\gamma)$，$CVaR_\eta[\pi(R)] > 0$。因此，当 $\eta > \eta_0$ 时，若 $\eta_0 < 1 - F(\gamma)$，制造商应接受订单。

同理可证，当 $\eta > 1 - F(\gamma)$ 时的最优解。

证毕！

3. 推论 3.1 的证明。

证明：定义 $g(\eta) = \frac{1}{\eta}\int_{F^{-1}(1-\eta)}^{1} rf(r)\mathrm{d}r$。将 $g(\eta)$ 对 η 求一阶导数，$\frac{\partial g(\eta)}{\partial \eta} = -\frac{1}{\eta^2}\int_{F^{-1}(1-\eta)}^{1}[1-F(\gamma)]\mathrm{d}r < 0$。因此，$g(\eta)$ 是 η 的减函数。根据 η_0 定义可得，$pQ - K = \frac{1}{\eta_0}\int_{F^{-1}(1-\eta_0)}^{1} crQf(r)\mathrm{d}r = cQg(\eta_0)$。将 η_0 对 p 求一阶导数可得：

$$Q - cQ\frac{\partial g(\eta_0)}{\partial \eta_0}\frac{\partial \eta_0}{\partial p} = 0 \Rightarrow \frac{\partial \eta_0}{\partial p} = \frac{1}{c}\frac{\partial \eta_0}{\partial g(\eta_0)} < 0。$$

因此，η_0 是 p 的减函数。根据 η_1 定义可得，

$$\begin{aligned} pQ - k &= \frac{1}{\eta_1}\int_{F^{-1}(1-\eta_1)}^{1} crQf(r)\mathrm{d}r + \frac{(K-k)[1-F(\gamma)]}{\eta_1} \\ &= cQg(\eta_1) + \frac{(K-k)[1-F(\gamma)]}{\eta_1}。\end{aligned}$$

将 η_1 对 p 求一阶导数可得：

$$Q + \frac{(K-k)[1-F(\gamma)]}{\eta_1^{\ 2}} = cQ\frac{\partial g(\eta_1)}{\partial \eta_1}\frac{\partial \eta_1}{\partial p} \Rightarrow \frac{\partial \eta_1}{\partial p} < 0。$$

因此，η_1 是 p 的减函数。

同理可证，η_0 是 c 和 K 的增函数，η_1 是 c，k 和 K 的增函数。

证毕！

4. 推论 3.2 的证明。

证明：首先证明当 $\eta > \bar{\eta}$ 时外部故障成本 c 的影响。

当 $\bar{\eta} < \eta < \frac{1}{1+\theta} < 1 - F(\gamma)$ 时，根据引理 3.1 和定理 3.2 可得制造商在无商业保险时的 CVaR 值为

$$CVaR_\eta[\pi(R)] = pQ - K - \frac{1}{\eta}\int_{F^{-1}(1-\eta)}^{1} crQf(r)\mathrm{d}r > 0。$$

根据定理 3.3，在商业保险下，制造商应接受订单并购买保险策略 BI2：

$$d_2^* = cQF^{-1}\left(\frac{1}{1+\theta}\right) + K,\quad L_2^* = cQ - cQF^{-1}\left(\frac{1}{1+\theta}\right)。$$

这时，制造商的 CVaR 值为

$$CVaR_\eta[\pi(R)] = pQ - (1+\theta)cQ\int_{F^{-1}\left(\frac{\theta}{1+\theta}\right)}^{1} rf(r)\mathrm{d}r - K。$$

因此，

$$\Delta CVaR_\eta = \frac{\frac{1}{\eta}\int_{F^{-1}(1-\eta)}^{1} rf(r)\mathrm{d}r - (1+\theta)\int_{F^{-1}\left(\frac{1}{1+\theta}\right)}^{1} rf(r)\mathrm{d}r}{\frac{pQ-K}{cQ} - \frac{1}{\eta}\int_{F^{-1}(1-\eta)}^{1} rf(r)\mathrm{d}r} + \frac{[1-(1+\theta)][1-F(\gamma)](K-k)}{pQ - K - \frac{cQ}{\eta}\int_{F^{-1}(1-\eta)}^{1} rf(r)\mathrm{d}r}。$$

由 $\eta < \frac{1}{1+\theta}$ 可知，

$$g(\eta) = \frac{1}{\eta}\int_{F^{-1}(1-\eta)}^{1} rf(r)\mathrm{d}r > (1+\theta)\int_{F^{-1}\left(\frac{1}{1+\theta}\right)}^{1} rf(r)\mathrm{d}r = g\left(\frac{1}{1+\theta}\right)。$$

定义 $A = \frac{1}{\eta}\int_{F^{-1}(1-\eta)}^{1} rf(r)\mathrm{d}r$，$B = (1+\theta)\int_{F^{-1}\left(\frac{1}{1+\theta}\right)}^{1} rf(r)\mathrm{d}r$。$\Delta CVaR_\eta$ 可简化为 $\Delta CVaR_\eta = \dfrac{A-B}{\frac{pQ-K}{cQ} - A}$。将 $\Delta CVaR_\eta$ 对 c 求一阶导数：

$$\frac{\partial \Delta CVaR_\eta}{\partial c} = \frac{(A-B)(pQ-K)Q}{(pQ-K-cQA)^2}。$$

由 $A > B$ 可知，$pQ - K > \frac{cQ}{\eta}\int_{F^{-1}(1-\eta)}^{1} rf(r)\mathrm{d}r > 0$，$\frac{\partial \Delta CVaR_\eta}{\partial c} > 0$。因此，$\Delta CVaR_\eta$ 是 c 的增函数。

此外，$\mu(d_2^*, L_2^*) = cQ\int_{F^{-1}\left(\frac{1}{1+\theta}\right)}^{1}\left[r - F^{-1}\left(\frac{1}{1+\theta}\right)\right]f(r)\mathrm{d}r$ 且 $E[\pi^0(R)] =$

$pQ-cE(R)Q-kF(r)-K[1-F(\gamma)]$。因此有，

$$\Delta\eta=-\frac{\theta cQ\int_{F^{-1}\left(\frac{1}{1+\theta}\right)}^{1}\left[r-F^{-1}\left(\frac{1}{1+\theta}\right)\right]f(r)\mathrm{d}r}{pQ-cE(R)Q-kF(r)-K[1-F(\gamma)]}。$$

将 $\Delta\eta$ 对 c 求一阶导，

$$\frac{\partial\Delta\eta}{\partial c}=-\frac{\theta Q\{pQ-kF(r)-K[1-F(\gamma)]\}\int_{F^{-1}\left(\frac{1}{1+\theta}\right)}^{1}\left[r-F^{-1}\left(\frac{1}{1+\theta}\right)\right]f(r)\mathrm{d}r}{\{pQ-cE(R)Q-kF(r)-K[1-F(\gamma)]\}^{2}}$$

$$<0。$$

因此，$\Delta\eta$ 是 c 的减函数。

同理可证推论 3.2 中其它结论。

证毕!

5. 引理 4.1 的证明。

证明： 当 $p\leqslant k+c-L$，根据式(4.1)，制造商的利润为

$$\pi(\gamma, d, L)=\begin{cases}p-w-f(\gamma)-I, & \text{概率为 }\alpha,\\ k-w-f(\gamma)-I, & \text{概率为}(1-\alpha)\gamma,\\ p-w-c-f(\gamma)-I+L, & \text{概率为}(1-\alpha)(1-\gamma)。\end{cases}$$

其中 $$I(d, L)=(1+A)(1-\alpha)(1-r)L。$$

(1) 当 $p-w-f(\gamma)-I-v\leqslant 0$ 时，有

$$\pi\leqslant v,\ CVaR_{\eta}[\pi(\gamma, d, L)]=p-w-f(\gamma)-\left[(1+\theta)-\frac{1}{\eta}\right]$$
$$(1-\alpha)(1-\gamma)L-\frac{(1-\alpha)(1-\gamma)c+\gamma(p-k)}{\eta}。$$

(2) 当 $v\leqslant p-w-c-f(\gamma)-I+L$ 时，有

$$v\leqslant\pi,\ CVaR_{\eta}[\pi(\gamma, d, L)]=p-w-c-f(\gamma)$$
$$+[1-(1+\theta)(1-\alpha)(1-\gamma)]L。$$

(3) 当 $p-w-c-f(\gamma)-I+L\leqslant v\leqslant k-w-f(\gamma)-I$ 时，如果发生外部故障，$\pi\leqslant v$，

$$CVaR_{\eta}[\pi(\gamma, d, L)]=\max_{v\in R}\left\{v+\frac{(1-\alpha)(1-\gamma)}{\eta}[p-w-c-f(\gamma)\right.$$
$$\left.-(1+\theta)(1-\alpha)(1-\gamma)L+L-v]\right\}。$$

令 $g(v)=v+\frac{(1-\alpha)(1-\gamma)}{\eta}[p-w-c-f(\gamma)-(1+\theta)(1-\alpha)(1-\gamma)L+L-v]$。将 $g(v)$ 对 v 求一阶导数：$\frac{\partial g(v)}{\partial v}=1-\frac{(1-\alpha)(1-\gamma)}{\eta}$。

由此可知，如果 $\eta \geqslant (1-\alpha)(1-\gamma)$，$g(v)$ 是 v 的增函数。令 $g(v)$ 最大的 $v^*=k-w-f(\gamma)-I$。将 v^* 代入可得，

$$CVaR_\eta[\pi(\gamma, d, L)]=k-w-f(\gamma)-\left[(1+\theta)-\frac{1}{\eta}\right](1-\alpha)(1-\gamma)L-\frac{(1-\alpha)(1-\gamma)(k+c-p)}{\eta}。$$

如果 $\eta<(1-\alpha)(1-\gamma)$，$g(v)$ 是 v 的减函数。令 $g(v)$ 最大的 $v^*=p-w-c-f(\gamma)-I+L$。将 v^* 代入可得，

$$CVaR_\eta[\pi(\gamma, d, L)]=p-w-c-f(\gamma)+[1-(1+\theta)(1-\alpha)(1-\gamma)]L。$$

(4) 当 $k-w-f(\gamma)-I\leqslant v\leqslant p-w-f(\gamma)-I$ 时，如果缺陷产品被售出，有 $\pi\geqslant v$，

$$CVaR_\eta[\pi(\gamma, d, L)]=\max_{v\in R}\left\{v+\frac{(1-\alpha)}{\eta}[\gamma k+(1-\gamma)(p-c)-w-f(\gamma)-v+(1-\gamma)[1-(1+\theta)(1-\alpha)]L]\right\}。$$

$$令\ g(v)=v+\frac{(1-\alpha)}{\eta}\{\gamma k+(1-\gamma)(p-c)-w-f(\gamma)-v+(1-\gamma)[1-(1+\theta)(1-\alpha)]L\}。$$

将 $g(v)$ 对 v 求一阶导数：$\frac{\partial g(v)}{\partial v}=1-\frac{(1-\alpha)}{\eta}$。

由此可知，如果 $\eta\geqslant(1-\alpha)$，$g(v)$ 是 v 的增函数。令 $g(v)$ 最大的 $v^*=p-w-f(\gamma)-I$。将 v^* 代入可得，

$$CVaR_\eta[\pi(\gamma, d, L)]=p-w-f(\gamma)-\left[(1+\theta)-\frac{1}{\eta}\right](1-\alpha)(1-\gamma)L-\frac{(1-\alpha)[(1-\gamma)c+\gamma(p-k)]}{\eta}。$$

如果 $\eta<(1-\alpha)$，$g(v)$ 是 v 的减函数。令 $g(v)$ 最大的 $v^*=k-w-f(\gamma)-I$。将 v^* 代入可得，

$$CVaR_{\eta}[\pi(\gamma, d, L)] = k - w - f(\gamma) - \left[(1+\theta) - \frac{1}{\eta}\right](1-\alpha)(1-\gamma)L - \frac{(1-\alpha)(1-\gamma)(k+c-p)}{\eta}。$$

最终,可以得出:

(1) 当 $(1-\alpha)(1-\gamma) \leqslant 1-\alpha \leqslant \eta$ 时,制造商的 CVaR 值为:

$$CVaR_{\eta}[\pi(\gamma, d, L)] = p - w - f(\gamma) - \left[(1+\theta) - \frac{1}{\eta}\right](1-\alpha)(1-\gamma)L - \frac{(1-\alpha)[(1-\gamma)c + \gamma(p-k)]}{\eta}。$$

(2) 当 $(1-\alpha)(1-\gamma) \leqslant \eta \leqslant 1-\alpha$ 时,制造商的 CVaR 值为:

$$CVaR_{\eta}[\pi(\gamma, d, L)] = k - w - f(\gamma) - \left[(1+\theta) - \frac{1}{\eta}\right](1-\alpha)(1-\gamma)L - \frac{(1-\alpha)(1-\gamma)(k+c-p)}{\eta}。$$

(3) 当 $\eta \leqslant (1-\alpha)(1-\gamma) \leqslant 1-\alpha$ 时,制造商的 CVaR 值为:

$$CVaR_{\eta}[\pi(\gamma, d, L)] = p - w - c - f(\gamma) + [1 - (1+\theta)(1-\alpha)(1-\gamma)]L。$$

同理可证,当 $k + c - L \leqslant p$ 时,

(1) 当 $(1-\alpha)\gamma \leqslant 1-\alpha \leqslant \eta$ 时,制造商的 CVaR 值为:

$$CVaR_{\eta}[\pi(\gamma, d, L)] = p - w - f(\gamma) - \left[(1+\theta) - \frac{1}{\eta}\right](1-\alpha)(1-\gamma)L - \frac{(1-\alpha)[(1-\gamma)c + \gamma(p-k)]}{\eta}。$$

(2) 当 $(1-\alpha)\gamma \leqslant \eta \leqslant 1-\alpha$ 时,制造商的 CVaR 值为:

$$CVaR_{\eta}[\pi(\gamma, d, L)] = p - w - c - f(\gamma) + \left[1 - (1+\theta)(1-\alpha)(1-\gamma) - \frac{(1-\alpha)\gamma}{\eta}\right]L + \frac{(1-\alpha)\gamma(k+c-p)}{\eta}。$$

(3) 当 $\eta \leqslant (1-\alpha)\gamma \leqslant 1-\alpha$ 时,制造商的 CVaR 值为:

$$CVaR_{\eta}[\pi(\gamma, d, L)] = k - w - f(\gamma) - (1+\theta)(1-\alpha)(1-\gamma)L。$$

证毕!

6. 定理 4.4 的证明。

证明: 由定理 4.1 可知,如果 $\eta \leqslant \eta^0$,无策略下的期望利润为 $E_\eta^0 = 0$。如果 $\eta > \eta^0$,无策略下的期望利润为 $E_\eta^0 = p - w - (1-\alpha)c$。

定义制造商单一检测策略下的期望利润为 E_η^{IS}。如果 $\bar{\eta} < \eta$, $E_\eta^{IS} = p - w - f[\gamma_1(\eta)] - (1-\alpha)[1-\gamma_1(\eta)]c - (1-\alpha)\gamma_1(\eta)(p-k)$。如果 $\eta < \bar{\eta}$, $E_\eta^{IS} = 0$。将 E_η^{IS} 对 η 求一阶导可得:

$$\frac{\partial E_\eta^{IS}}{\partial \eta} = (1-\alpha)(k+c-p)\left(1-\frac{1}{\eta}\right)\frac{\partial \gamma_1}{\partial \eta} > 0。$$

定义制造商单一保险策略下的期望利润为 E_η^{BI}。如果 $\eta \leqslant \eta^0$ 且 $\zeta < \eta^0$, $E_\eta^{BI} = 0$。如果 $\eta < \zeta$ 且 $\eta^0 < \zeta$, $E_\eta^{BI} = p - w - \dfrac{(1-\alpha)c}{\zeta} < p - w - (1-\alpha)c$。如果 $\eta^0 < \eta$ 且 $\zeta < \eta$, $E_\eta^{BI} = p - w - (1-\alpha)c$。

期望利润的比较结果被 $\bar{\eta}$ 取值分成两种情况。首先,讨论当 $\bar{\eta} = \eta_1$ 时的结果。

当 $\bar{\eta} = \eta_1$ 时:

(1) 令 $E(\pi) = p - w - (1-\alpha)c$。证明存在一个 $\eta_5 \in [\bar{\eta}, 1]$,且 η_5 满足 $E_\eta^{IS} = E(\pi)$。

如果 $\bar{\eta} < \eta$,可得,

$$\begin{aligned} E_\eta^{IS} &= p - w - f[\gamma_1(\eta)] - (1-\alpha)[1-\gamma_1(\eta)]c - (1-\alpha)\gamma_1(\eta)(p-k) \\ &> p - w - f[\gamma_1(\eta)] - \frac{(1-\alpha)\{[1-\gamma_1(\eta)]c + \gamma_1(\eta)(p-k)\}}{\eta} \\ &> p - w - f[\gamma_1(\bar{\eta})] - \frac{(1-\alpha)\{[1-\gamma_1(\bar{\eta})]c + \gamma_1(\bar{\eta})(p-k)\}}{\bar{\eta}} \\ &= 0。\end{aligned}$$

此外, $E_\eta^{IS} - E(\pi) = -f(\gamma_1(\eta)) + (1-\alpha)\gamma_1(\eta)(k+c-p)$。将 $E_\eta^{IS} - E(\pi)$ 对 η 求一阶导可得,

$$\frac{\partial[E_\eta^{IS} - E(\pi)]}{\partial \eta} = -\{f[\gamma_1(\eta)] - (1-\alpha)(k+c-p)\}\frac{\partial \gamma_1}{\partial \eta} > 0。$$

因此, $E_\eta^{IS} - E(\pi)$ 是 η 的单调递增函数。显然,如果 $\eta = 1$, $E_\eta^{IS} - E(\pi) > 0$。如果 $\eta = \bar{\eta}$, $E_\eta^{IS} - E(\pi) = (1-\alpha)\gamma_1(\bar{\eta})(k+c-p) - f[\gamma_1(\bar{\eta})]$。由单调递增函数可知,若 $(1-\alpha)\gamma_1(\bar{\eta})(k+c-p) < f[\gamma_1(\bar{\eta})]$,存在一个 $\eta_5 \in [\bar{\eta}, 1]$,且 η_5 满足 $E_{\eta=\eta_5}^{IS} - E(\pi) = 0$。给定任意 $\eta \in (0, \eta_5]$,有 $E_\eta^{IS} - E(\pi) < 0$。

给定任意 $\eta \in (\eta_5, 1)$，有 $E_{\eta}^{IS} - E(\pi) > 0$。

(2) 证明 $\eta_5 < \eta_2$。

当 $\eta = \eta_2$ 时，

$$\begin{aligned} E_{\eta=\eta_2}^{IS} &= p - w - f[\gamma_1(\eta_2)] - (1-\alpha)[1-\gamma_1(\eta_2)]c - (1-\alpha)\gamma_1(\eta_2)(p-k) \\ &> p - w - f[\gamma_1(\eta_2)] - \frac{(1-\alpha)\{[1-\gamma_1(\eta_2)]c + \gamma_1(\eta_2)(p-k)\}}{\eta_2} \\ &= p - w - (1-\alpha)c = E(\pi) = E_{\eta=\eta_5}^{IS}。\end{aligned}$$

由单调递增函数可知，$\eta_5 < \eta_2$。

(3) 证明如果 IS2 占优 BI1，则一定有 $E_{\eta}^{IS} > E_{\eta}^{BI}$。

给定任意 (η, ζ)，其中 $1-\alpha \leqslant \eta \leqslant \zeta$ 且 $\zeta \leqslant \Gamma''(\eta)$。由 IS2 占优 BI1 可知，

$$\begin{aligned} & CVaR_{\eta}\{\gamma^* = \gamma_1(\eta) \mid [\eta, \zeta \leqslant \Gamma''(\eta)]\} \\ \geqslant\ & CVaR_{\eta}\{(d^* = 0, L^* = c) \mid [\eta, \zeta \leqslant \Gamma''(\eta)]\}。\end{aligned}$$

由此可得，

$$\begin{aligned} & E_{\eta}^{IS}\{\gamma^* = \gamma_1(\eta) \mid [\eta, \zeta \leqslant \Gamma''(\eta)]\} \\ &= p - w - f[\gamma_1(\eta)] - (1-\alpha)[1-\gamma_1(\eta)]c - (1-\alpha)\gamma_1(\eta)(p-k) \\ &> p - w - f(\gamma_1(\eta)) - \frac{(1-\alpha)\{[1-\gamma_1(\eta)]c + \gamma_1(\eta)(p-k)\}}{\eta} \\ &= CVaR_{\eta}\{\gamma^* = \gamma_1(\eta) \mid [\eta, \zeta \leqslant \Gamma''(\eta)]\} \\ &\geqslant CVaR_{\eta}\{(d^* = 0, L^* = c) \mid [\eta, \zeta \leqslant \Gamma''(\eta)]\} \\ &= E_{\eta}^{BI}\{(d^* = 0, L^* = c) \mid [\eta, \zeta \leqslant \Gamma''(\eta)]\}。\end{aligned}$$

(3) 证明如果 $\bar{\eta} < \eta$，存在一条曲线 $\bar{\Gamma}(\eta)$，且 $\bar{\Gamma}(\eta)$ 满足：

$$\begin{aligned} & E_{\eta}^{IS}\{\gamma^* = \gamma_1(\eta) \mid [\eta, \bar{\Gamma}(\eta)]\} \\ =\ & E_{\eta}^{BI}\{(d^* = 0, L^* = c) \mid [\eta, \bar{\Gamma}(\eta)]\}。\end{aligned}$$

a. 当 $\eta = \bar{\eta}$ 且 $\zeta = \eta^0$ 时，有

$$\begin{aligned} & E_{\eta}^{BI}[(d^* = 0, L^* = c) \mid (\bar{\eta}, \eta^0)] = 0, \\ & E_{\eta}^{IS}[\gamma^* = \gamma_1(\bar{\eta}) \mid (\bar{\eta}, \eta^0)] = p - w - f[\gamma_1(\bar{\eta})] \\ & - (1-\alpha)[1-\gamma_1(\bar{\eta})]c - (1-\alpha)\gamma_1(\bar{\eta})(p-k)。\end{aligned}$$

根据式(4.9)可知，

$$f[\gamma_1(\bar{\eta})]=p-w-\frac{(1-\alpha)\{[1-\gamma_1(\bar{\eta})]c+\gamma_1(\bar{\eta})(p-k)\}}{\bar{\eta}}。$$

由此可得，

$$\begin{aligned}&E_\eta^{BI}[(d^*=0,\ L^*=c)\mid(\bar{\eta},\eta^0)]-E_\eta^{IS}[\gamma^*=\gamma_1(\bar{\eta})\mid(\bar{\eta},\eta^0)]\\&=p-w-f[\gamma_1(\bar{\eta})]-(1-\alpha)[1-\gamma_1(\bar{\eta})]c-(1-\alpha)\gamma_1(\bar{\eta})(p-k)\\&=\frac{(1-\alpha)\{[1-\gamma_1(\bar{\eta})]c+\gamma_1(\bar{\eta})(p-k)\}}{\bar{\eta}}\\&\quad-(1-\alpha)[1-\gamma_1(\bar{\eta})]c-(1-\alpha)\gamma_1(\bar{\eta})(p-k)\\&>(1-\alpha)\{[1-\gamma_1(\bar{\eta})]c+\gamma_1(\bar{\eta})(p-k)\}\\&\quad-(1-\alpha)\{[1-\gamma_1(\bar{\eta})]c+\gamma_1(\bar{\eta})(p-k)\}=0。\end{aligned}$$

b. 当 $\eta=\bar{\eta}$ 且 $\zeta=1$ 时，有

$$\begin{aligned}E_\eta^{IS}[\gamma^*=\gamma_1(\bar{\eta})\mid(\bar{\eta},\ 1)]&=p-w-f[\gamma_1(\bar{\eta})]-(1-\alpha)\\&\quad[1-\gamma_1(\bar{\eta})]c-(1-\alpha)\gamma_1(\bar{\eta})(p-k),\\E_\eta^{BI}[(d^*=0,\ L^*=c)\mid(\bar{\eta},\ 1)]&=E(\pi)=p-w-(1-\alpha)c。\end{aligned}$$

根据 $\bar{\eta}<\eta_5$ 且推论 4.1，有

$$\begin{aligned}&E_\eta^{IS}[\gamma^*=\gamma_1(\bar{\eta})\mid(\bar{\eta},\ 1)]<E(\pi)\\&=E_\eta^{BI}[(d^*=0,\ L^*=c)\mid(\bar{\eta},\ 1)]。\end{aligned}$$

由于 E_η^{BI} 是 $\frac{1}{\zeta}$ 的减函数可知，当 $\eta=\bar{\eta}$，一定存在唯一 $\bar{\Gamma}(\bar{\eta})$ 满足 $1-\alpha<\bar{\Gamma}(\bar{\eta})<1$，且

$$\begin{aligned}&E_\eta^{IS}\{\gamma^*=\gamma_1(\bar{\eta})\mid[\bar{\eta},\ \bar{\Gamma}(\bar{\eta})]\}\\&<E_\eta^{BI}\{(d^*=0,\ L^*=c)\mid[\bar{\eta},\ \bar{\Gamma}(\bar{\eta})]\}。\end{aligned}$$

同理可证，给定任意 $\eta\in(\bar{\eta},\eta_5)$，一定存在一个 $\bar{\Gamma}(\eta)$ 满足

$$\begin{aligned}&E_\eta^{IS}\{\gamma^*=\gamma_1(\eta)\mid[\eta,\bar{\Gamma}(\eta)]\}\\&=E_\eta^{BI}\{(d^*=0,\ L^*=c)\mid[\eta,\bar{\Gamma}(\eta)]\}。\end{aligned}$$

特别的，当 $\eta=\eta_5$，$\bar{\Gamma}(\eta=\eta_5)=1$。

最终，当 $\bar{\eta}<\eta_5<\eta_2$ 时，如果 $\bar{\eta}\leqslant\eta\leqslant\eta_5$ 且 $\bar{\Gamma}(\eta)>\zeta$，有 $E_\eta^{IS}<E_\eta^{BI}$。否

则，$E_\eta^{IS} \geqslant E_\eta^{BI}$。当 $\eta_5 < \bar{\eta}$ 时，给定 $\eta \in (\bar{\eta}, 1)$，有 $E_\eta^{IS} > E(\pi) > E_\eta^{BI}$。

(4) 证明如果存在曲线 $\bar{\Gamma}(\eta)$，则曲线 $\bar{\Gamma}(\eta)$ 一定位于曲线 $\Gamma''(\eta)$ 的左侧。

由上述证明可知，

$$
\begin{aligned}
E_\eta^{IS}\{\gamma^* = \gamma_1(\eta) \mid [\eta, \bar{\Gamma}(\eta)]\} &= E_\eta^{BI}\{(d^* = 0, L^* = c) \mid [\eta, \bar{\Gamma}(\eta)]\} \\
&= p - w - \frac{(1-\alpha)c}{\bar{\Gamma}(\eta)} \\
&> p - w - f[\gamma_1(\eta)] - \frac{(1-\alpha)\{[1-\gamma_1(\eta)]c + \gamma_1(\eta)(p-k)\}}{\eta} \\
&= p - w - \frac{(1-\alpha)c}{\Gamma''(\eta)}。
\end{aligned}
$$

因此，$\bar{\Gamma}(\eta) > \Gamma''(\eta)$。

(5) 将 $\frac{1}{\bar{\Gamma}(\eta)}$ 对 η 求导可得：$\frac{\partial \frac{1}{\bar{\Gamma}(\eta)}}{\partial \eta}(1-\alpha)c = -(\eta - 1) f'[\gamma_1(\eta)] \frac{\partial \gamma_1}{\partial \eta} < 0$。因此，$\bar{\Gamma}(\eta)$ 是 η 的单位递增函数。

同理可证当 $\bar{\eta} = \eta_0$ 时的结果。

证毕!

7. 定理 4.8 的证明。

证明： 根据引理 4.1，制造商的 CVaR 值被 (d, L) 的取值分为多个子区域。我们首先找到每个子区域的局部最优解，然后通过比较局部最优解找到全局最优解。在每个子区域中，首先给定检测水平 γ，找到最优的局部最优保险策略 (d_l^*, L_l^*)，然后在局部最优保险策略 (d_l^*, L_l^*) 下求局部最优的检测水平 γ_l^*。

首先，讨论当 $\eta < 1-\alpha$ 时的最优解。

(1) 根据引理 4.1，当 $0 \leqslant L \leqslant k + c - p$ 时，如果 $0 \leqslant \gamma \leqslant 1 - \frac{\eta}{1-\alpha}$，制造商的 CVaR 值为，

$$
CVaR_\eta[\pi(\gamma, L)] = p - w - c - f(\gamma) + \left[1 - \frac{(1-\alpha)(1-\gamma)}{\zeta}\right]L。
$$

将 $CVaR_\eta[\pi(\gamma, L)]$ 对 L 求一阶导：

$$\frac{\partial CVaR_{\eta}[\pi(\gamma, L)]}{\partial L}=1-\frac{(1-\alpha)}{\zeta}+1-\frac{(1-\alpha)\gamma}{\zeta}。$$

a. 如果 $\eta\leqslant 1-\alpha\leqslant\zeta$, $\frac{\partial CVaR_{\eta}(\gamma, L)}{\partial L}>0$, $CVaR_{\eta}[\pi(\gamma, L)]$ 是 L 单调递增函数。因此,局部最优保险策略为 $(d_l^*=p-k, L_l^*=k+c-p)$。这时,CVaR 值为

$$\begin{aligned}&CVaR_{\eta}[\pi(\gamma, L_l^*=k+c-p)]\\&=k-w-f(\gamma)-\frac{(1-\alpha)(1-\gamma)(k+c-p)}{\zeta};\end{aligned}$$

同理可证,

b. 如果 $\eta\leqslant\zeta\leqslant 1-\alpha$,若 $0\leqslant\gamma\leqslant 1-\frac{\zeta}{1-\alpha}$,局部最优保险策略为 $(d_l^*=c, L_l^*=0)$,这时,CVaR 值为:

$$CVaR_{\eta}[\pi(\gamma, L_l^*=0)]=p-w-c-f(\gamma);$$

若 $1-\frac{\zeta}{1-\alpha}\leqslant\gamma\leqslant 1-\frac{\eta}{1-\alpha}$,局部最优保险策略为 $(d_l^*=p-k, L_l^*=k+c-p)$,这时,CVaR 值为:

$$\begin{aligned}&CVaR_{\eta}[\pi(\gamma, L_l^*=k+c-p)]\\&=k-w-f(\gamma)-\frac{(1-\alpha)(1-\gamma)(k+c-p)}{\zeta}。\end{aligned}$$

c. 如果 $\zeta\leqslant\eta\leqslant 1-\alpha$,局部最优保险策略为 $(d_l^*=c, L_l^*=0)$,这时,CVaR 值为:

$$CVaR_{\eta}[\pi(\gamma, L_l^*=0)]=p-w-c-f(\gamma)。$$

如果 $1-\frac{\eta}{1-\alpha}\leqslant\gamma\leqslant 1$,制造商的 CVaR 值为,

$$\begin{aligned}CVaR_{\eta}[\pi(\gamma, L)]&=k-w-f(\gamma)-\left(\frac{1}{\zeta}-\frac{1}{\eta}\right)(1-\alpha)(1-\gamma)L\\&\quad-\frac{(1-\alpha)(1-\gamma)(k+c-p)}{\eta}。\end{aligned}$$

将 $CVaR_{\eta}[\pi(\gamma, L)]$ 对 L 求一阶导:

$$\frac{\partial CVaR_{\eta}[\pi(\gamma, L)]}{\partial L}=-\left(\frac{1}{\zeta}-\frac{1}{\eta}\right)(1-\alpha)(1-\gamma)。$$

a. 如果 $\zeta \leqslant \eta \leqslant 1-\alpha$，$\dfrac{\partial CVaR_{\eta}(\gamma, L)}{\partial L} < 0$，$CVaR_{\eta}[\pi(\gamma, L)]$ 是 L 单调递减函数。因此，局部最优保险策略为 $(d_l^* = c, L_l^* = 0)$。这时，CVaR 值为

$$CVaR_{\eta}[\pi(\gamma, L_l^* = 0)] = k - w - f(\gamma) - \frac{(1-\alpha)(1-\gamma)(k+c-p)}{\eta};$$

b. 如果 $\eta \leqslant \zeta$，$\dfrac{\partial CVaR_{\eta}(\gamma, L)}{\partial L} > 0$，局部最优保险策略为 $(d_l^* = p-k, L_l^* = k+c-p)$，这时，CVaR 值为：

$$\begin{aligned} & CVaR_{\eta}[\pi(\gamma, L_l^* = k+c-p)] \\ = & k - w - f(\gamma) - \frac{(1-\alpha)(1-\gamma)(k+c-p)}{\zeta}。 \end{aligned}$$

最终，在 $0 \leqslant L \leqslant k+c-p$ 的情况下，局部最优保险策略及 CVaR 值为：

a. 如果 $\eta \leqslant 1-\alpha \leqslant \zeta$，$CVaR_{\eta}[\pi(\gamma, L_l^* = k+c-p)] = k-w-f(\gamma) - \dfrac{(1-\alpha)(1-\gamma)(k+c-p)}{\zeta}$，其中，$0 \leqslant \gamma < 1$。

b. 如果 $\eta \leqslant \zeta \leqslant 1-\alpha$，

$$CVaR_{\eta}[\pi(\gamma, L_l^* = 0)] = p - w - c - f(\gamma),\ 0 \leqslant \gamma \leqslant 1 - \frac{\zeta}{1-\alpha};$$

$$\begin{aligned} & CVaR_{\eta}[\pi(\gamma, L_l^* = k+c-p)] \\ = & k - w - f(\gamma) - \frac{(1-\alpha)(1-\gamma)(k+c-p)}{\zeta}, \end{aligned}$$

其中，$1 - \dfrac{\zeta}{1-\alpha} \leqslant \gamma \leqslant 1$。

c. 如果 $\zeta \leqslant \eta \leqslant 1-\alpha$，

$$CVaR_{\eta}[\pi(\gamma, L_l^* = 0)] = p - w - c - f(\gamma),\ 0 \leqslant \gamma \leqslant 1 - \frac{\eta}{1-\alpha};$$

$$CVaR_{\eta}[\pi(\gamma, L_l^* = 0)] = k - w - f(\gamma) - \frac{(1-\alpha)(1-\gamma)(k+c-p)}{\eta},$$

其中，$1 - \dfrac{\eta}{1-\alpha} \leqslant \gamma \leqslant 1$。

(2) 求出局部最优保险策略后，在局部最优保险策略 (d_l^*, L_l^*) 下求局部最优的检测水平 γ_l^*。

a. 如果 $\eta \leqslant 1-\alpha \leqslant \zeta$，将 $CVaR_{\eta}[\pi(\gamma, L_l^*)]$ 对 γ 求一阶导可得，

$$\frac{\partial CVaR_{\eta}[\pi(\gamma, L_l^*)]}{\partial \gamma} = -f'(\gamma) + \frac{(1-\alpha)(k+c-p)}{\zeta}。$$

将 $CVaR_{\eta}[\pi(\gamma, L_l^*)]$ 对 γ 求二阶导可得，

$$\frac{\partial^2 CVaR_{\eta}[\pi(\gamma, L_l^*)]}{\partial \gamma^2} = -f''(\gamma) < 0。$$

可见，$CVaR_{\eta}[\pi(\gamma, L_l^*)]$ 是 γ 的凸函数，局部最优检测水平为 $\gamma_l^* = \gamma_1(\zeta)$ 且 $\gamma_1(\zeta)$ 满足：$f'[\gamma_1(\zeta)] = \frac{(1-\alpha)(k+c-p)}{\zeta}$。

b. 如果 $\eta \leqslant \zeta \leqslant 1-\alpha$，

$$\frac{\partial CVaR_{\eta}[\pi(\gamma, L_l^*)]}{\partial \gamma} = \begin{cases} -f'(\gamma), & 0 \leqslant \gamma \leqslant 1-\frac{\zeta}{1-\alpha}, \\ -f'(\gamma) + \frac{(1-\alpha)(k+c-p)}{\zeta}, & 1-\frac{\zeta}{1-\alpha} \leqslant \gamma \leqslant 1。\end{cases}$$

若 $\gamma_1(\zeta) < 1-\frac{\zeta}{1-\alpha}$，$\frac{\partial CVaR_{\eta}[\pi(\gamma, L_l^*)]}{\partial \gamma} < 0$。因此，局部最优检测水平为 $\gamma_l^* = 0$。

若 $\gamma_1(\zeta) \geqslant 1-\frac{\zeta}{1-\alpha}$ 且 $f(\gamma_1(\zeta)) \geqslant \left\{1-\frac{(1-\alpha)[1-\gamma_1(\zeta)]}{\eta}\right\}(k+c-p)$，则有

$$CVaR_{\eta}[\pi(\gamma=0, L_l^*=0)] \geqslant CVaR_{\eta}[\pi(\gamma=\gamma_1(\zeta), L_l^*=k+c-p)]。$$

因此，局部最优检测水平为 $\gamma_l^* = 0$。

若 $\gamma_1(\zeta) \geqslant 1-\frac{\zeta}{1-\alpha}$ 且

$$f[\gamma_1(\zeta)] < \left\{1-\frac{(1-\alpha)[1-\gamma_1(\zeta)]}{\eta}\right\}(k+c-p),$$

则有

$$CVaR_{\eta}[\pi(\gamma=0, L_l^*=0)] < CVaR_{\eta}\{\pi[\gamma=\gamma_1(\zeta), L_l^*=k+c-p]\}。$$

因此，局部最优检测水平为 $\gamma_l^* = \gamma_1(\zeta)$。

c. 如果 $\zeta \leqslant \eta \leqslant 1-\alpha$，

若 $\gamma_1(\eta)<1-\frac{\eta}{1-\alpha}$，$\frac{\partial CVaR_\eta[\pi(\gamma, L_l^*)]}{\partial\gamma}<0$。因此，局部最优检测水平为 $\gamma_l^*=0$。

若 $\gamma_1(\eta)\geqslant 1-\frac{\eta}{1-\alpha}$ 且

$$f[\gamma_1(\eta)]\geqslant\left\{1-\frac{(1-\alpha)[1-\gamma_1(\eta)]}{\eta}\right\}(k+c-p),$$

则有

$$CVaR_\eta[\pi(\gamma=0, L_l^*=0)]\geqslant CVaR_\eta\{\pi[\gamma=\gamma_1(\eta), L_l^*=0]\}。$$

因此，局部最优检测水平为 $\gamma_l^*=0$。

若 $\gamma_1(\eta)\geqslant 1-\frac{\eta}{1-\alpha}$ 且

$$f[\gamma_1(\eta)]<\left\{1-\frac{(1-\alpha)[1-\gamma_1(\eta)]}{\eta}\right\}(k+c-p),$$

则有

$$CVaR_\eta[\pi(\gamma=0, L_l^*=0)]<CVaR_\eta\{\pi[\gamma=\gamma_1(\eta), L_l^*=0]\}。$$

因此，局部最优检测水平为 $\gamma_l^*=\gamma_1(\eta)$。

总结：

a. 如果 $\eta\leqslant 1-\alpha\leqslant\zeta$，局部最优策略为：$\gamma_l^*=\gamma_1(\zeta)$，$d_l^*=p-k$，$L_l^*=k+c-p$，局部最优策略下的 CVaR 值为：

$$\begin{aligned}&CVaR_\eta\{\pi[\gamma_l^*=\gamma_1(\zeta), L_l^*=k+c-p]\}\\&=k-w-f[\gamma_1(\zeta)]-\frac{(1-\alpha)[1-\gamma_1(\zeta)](k+c-p)}{\zeta};\end{aligned}$$

b. 如果 $\eta\leqslant\zeta\leqslant 1-\alpha$，若

$$\gamma_1(\zeta)\geqslant 1-\frac{\zeta}{1-\alpha}$$

且
$$f(\gamma_1(\zeta))<\left\{1-\frac{(1-\alpha)[1-\gamma_1(\zeta)]}{\zeta}\right\}(k+c-p),$$

局部最优策略为：

$$\gamma_l^*=\gamma_1(\zeta),\ d_l^*=p-k,\ L_l^*=k+c-p,$$

局部最优策略下的 CVaR 值为：

$$CVaR_{\eta}\{\pi[\gamma_l^* = \gamma_1(\zeta),\ L_l^* = k+c-p]\}$$
$$= k-w-f(\gamma_1(\zeta)) - \frac{(1-\alpha)[1-\gamma_1(\zeta)](k+c-p)}{\zeta};$$

否则,局部最优策略为：$\gamma_l^* = 0$, $d_l^* = c$, $L_l^* = 0$, 局部最优策略下的 CVaR 值为：

$$CVaR_{\eta}[\pi(\gamma_l^* = 0,\ L_l^* = 0)] = p-w-c。$$

c. 如果 $\zeta \leqslant \eta \leqslant 1-\alpha$, 若

$$\gamma_1(\eta) \geqslant 1-\frac{\eta}{1-\alpha}$$

且 $$f[\gamma_1(\eta)] < \left\{1-\frac{(1-\alpha)[1-\gamma_1(\eta)]}{\eta}\right\}(k+c-p),$$

局部最优策略为：

$$\gamma_l^* = \gamma_1(\eta),\ d_l^* = c,\ L_l^* = 0,$$

局部最优策略下的 CVaR 值为：

$$CVaR_{\eta}\{\pi[\gamma_l^* = \gamma_1(\eta),\ L_l^* = 0]\}$$
$$= k-w-f[\gamma_1(\eta)] - \frac{(1-\alpha)[1-\gamma_1(\eta)](k+c-p)}{\eta};$$

否则,局部最优策略为：$\gamma_l^* = 0$, $d_l^* = c$, $L_l^* = 0$, 局部最优策略下的 CVaR 值为：$CVaR_{\eta}[\pi(\gamma_l^* = 0,\ L_l^* = 0)] = p-w-c$。

(3) 同理可证,当 $k+c-p \leqslant L \leqslant c$ 时的局部最优策略：

a. 如果 $\eta < \Lambda_0^{-1}(1-\alpha)$ 且 $1-\alpha \leqslant \zeta < \hat{\zeta}$, 局部最优策略为：$\gamma_l^* = \gamma_1(\zeta)$, $d_l^* = p-k$, $L_l^* = k+c-p$, 局部最优策略下的 CVaR 值为：

$$CVaR_{\eta}\{\pi[\gamma_l^* = \gamma_1(\zeta),\ L_l^* = k+c-p]\}$$
$$= k-w-f[\gamma_1(\zeta)] - \frac{(1-\alpha)[1-\gamma_1(\zeta)](k+c-p)}{\zeta};$$

b. 如果 $\eta < \Lambda_0^{-1}(1-\alpha)$ 且 $\hat{\zeta} \leqslant \zeta$, 局部最优策略为：$\gamma_l^* = 0$, $d_l^* = 0$, $L_l^* = c$, 局部最优策略下的 CVaR 值为：

$$CVaR_{\eta}[\pi(\gamma_l^* = 0,\ L_l^* = c)] = p-w-\frac{(1-\alpha)c}{\zeta};$$

c. 如果$\Lambda_0^{-1}(1-\alpha)<\eta<\Lambda_0^{-1}(\zeta)$且$1-\alpha<\zeta<\hat{\zeta}$，局部最优策略为：$\gamma_l^*=\gamma_1(\zeta)$，$d_l^*=p-k$，$L_l^*=k+c-p$，局部最优策略下的CVaR值为：

$$CVaR_\eta\{\pi[\gamma_l^*=\gamma_1(\zeta),\ L_l^*=k+c-p]\}$$
$$=k-w-f(\gamma_1(\zeta))-\frac{(1-\alpha)[1-\gamma_1(\zeta)](k+c-p)}{\zeta};$$

d. 如果$\Lambda_0^{-1}(1-\alpha)<\eta<\Lambda_0^{-1}(\hat{\zeta})$且$\hat{\zeta}<\zeta$，局部最优策略为：$\gamma_l^*=0$，$d_l^*=0$，$L_l^*=c$，局部最优策略下的CVaR值为：

$$CVaR_\eta[\pi(\gamma_l^*=0,\ L_l^*=c)]=p-w-\frac{(1-\alpha)c}{\zeta};$$

e. 如果$\Lambda_0^{-1}(\hat{\zeta})<\eta<1-\alpha$且$\Lambda_0(\eta)<\zeta$，局部最优策略为：$\gamma_l^*=0$，$d_l^*=0$，$L_l^*=c$，局部最优策略下的CVaR值为：

$$CVaR_\eta[\pi(\gamma_l^*=0,\ L_l^*=c)]=p-w-\frac{(1-\alpha)c}{\zeta};$$

f. 如果$\Lambda_0^{-1}(\hat{\zeta})<\eta<1-\alpha$且$\hat{\zeta}<\zeta<\Lambda_0(\eta)$，局部最优策略为：$\gamma_l^*=\gamma_3(\eta,\ \zeta)$，$d_l^*=0$，$L_l^*=c$，局部最优策略下的CVaR值为：

$$CVaR_\eta\{\pi[\gamma_l^*=\gamma_3(\eta,\ \zeta),\ L_l^*=c]\}=p-w-f[\gamma_3(\eta,\ \zeta)]$$
$$-\frac{(1-\alpha)[1-\gamma_3(\eta,\ \zeta)]c}{\zeta}-\frac{(1-\alpha)\gamma_3(\eta,\ \zeta)(p-k)}{\eta}。$$

g. 如果$\Lambda_0^{-1}(1-\alpha)<\eta<\eta_3$且$1-\alpha<\zeta<\Lambda_0(\eta)$，局部最优策略为：$\gamma_l^*=\gamma_1(\zeta)$，$d_l^*=p-k$，$L_l^*=k+c-p$，局部最优策略下的CVaR值为：

$$CVaR_\eta\{\pi[\gamma_l^*=\gamma_1(\zeta),\ L_l^*=k+c-p]\}$$
$$=k-w-f[\gamma_1(\zeta)]-\frac{(1-\alpha)[1-\gamma_1(\zeta)](k+c-p)}{\zeta};$$

h. 如果$\eta_3<\eta<1-\alpha$且$1-\alpha<\zeta<\Lambda_1(\eta)$，局部最优策略为：$\gamma_l^*=\gamma_1(\zeta)$，$d_l^*=p-k$，$L_l^*=k+c-p$，局部最优策略下的CVaR值为：

$$CVaR_\eta\{\pi[\gamma_l^*=\gamma_1(\zeta),\ L_l^*=k+c-p]\}$$
$$=k-w-f[\gamma_1(\zeta)]-\frac{(1-\alpha)[1-\gamma_1(\zeta)](k+c-p)}{\zeta};$$

i. 如果$\eta_3<\eta<1-\alpha$且$\Lambda_1(\eta)<\zeta<\hat{\zeta}$，局部最优策略为：$\gamma_l^*=\gamma_3(\eta,\ \zeta)$，$d_l^*=0$，$L_l^*=c$，局部最优策略下的CVaR值为：

$$CVaR_\eta\{\pi[\gamma_l^* = \gamma_3(\eta, \zeta), L_l^* = c]\} = p - w - f[\gamma_3(\eta, \zeta)] - \frac{(1-\alpha)[1-\gamma_3(\eta, \zeta)]c}{\zeta} - \frac{(1-\alpha)\gamma_3(\eta, \zeta)(p-k)}{\eta}。$$

j. 如果 $\eta < \zeta < 1-\alpha$，局部最优策略为：$\gamma_l^* = \gamma_1(\zeta)$，$d_l^* = p-k$，$L_l^* = k+c-p$，局部最优策略下的 CVaR 值为：

$$CVaR_\eta(\pi(\gamma_l^* = \gamma_1(\zeta), L_l^* = k+c-p)) = k - w - f(\gamma_1(\zeta)) - \frac{(1-\alpha)(1-\gamma_1(\zeta))(k+c-p)}{\zeta};$$

k. 如果 $\zeta \leqslant \eta < 1-\alpha$，局部最优策略为：$\gamma_l^* = \gamma_1(\zeta)$，$d_l^* = p-k$，$L_l^* = k+c-p$，局部最优策略下的 CVaR 值为：

$$CVaR_\eta\{\pi[\gamma_l^* = \gamma_1(\zeta), L_l^* = k+c-p]\} = k - w - f(\gamma_1(\zeta)) - \frac{(1-\alpha)[1-\gamma_1(\zeta)](k+c-p)}{\zeta};$$

(4) 通过比较局部最优解，找出当 $\eta < 1-\alpha$ 时的全局最优解。

a. 如果 $\eta < \zeta < 1-\alpha$，比较后可知，

若 $\gamma_1(\zeta) \geqslant 1 - \frac{\zeta}{1-\alpha}$ 且

$$f(\gamma_1(\zeta)) < \left\{1 - \frac{(1-\alpha)[1-\gamma_1(\zeta)]}{\zeta}\right\}(k+c-p),$$

全局最优策略为：$\gamma^* = \gamma_1(\zeta)$，$d^* = p-k$，$L^* = k+c-p$，最优 CVaR 值为：

$$CVaR_\eta\{\pi[\gamma^* = \gamma_1(\zeta), L^* = k+c-p]\} = k - w - f[\gamma_1(\zeta)] - \frac{(1-\alpha)[1-\gamma_1(\zeta)](k+c-p)}{\zeta};$$

否则，全局最优策略为：$\gamma^* = 0$，$d^* = c$，$L^* = 0$，最优 CVaR 值为：

$$CVaR_\eta[\pi(\gamma^* = 0, L^* = 0)] = p - w - c。$$

b. 如果 $\eta < \Lambda_0^{-1}(1-\alpha)$ 且 $1-\alpha \leqslant \zeta < \hat{\zeta}$，全局最优策略为：$\gamma^* = \gamma_1(\zeta)$，$d^* = p-k$，$L^* = k+c-p$，最优策略的 CVaR 值为：

$$CVaR_\eta\{\pi[\gamma^* = \gamma_1(\zeta), L^* = k+c-p]\} = k - w - f[\gamma_1(\zeta)] - \frac{(1-\alpha)[1-\gamma_1(\zeta)](k+c-p)}{\zeta};$$

c. 如果 $\eta < \Lambda_0^{-1}(1-\alpha)$ 且 $\hat{\zeta} \leqslant \zeta$，全局最优策略为：$\gamma^* = 0$，$d^* = 0$，$L^* = c$，最优策略下的 CVaR 值为：

$$CVaR_\eta(\pi(\gamma^* = 0, L^* = c)) = p - w - \frac{(1-\alpha)c}{\zeta};$$

d. 如果 $\Lambda_0^{-1}(1-\alpha) < \eta < \Lambda_0^{-1}(\zeta)$ 且 $1-\alpha < \zeta < \hat{\zeta}$，全局最优策略为：$\gamma^* = \gamma_1(\zeta)$，$d^* = p-k$，$L^* = k+c-p$，最优策略的 CVaR 值为：

$$\begin{aligned} &CVaR_\eta\{\pi[\gamma^* = \gamma_1(\zeta), L^* = k+c-p]\} \\ &= k - w - f[\gamma_1(\zeta)] - \frac{(1-\alpha)[1-\gamma_1(\zeta)](k+c-p)}{\zeta}; \end{aligned}$$

e. 如果 $\Lambda_0^{-1}(1-\alpha) < \eta < \Lambda_0^{-1}(\hat{\zeta})$ 且 $\hat{\zeta} < \zeta$，全局最优策略为：$\gamma^* = 0$，$d^* = 0$，$L^* = c$，最优策略下的 CVaR 值为：

$$CVaR_\eta[\pi(\gamma^* = 0, L^* = c)] = p - w - \frac{(1-\alpha)c}{\zeta};$$

f. 如果 $\Lambda_0^{-1}(\hat{\zeta}) < \eta < 1-\alpha$ 且 $\Lambda_0(\eta) < \zeta$，全局最优策略为：$\gamma^* = 0$，$d^* = 0$，$L^* = c$，最优策略下的 CVaR 值为：

$$CVaR_\eta[\pi(\gamma^* = 0, L^* = c)] = p - w - \frac{(1-\alpha)c}{\zeta};$$

g. 如果 $\Lambda_0^{-1}(\hat{\zeta}) < \eta < 1-\alpha$ 且 $\Lambda_0(\eta) < \zeta$，全局最优策略为：$\gamma^* = 0$，$d^* = 0$，$L^* = c$，最优策略下的 CVaR 值为：

$$CVaR_\eta[\pi(\gamma^* = 0, L^* = c)] = p - w - \frac{(1-\alpha)c}{\zeta};$$

h. 如果 $\Lambda_0^{-1}(\hat{\zeta}) < \eta < 1-\alpha$ 且 $\hat{\zeta} < \zeta < \Lambda_0(\eta)$，全局最优策略为：$\gamma^* = \gamma_3(\eta, \zeta)$，$d^* = 0$，$L^* = c$，最优策略下的 CVaR 值为：

$$\begin{aligned} CVaR_\eta\{\pi[\gamma^* = \gamma_3(\eta, \zeta), L^* = c]\} &= p - w - f[\gamma_3(\eta, \zeta)] \\ &- \frac{(1-\alpha)[1-\gamma_3(\eta, \zeta)]c}{\zeta} - \frac{(1-\alpha)\gamma_3(\eta, \zeta)(p-k)}{\eta}。 \end{aligned}$$

i. 如果 $\Lambda_0^{-1}(1-\alpha) < \eta < \eta_3$ 且 $1-\alpha < \zeta < \Lambda_0(\eta)$，全局最优策略为：$\gamma^* = \gamma_1(\zeta)$，$d^* = p-k$，$L^* = k+c-p$，最优策略的 CVaR 值为：

$$\begin{aligned} &CVaR_\eta\{\pi[\gamma^* = \gamma_1(\zeta), L^* = k+c-p]\} \\ &= k - w - f[\gamma_1(\zeta)] - \frac{(1-\alpha)[1-\gamma_1(\zeta)](k+c-p)}{\zeta}; \end{aligned}$$

j. 如果 $\eta_3 < \eta < 1-\alpha$ 且 $1-\alpha < \zeta < \Lambda_1(\eta)$，全局最优策略为：$\gamma^* = \gamma_1(\zeta)$，$d^* = p-k$，$L^* = k+c-p$，最优策略的 CVaR 值为：

$$\begin{aligned}&CVaR_\eta\{\pi[\gamma^* = \gamma_1(\zeta),\ L^* = k+c-p]\}\\&= k-w-f[\gamma_1(\zeta)] - \frac{(1-\alpha)[1-\gamma_1(\zeta)](k+c-p)}{\zeta};\end{aligned}$$

k. 如果 $\eta_3 < \eta < 1-\alpha$ 且 $\Lambda_1(\eta) < \zeta < \hat{\zeta}$，全局最优策略为：$\gamma^* = \gamma_3(\eta, \zeta)$，$d^* = 0$，$L^* = c$，最优策略下的 CVaR 值为：

$$\begin{aligned}&CVaR_\eta\{\pi[\gamma^* = \gamma_3(\eta,\zeta),\ L^* = c]\} = p-w-f[\gamma_3(\eta,\zeta)]\\&-\frac{(1-\alpha)[1-\gamma_3(\eta,\zeta)]c}{\zeta} - \frac{(1-\alpha)\gamma_3(\eta,\zeta)(p-k)}{\eta}。\end{aligned}$$

l. 如果 $\zeta \leqslant \eta < 1-\alpha$，

在 $0 \leqslant L \leqslant k+c-p$ 的情况下，若 $\gamma_1(\eta) \geqslant 1-\dfrac{\eta}{1-\alpha}$ 且

$$f(\gamma_1(\eta)) < \left\{1-\frac{(1-\alpha)[1-\gamma_1(\eta)]}{\eta}\right\}(k+c-p),$$

局部最优策略为：$\gamma_l^* = \gamma_1(\eta)$，$d_l^* = c$，$L_l^* = 0$，局部最优策略下的 CVaR 值为：

$$\begin{aligned}&CVaR_\eta\{\pi[\gamma_l^* = \gamma_1(\eta),\ L_l^* = 0]\}\\&= k-w-f[\gamma_1(\eta)] - \frac{(1-\alpha)[1-\gamma_1(\eta)](k+c-p)}{\eta};\end{aligned}$$

否则，局部最优策略为：$\gamma_l^* = 0$，$d_l^* = c$，$L_l^* = 0$，局部最优策略下的 CVaR 值为：

$$CVaR_\eta[\pi(\gamma_l^* = 0,\ L_l^* = 0)] = p-w-c。$$

在 $k+c-p \leqslant L \leqslant c$ 的情况下，局部最优策略为：$\gamma_l^* = \gamma_1(\zeta)$，$d_l^* = p-k$，$L_l^* = k+c-p$，局部最优策略下的 CVaR 值为：

$$\begin{aligned}&CVaR_\eta\{\pi[\gamma_l^* = \gamma_1(\zeta),\ L_l^* = k+c-p]\}\\&= k-w-f[\gamma_1(\zeta)] - \frac{(1-\alpha)[1-\gamma_1(\zeta)](k+c-p)}{\zeta}。\end{aligned}$$

值得注意的是，若 $\eta < \zeta$，得

$$\frac{(1-\alpha)(k+c-p)}{\eta} > \frac{(1-\alpha)(k+c-p)}{\zeta}$$
$$> (1-\alpha)\left[\frac{(1-\alpha)c}{\zeta} - \frac{(1-\alpha)(p-k)}{\eta}\right],$$

进而有 $\gamma_1(\eta) > \gamma_1(\zeta) > \gamma_3(\eta,\ \zeta)$。若 $\eta > \zeta$，得

$$\frac{(1-\alpha)(k+c-p)}{\eta} < \frac{(1-\alpha)(k+c-p)}{\zeta}$$
$$< (1-\alpha)\left[\frac{(1-\alpha)c}{\zeta} - \frac{(1-\alpha)(p-k)}{\eta}\right],$$

进而有 $\gamma_1(\eta) < \gamma_1(\zeta) < \gamma_3(\eta,\ \zeta)$。

由此可知，如果 $\gamma_1(\eta) \leqslant 1 - \frac{\eta}{1-\alpha}$，可得：

$$\begin{aligned}
&CVaR_{\eta}\{\pi[\gamma_l^* = \gamma_1(\zeta),\ L_l^* = k+c-p]\} - CVaR_{\eta}[\pi(\gamma_l^* = 0,\ L_l^* = 0)] \\
&= k - w - f[\gamma_1(\zeta)] - \frac{(1-\alpha)[1-\gamma_1(\zeta)](k+c-p)}{\zeta} - (p-w-c) \\
&= \left\{1 - \frac{(1-\alpha)[1-\gamma_1(\zeta)]}{\zeta}\right\}(k+c-p) - f[\gamma_1(\zeta)] \\
&\leqslant \left(1 - \frac{\eta}{\zeta}\right)(k+c-p) - f[\gamma_1(\zeta)] \leqslant 0。
\end{aligned}$$

若 $\gamma_1(\eta) \geqslant 1 - \frac{\eta}{1-\alpha}$ 且

$$f[\gamma_1(\eta)] < \left\{1 - \frac{(1-\alpha)[1-\gamma_1(\eta)]}{\eta}\right\}(k+c-p),$$

可得 $\gamma_1(\zeta) > \gamma_1(\eta) \geqslant 1 - \frac{\eta}{1-\alpha}$ 且

$$\begin{aligned}
&CVaR_{\eta}\{\pi[\gamma_l^* = \gamma_1(\zeta),\ L_l^* = k+c-p]\} \\
&\quad - CVaR_{\eta}\{\pi[\gamma_l^* = \gamma_1(\eta),\ L_l^* = 0]\} \\
&\quad \leqslant \left(\frac{1}{\eta} - \frac{1}{\zeta}\right)(k+c-p) \leqslant 0。
\end{aligned}$$

因此，若 $\gamma_1(\eta) \geqslant 1 - \frac{\eta}{1-\alpha}$ 且

$$f[\gamma_1(\eta)] < \left\{1 - \frac{(1-\alpha)[1-\gamma_1(\eta)]}{\eta}\right\}(k+c-p),$$

全局最优策略为：$\gamma^*=\gamma_1(\eta)$，$d^*=c$，$L_l^*=0$，最优 CVaR 值为：

$$CVaR_\eta\{\pi[\gamma^*=\gamma_1(\eta), L^*=0]\}$$
$$=k-w-f[\gamma_1(\eta)]-\frac{(1-\alpha)[1-\gamma_1(\eta)](k+c-p)}{\eta};$$

否则，全局最优策略为：$\gamma^*=0$，$d^*=c$，$L^*=0$，最优 CVaR 值为：

$$CVaR_\eta[\pi(\gamma^*=0, L^*=0)]=p-w-c。$$

其次，同理可证，当 $\eta\geqslant 1-\alpha$ 时，若 $\eta\geqslant\zeta$，全局最优策略为：$\gamma^*=\gamma_1(\eta)$，$d^*=c$，$L_l^*=0$，最优 CVaR 值为

$$CVaR_\eta\{\pi[\gamma^*=\gamma_1(\eta), L^*=0]\}$$
$$=p-w-f[\gamma_1(\eta)]-\frac{(1-\alpha)\{[1-\gamma_1(\eta)]c+\gamma_1(\eta)(p-k)\}}{\eta};$$

若 $\eta\leqslant\zeta$ 且 $\zeta<\Lambda_0(\eta)$，全局最优策略为：$\gamma^*=\gamma_3(\eta,\zeta)$，$d^*=0$，$L^*=c$，CVaR 值为：

$$CVaR_\eta\{\pi[\gamma^*=\gamma_3(\eta,\zeta), L^*=c]\}=p-w-f[\gamma_3(\eta,\zeta)]$$
$$-\frac{(1-\alpha)[1-\gamma_3(\eta,\zeta)]c}{\zeta}-\frac{(1-\alpha)\gamma_3(\eta,\zeta)(p-k)}{\eta};$$

若 $\eta\leqslant\zeta$ 且 $\zeta\geqslant\Lambda_0(\eta)$，全局最优策略为：$\gamma^*=0$，$d^*=0$，$L^*=c$，最优策略下的 CVaR 值为：

$$CVaR_\eta[\pi(\gamma^*=0, L^*=c)]=p-w-\frac{(1-\alpha)c}{\zeta}。$$

最后，找出令 CVaR 值为正的边界。

定义 $m_1\left(\frac{1}{\zeta}\right)=k-w-f[\gamma_1(\zeta)]-\frac{(1-\alpha)[1-\gamma_1(\zeta)](k+c-p)}{\zeta}$，

$$m_2(\eta)=k-w-f[\gamma_1(\eta)]-\frac{(1-\alpha)[1-\gamma_1(\eta)](k+c-p)}{\eta},$$

$$m_3\left(\frac{1}{\zeta}\right)=p-w-\frac{(1-\alpha)c}{\zeta},$$

$$m_4\left(\eta,\frac{1}{\zeta}\right)=p-w-f[\gamma_3(\eta,\zeta)]-\frac{(1-\alpha)[1-\gamma_3(\eta,\zeta)]c}{\zeta}$$
$$-\frac{(1-\alpha)\gamma_3(\eta,\zeta)(p-k)}{\eta},$$

$$m_5(\eta)=p-w-f[\gamma_1(\eta)]-\frac{(1-\alpha)\{[1-\gamma_1(\eta)]c+\gamma_1(\eta)(p-k)\}}{\eta}。$$

当 $p-w-c+\bar{\gamma}_1 f'(\bar{\gamma}_1)-f(\bar{\gamma}_1)>0$，即 $CVaR_{\eta=1-\alpha}[\pi(\bar{\gamma}_1)]>0$ 时，

(1) 将 $m_1\left(\frac{1}{\zeta}\right)$ 对 $\frac{1}{\zeta}$ 求一阶导，$\frac{\partial m_1\left(\frac{1}{\zeta}\right)}{\partial \frac{1}{\zeta}}=-(1-\alpha)[1-\gamma_1(\zeta)](k+c-p)<0$。因此，$m_1\left(\frac{1}{\zeta}\right)$ 是 $\frac{1}{\zeta}$ 的单调递减函数。当 $\frac{1}{\zeta}=\infty$ 时，$m_1(\infty)=-\infty<0$。当 $\frac{1}{\zeta}=\frac{1}{1-\alpha}$ 时，$m_1\left(\frac{1}{1-\alpha}\right)=p-w-c+\bar{\gamma}_1 f'(\bar{\gamma}_1)-f(\bar{\gamma}_1)$。由 $p-w-c+\bar{\gamma}_1 f'(\bar{\gamma}_1)-f(\bar{\gamma}_1)>0$ 可知，存在唯一 $\eta_0\in(0,1-\alpha]$ 且 η_0 满足 $m_1\left(\frac{1}{\eta_0}\right)=0$。对任意 $\eta_0<\zeta$，有 $m_1\left(\frac{1}{\zeta}\right)>0$。由此可知，只有当 $\eta_0<\zeta$ 时，$CVaR_\eta\{\pi[\gamma_l^*=\gamma_1(\zeta),\ L_l^*=k+c-p]\}>0$。

(2) 同理，只有当 $\eta_0<\eta$ 时，$CVaR_\eta\{\pi[\gamma^*=\gamma_1(\eta),\ L^*=0]\}>0$。

(3) 只有当 $\zeta>\eta^0=\frac{(1-\alpha)c}{p-w}$ 时，$m_3\left(\frac{1}{\zeta}\right)>0$。

(4) 将 $m_4\left(\eta,\frac{1}{\zeta}\right)$ 对 $\frac{1}{\zeta}$ 求一阶导，

$$\frac{\partial m_4\left(\eta,\frac{1}{\zeta}\right)}{\partial \frac{1}{\zeta}}=-(1-\alpha)[1-\gamma_3(\eta,\zeta)](k+c-p)<0。$$

将 $m_4\left(\eta,\frac{1}{\zeta}\right)$ 对 η 求一阶导，

$$\frac{\partial m_4\left(\eta,\frac{1}{\zeta}\right)}{\partial \eta}=\frac{(1-\alpha)\gamma_3(\eta,\zeta)(p-k)}{\eta^2}>0。$$

因此，$m_4\left(\eta,\frac{1}{\zeta}\right)$ 是 $\frac{1}{\zeta}$ 的单调递减函数，是 η 的单调递增函数。特别的，$m_4\left(1-\alpha,\frac{1}{1-\alpha}\right)=p-w-c+\bar{\gamma}_1 f'(\bar{\gamma}_1)-f(\bar{\gamma}_1)>0$。根据 $p-w-c+\bar{\gamma}_1 f'(\bar{\gamma}_1)-f(\bar{\gamma}_1)>0$ 且 $m_4\left(\eta,\frac{1}{\zeta}\right)$ 是 $\frac{1}{\zeta}$ 的单调递减函数可知，$\forall\, 1-\alpha$

$<\eta<\zeta$ 且 $1-\alpha<\zeta<\Lambda_0(\eta)$，由 $m_4\left(\eta,\ \dfrac{1}{\zeta}\right)>0$。

此外，由 $\zeta>1-\alpha$ 可知 $\zeta>\eta_0$，并可推知 $m_1\left(\dfrac{1}{\zeta}\right)>0$。

最终可得，如果 $\eta_3<\eta<1-\alpha$ 且 $1-\alpha<\zeta<\hat{\zeta}$，或 $\hat{\zeta}<\zeta<\Lambda_0(\eta)$ 且 $\Lambda_0^{-1}(\hat{\zeta})<\eta<1-\alpha$，可得 $m_4\left(\eta,\dfrac{1}{\zeta}\right)>m_1\left(\dfrac{1}{\zeta}\right)>0$。因此有

$$CVaR_\eta\{\pi[\gamma^*=\gamma_3(\eta,\ \zeta),\ L^*=c]\}>0。$$

(5) 将 $m_5(\eta)$ 对 η 求一阶导，

$$\frac{\partial m_5(\eta)}{\partial\eta}=\frac{(1-\alpha)\{[1-\gamma_1(\eta)]c+\gamma_1(\eta)(p-k)\}}{\eta^2}>0。$$

因此，$m_5(\eta)$ 是 η 的单调递增函数。特别的，$m_5(1-\alpha)=p-w-c+\bar{\gamma}_1 f'(\bar{\gamma}_1)-f(\bar{\gamma}_1)>0$，$m_5(\eta^0)=\gamma_1(\eta^0)f'[\gamma_1(\eta^0)]-f[\gamma_1(\eta^0)]>0$。根据 $p-w-c+\bar{\gamma}_1 f'(\bar{\gamma}_1)-f(\bar{\gamma}_1)>0$ 且 $m_5(\eta)$ 是 η 的单调递增函数可知，对任意 $\eta\in(1-\alpha,\ 1)$，有 $m_5(\eta)>0$。

同理可证当 $p-w-c+\bar{\gamma}_1 f'(\bar{\gamma}_1)-f(\bar{\gamma}_1)\leqslant 0$，即 $CVaR_{\eta=1-\alpha}[\pi(\bar{\gamma}_1)]\leqslant 0$ 的情况。

证毕！

8. 定理 5.1 的证明。

证明： 由假设 5.1 可知，

$$\begin{aligned}\alpha_0 p-(1-\alpha_0)f&=\alpha_0\left[p-\frac{(1-\alpha_0)\beta f}{\eta-(1-\alpha_0)}\right]-(1-\alpha_0)(1-\beta)f\\&\quad+\frac{\alpha_0(1-\alpha_0)\beta f}{\eta-(1-\alpha_0)}-(1-\alpha_0)\beta f\\&=\alpha_0\left[p-\frac{(1-\alpha_0)\beta f}{\eta-(1-\alpha_0)}\right]-(1-\alpha_0)(1-\beta)f\\&\quad+\frac{1-\eta}{\eta-(1-\alpha_0)}(1-\alpha_0)\beta f>0。\end{aligned}$$

此外，由已知可得，$1-\alpha_1<1-\alpha_0$。

若 $1-\alpha_0<\eta<1$，给定采购价格 w，供应商选择质量 α_0 的 $CVaR_\eta[\pi_s(\alpha_0\mid w)]=w-\dfrac{(1-\alpha_0)(w+\beta f)}{\eta}$。供应商选择质量 α_1 的 $CVaR_\eta[\pi_s$

$(\alpha_1 \mid w)] = w - M - \dfrac{(1-\alpha_1)(w+\beta f)}{\eta}$。将 $CVaR$ 相减可得，

$$\Delta CVaR_\eta = CVaR_\eta[\pi_s(\alpha_1 \mid w)] - CVaR_\eta[\pi_s(\alpha_0 \mid w)]$$
$$= \frac{(\alpha_1-\alpha_0)w}{\eta} + \frac{(\alpha_1-\alpha_0)\beta f}{\eta} - M。$$

因此，只有当 $w > \dfrac{\eta M - (\alpha_1-\alpha_0)\beta f}{(\alpha_1-\alpha_0)}$ 时，$\Delta CVaR_\eta > 0$，供应商选择质量 α_1 优于选择质量 α_0。反之，$w \leqslant \dfrac{\eta M - (\alpha_1-\alpha_0)\beta f}{(\alpha_1-\alpha_0)}$ 时，供应商选择质量 α_0 优于选择质量 α_1。由此可知，控制供应商选择质量 α_1 的最优采购价格可由如下目标函数给出：

$$\max_w E[\pi_m(w \mid \alpha_1)] = \alpha_1(p-w) - (1-\alpha_1)(1-\beta)f$$

$$s.t.\begin{cases} w \geqslant \dfrac{\eta M + (1-\alpha_1)\beta f}{\eta - (1-\alpha_1)}, & (S-IR), \\ w > \dfrac{\eta M - (\alpha_1-\alpha_0)\beta f}{(\alpha_1-\alpha_0)}, & (S-IC), \\ w < \dfrac{\alpha_1 p - (1-\alpha_1)(1-\beta)f}{\alpha_1}, & (S-IR)。\end{cases}$$

这时，若 $M < \dfrac{(\alpha_1-\alpha_0)\beta f}{\eta-(1-\alpha_0)}$，可得：

$$\frac{\eta M + (1-\alpha_1)\beta f}{\eta-(1-\alpha_1)} - \frac{\eta M - (\alpha_1-\alpha_0)\beta f}{(\alpha_1-\alpha_0)}$$
$$= \frac{\eta(\alpha_1-\alpha_0)\beta f - [\eta-(1-\alpha_0)]\eta M}{[\eta-(1-\alpha_1)][(\alpha_1-\alpha_0)]} > 0,$$

$$\frac{\eta M + (1-\alpha_1)\beta f}{\eta-(1-\alpha_1)} - \frac{(1-\alpha_0)\beta f}{\eta-(1-\alpha_0)}$$
$$= \frac{[\eta-(1-\alpha_0)]\eta M - \eta(\alpha_1-\alpha_0)\beta f}{[\eta-(1-\alpha_1)][\eta-(1-\alpha_0)]} < 0,$$

$$\frac{\alpha_1 p - (1-\alpha_1)(1-\beta)f}{\alpha_1} - \frac{\eta M + (1-\alpha_1)\beta f}{\eta-(1-\alpha_1)}$$

$$> \frac{\alpha_0\left[p - \dfrac{(1-\alpha_0)\beta f}{\eta-(1-\alpha_0)}\right] - (1-\alpha_0)(1-\beta)f}{\alpha_1} > 0。$$

可见，在这种情况下，约束条件无冲突。根据利润函数 $E[\pi_m(w \mid \alpha_1)]$ 是价格的减函数可得最优价格为：$w_1=\dfrac{\eta M+(1-\alpha_1)\beta f}{\eta-(1-\alpha_1)}$。

若 $M \geqslant \dfrac{(\alpha_1-\alpha_0)\beta f}{\eta-(1-\alpha_0)}$，可得：

$$\frac{\eta M+(1-\alpha_1)\beta f}{\eta-(1-\alpha_1)}-\frac{\eta M-(\alpha_1-\alpha_0)\beta f}{(\alpha_1-\alpha_0)} \leqslant 0,$$

$$\frac{\eta M+(1-\alpha_1)\beta f}{\eta-(1-\alpha_1)}-\frac{(1-\alpha_0)\beta f}{\eta-(1-\alpha_0)} \geqslant 0,$$

$$\frac{(1-\alpha_0)\beta f}{\eta-(1-\alpha_0)}-\frac{\eta M-(\alpha_1-\alpha_0)\beta f}{(\alpha_1-\alpha_0)}=\frac{\eta(\alpha_1-\alpha_0)\beta f-[\eta-(1-\alpha_0)]\eta M}{[\eta-(1-\alpha_1)](\alpha_1-\alpha_0)} \leqslant 0。$$

这时，若 $w=\dfrac{\eta M-(\alpha_1-\alpha_0)\beta f}{(\alpha_1-\alpha_0)}$，有

$$CVaR_\eta\left\{\pi_s\left[\alpha_0 \middle| w=\frac{\eta M-(\alpha_1-\alpha_0)\beta f}{(\alpha_1-\alpha_0)}\right]\right\} =CVaR_\eta\left\{\pi_s\left[\alpha_1 \middle| w=\frac{\eta M-(\alpha_1-\alpha_0)\beta f}{(\alpha_1-\alpha_0)}\right]\right\}。$$

此外，供应商期望利润满足

$$E\left\{\pi_s\left[\alpha_0 \middle| w=\frac{\eta M-(\alpha_1-\alpha_0)\beta f}{(\alpha_1-\alpha_0)}\right]\right\}-E\left\{\pi_s\left[\alpha_1 \middle| w=\frac{\eta M-(\alpha_1-\alpha_0)\beta f}{(\alpha_1-\alpha_0)}\right]\right\} =M-\eta M>0。$$

供应商的最优反应为选择质量水平 α_0。如果 $w=\dfrac{\eta M+(1-\alpha_1)\beta f}{\eta-(1-\alpha_1)}$，则有

$$CVaR_\eta\left\{\pi_s\left[\alpha_0 \middle| w=\frac{\eta M+(1-\alpha_1)\beta f}{\eta-(1-\alpha_1)}\right]\right\} \geqslant 0,$$

而 $CVaR_\eta\left\{\pi_s\left[\alpha_1 \middle| w=\dfrac{\eta M+(1-\alpha_1)\beta f}{\eta-(1-\alpha_1)}\right]\right\}=0$。供应商的最优反应为选择质量水平 α_0。可见，当 $M \geqslant \dfrac{(\alpha_1-\alpha_0)\beta f}{\eta-(1-\alpha_0)}$ 时，供应商的占优选择为质量水平 α_0 而非 α_1。

由前文可知，只有当 $w \leqslant \dfrac{\eta M-(\alpha_1-\alpha_0)\beta f}{(\alpha_1-\alpha_0)}$ 时，供应商会选择质量 α_0，

并获得 $CVaR_{\eta}[\pi_s(\alpha_0 \mid w)] = w - \dfrac{(1-\alpha_0)(w+\beta f)}{\eta}$。因此，控制供应商选择质量 α_0 的最优采购价格可由如下目标函数给出：

$$\max_{w} E[\pi_m(w \mid \alpha_0)] = \alpha_0(p-w) - (1-\alpha_0)(1-\beta)f$$

$$s.t.\begin{cases} w \geqslant \dfrac{(1-\alpha_0)\beta f}{\eta-(1-\alpha_0)}, & (S-IR), \\ w \leqslant \dfrac{\eta M-(\alpha_1-\alpha_0)\beta f}{(\alpha_1-\alpha_0)}, & (S-IC), \\ w < \dfrac{\alpha_0 p-(1-\alpha_0)(1-\beta)f}{\alpha_0}, & (S-IR)。\end{cases}$$

若 $M < \dfrac{(\alpha_1-\alpha_0)\beta f}{\eta-(1-\alpha_0)}$，$\dfrac{(1-\alpha_0)\beta f}{\eta-(1-\alpha_0)} - \dfrac{\eta M-(\alpha_1-\alpha_0)\beta f}{(\alpha_1-\alpha_0)} = \dfrac{\eta(\alpha_1-\alpha_0)\beta f-[\eta-(1-\alpha_0)]\eta M}{[\eta-(1-\alpha_1)](\alpha_1-\alpha_0)} > 0$。约束条件（$S-IR$）与约束条件（$S-IC$）冲突。无最优解。若 $M \geqslant \dfrac{(\alpha_1-\alpha_0)\beta f}{\eta-(1-\alpha_0)}$，约束条件无冲突。根据利润函数 $E(\pi_m(w \mid \alpha_0))$ 是价格的减函数可得最优价格为：$w_2 = \dfrac{(1-\alpha_0)\beta f}{\eta-(1-\alpha_0)}$。

对上述结果进行总结可得：当 $M < \dfrac{(\alpha_1-\alpha_0)\beta f}{\eta-(1-\alpha_0)}$ 时，制造商的最优决策为 $w_1 = \dfrac{\eta M+(1-\alpha_1)\beta f}{\eta-(1-\alpha_1)}$，供应商选择质量水平 α_1。当 $M \geqslant \dfrac{(\alpha_1-\alpha_0)\beta f}{\eta-(1-\alpha_0)}$ 时，制造商的最优决策为 $w_2 = \dfrac{(1-\alpha_0)\beta f}{\eta-(1-\alpha_0)}$，供应商选择质量水平 α_0。将最优决策代入可得制造商的最优期望利润。在最优决策（w_1，α_1）下，期望利润为：

$$E[\pi_m(w_1 \mid \alpha_1)] = \alpha_1 p - \frac{\alpha_1 \eta M + \alpha_1(1-\alpha_1)\beta f}{\eta-(1-\alpha_1)} - (1-\alpha_1)(1-\beta)f。$$

在最优决策（w_2，α_0）下，期望利润为：

$$E[\pi_m(w_2 \mid \alpha_0)] = \alpha_0 p - \frac{\alpha_0(1-\alpha_0)\beta f}{\eta-(1-\alpha_0)} - (1-\alpha_0)(1-\beta)f。$$

同理可证，当 $0 < \eta \leqslant 1-\alpha_1$ 或 $1-\alpha_1 < \eta \leqslant 1-\alpha_0$ 时的最优解。

证毕！

9. 推论 5.5 的证明。

证明：首先，令 $i=1, 2, 3, 4$，$j=1, 2, 3, 4, 5$，可证 M_i 和 N_j 有如下关系：

(1) 当 $1-\alpha_1<\eta\leqslant 1-\alpha_0$ 时，

$$M_1<M_3,\quad \frac{\alpha_1\eta}{\eta-(1-\alpha_1)}M_1+N_3=N_1;$$

(2) 当 $1-\alpha_0<\eta\leqslant 1$ 时，

$$M_4<M_2,\quad M_4<M_3,\quad N_3+\frac{\alpha_1\eta}{\eta-(1-\alpha_1)}M_4<N_1,$$

$$\frac{\alpha_1\eta}{\eta-(1-\alpha_1)}M_4+N_2<N_1,\quad -\frac{\alpha_1\eta}{\eta-(1-\alpha_1)}M_4+N_3>N_4,$$

$$-\frac{\alpha_1\eta}{\eta-(1-\alpha_1)}M_2+N_2>N_4,\quad -\frac{\alpha_1\eta}{\eta-(1-\alpha_1)}M_2+N_5>N_4。$$

这些性质保证了图 5.4 和图 5.5 曲线的位置。

当 $1-\alpha_1<\eta\leqslant 1-\alpha_0$ 时，

$$\begin{aligned}M_3-M_1=&\frac{\eta-(1-\alpha_1)}{\alpha_1\eta}\Big[\alpha_1 p-\frac{\alpha_1(1-\alpha_1)(1-\gamma)\beta f}{\eta-(1-\alpha_1)}\\&-(1-\alpha_1)(1-\gamma)(1-\beta)f\Big]\\&-\frac{\eta-(1-\alpha_1)}{\alpha_1\eta}\Big[\alpha_1 p-\frac{\alpha_1(1-\alpha_1)\beta f}{\eta-(1-\alpha_1)}-(1-\alpha_1)(1-\beta)f\Big]\\=&\frac{\eta-(1-\alpha_1)}{\alpha_1\eta}N_3>0。\end{aligned}$$

$$\begin{aligned}\frac{\alpha_1\eta}{\eta-(1-\alpha_1)}M_1+N_3=&\frac{\alpha_1(1-\alpha_1)\gamma\beta f}{\eta-(1-\alpha_1)}+(1-\alpha_1)(1-\beta)\gamma f\\&+\alpha_1 p-\frac{\alpha_1(1-\alpha_1)\beta f}{\eta-(1-\alpha_1)}-(1-\alpha_1)(1-\beta)f\\=&N_1。\end{aligned}$$

当 $1-\alpha_0<\eta\leqslant 1$ 时，

$$M_4-M_2=\frac{(\alpha_1-\alpha_0)(1-\gamma)\beta f}{\eta-(1-\alpha_0)}-\frac{(\alpha_1-\alpha_0)\beta f}{\eta-(1-\alpha_0)}=-\frac{(\alpha_1-\alpha_0)\gamma\beta f}{\eta-(1-\alpha_0)}<0。$$

由 $M_4<M_2$ 和定理 5.1(3)可知，

$$\alpha_1 p-\frac{\alpha_1\eta M_4+\alpha_1(1-\alpha_1)(1-\gamma)\beta f}{\eta-(1-\alpha_1)}-(1-\alpha_1)(1-\gamma)(1-\beta)f$$

$$>\alpha_1 p-\frac{\alpha_1\eta M_4+\alpha_1(1-\alpha_1)\beta f}{\eta-(1-\alpha_1)}-(1-\alpha_1)(1-\beta)f>0。$$

设函数 $f(N, M)=N+\frac{\alpha_1\eta}{\eta-(1-\alpha_1)}M=N_1$。若 $N=0$，$M=M_3$，

$$f(0, M_3)=0+\frac{\alpha_1\eta}{\eta-(1-\alpha_1)}M_3=N_1。$$

若 $N=\alpha_1 p-\frac{\alpha_1\eta M_4+\alpha_1(1-\alpha_1)(1-\gamma)\beta f}{\eta-(1-\alpha_1)}-(1-\alpha_1)(1-\gamma)(1-\beta)f$，$M=M_4$，

$$f\left[\alpha_1 p-\frac{\alpha_1\eta M_4+\alpha_1(1-\alpha_1)(1-\gamma)\beta f}{\eta-(1-\alpha_1)}-(1-\alpha_1)(1-\gamma)(1-\beta)f, M_4\right]$$

$$=\alpha_1 p-\frac{\alpha_1\eta M_4+\alpha_1(1-\alpha_1)(1-\gamma)\beta f}{\eta-(1-\alpha_1)}-(1-\alpha_1)(1-\gamma)(1-\beta)f$$

$$+\frac{\alpha_1\eta}{\eta-(1-\alpha_1)}M_4=N_1。$$

故

$$M_4=\frac{\eta-(1-\alpha_1)}{\alpha_1\eta}\left\{N_1-\left[\alpha_1 p-\frac{\alpha_1\eta M_4+\alpha_1(1-\alpha_1)(1-\gamma)\beta f}{\eta-(1-\alpha_1)}\right.\right.$$

$$\left.\left.-(1-\alpha_1)(1-\gamma)(1-\beta)f\right]\right\}<\frac{\eta-(1-\alpha_1)}{\alpha_1\eta}N_1=M_3。$$

由 $M_4<M_2$ 和定理 5.1(3)可知，

$$\alpha_1 p-\frac{\alpha_1\eta M_4+\alpha_1(1-\alpha_1)\beta f}{\eta-(1-\alpha_1)}-(1-\alpha_1)(1-\beta)f>0。$$

进而得，$\frac{\alpha_1\eta}{\eta-(1-\alpha_1)}M_4<\alpha_1 p-\frac{\alpha_1(1-\alpha_1)\beta f}{\eta-(1-\alpha_1)}-(1-\alpha_1)(1-\beta)f$。故有

$$N_4+\frac{\alpha_1\eta}{\eta-(1-\alpha_1)}M_4<\frac{\alpha_1(1-\alpha_1)\gamma\beta f}{\eta-(1-\alpha_1)}+(1-\alpha_1)(1-\beta)\gamma f$$

$$+\alpha_1 p-\frac{\alpha_1(1-\alpha_1)\beta f}{\eta-(1-\alpha_1)}-(1-\alpha_1)(1-\beta)f=N_1。$$

最终，

$$N_2+\frac{\alpha_1\eta}{\eta-(1-\alpha_1)}M_4-N_1=-(\alpha_1-\alpha_0)\left[p-\frac{(1-\alpha_0)(1-\gamma)\beta f}{\eta-(1-\alpha_0)}\right]-(\alpha_1-\alpha_0)(1-\gamma)(1-\beta)f<0。$$

$$-\frac{\alpha_1\eta}{\eta-(1-\alpha_1)}M_4+N_3-N_4=(\alpha_1-\alpha_0)\left[p-\frac{(1-\alpha_0)\beta f}{\eta-(1-\alpha_0)}+(1-\gamma)(1-\beta)f\right]>(1-\gamma)(1-\beta)f>0。$$

当

$$M_2=\frac{(\alpha_1-\alpha_0)\beta f}{\eta-(1-\alpha_0)},$$

$$\frac{\eta M_2+(1-\alpha_1)\beta f}{\eta-(1-\alpha_1)}-\frac{(1-\alpha_0)\beta f}{\eta-(1-\alpha_0)}=\frac{[\eta-(1-\alpha_0)]\eta M_2-\eta(\alpha_1-\alpha_0)\beta f}{[\eta-(1-\alpha_1)[(\alpha_1-\alpha_0)]}=0,$$

有

$$\begin{aligned}&\alpha_0 p-\frac{\alpha_0(1-\alpha_0)(1-\gamma)\beta f}{\eta-(1-\alpha_0)}-(1-\alpha_0)(1-\gamma)(1-\beta)f-N_2\\&\quad-\left[\alpha_1 p-\frac{\alpha_1\eta M_2+\alpha_1(1-\alpha_1)\beta f}{\eta-(1-\alpha_1)}-(1-\alpha_1)(1-\beta)f\right]\\&=0-\left[\alpha_1 p-\frac{\alpha_1(1-\alpha_0)\beta f}{\eta-(1-\alpha_0)}-(1-\alpha_1)(1-\beta)f\right]\\&<-\left[\alpha_0 p-\frac{\alpha_0(1-\alpha_0)\beta f}{\eta-(1-\alpha_0)}-(1-\alpha_0)(1-\beta)f\right]<0。\end{aligned}$$

最终可得，$N_2-\frac{\alpha_1\eta}{\eta-(1-\alpha_1)}M_2>N_4$。

此外，由

$$\begin{aligned}&\alpha_0 p-\frac{\alpha_0(1-\alpha_0)(1-\gamma)\beta f}{\eta-(1-\alpha_0)}-(1-\alpha_0)(1-\gamma)(1-\beta)f-N_5\\&\quad-\left[\alpha_1 p-\frac{\alpha_1(1-\alpha_0)\beta f}{\eta-(1-\alpha_0)}-(1-\alpha_1)(1-\beta)f\right]\\&=-(\alpha_1-\alpha_0)\left[p-\frac{(1-\alpha_0)\beta f}{\eta-(1-\alpha_0)}\right]-(\alpha_1-\alpha_0)(1-\beta)f<0\end{aligned}$$

可得，$N_5-\frac{\alpha_1\eta}{\eta-(1-\alpha_1)}M_2>N_4$。

之后，比较制造商在无策略及入厂检测策略下的期望利润便可确定占优策略。

(1) 当 $0 < \eta \leqslant 1-\alpha_1$，无交易发生。

(2) 当 $1-\alpha_1 < \eta \leqslant 1-\alpha_0$，若 $M < M_1$，在无策略下，最优策略为 (w_1, α_1)，制造商的期望利润为

$$E[\pi_m(w_1 \mid \alpha_1)] = \alpha_1 p - \frac{\alpha_1 \eta M + \alpha_1(1-\alpha_1)\beta f}{\eta-(1-\alpha_1)} - (1-\alpha_1)(1-\beta)f。$$

入厂检测策略下，若 $N + \frac{\alpha_1 \eta}{\eta-(1-\alpha_1)}M < N_1$，最优策略为 (w_3, γ, α_1)，期望利润为

$$E[\pi_m(w_3 \mid \alpha_1, \gamma)] = \alpha_1 p - \frac{\alpha_1 \eta M + \alpha_1(1-\alpha_1)(1-\gamma)\beta f}{\eta-(1-\alpha_1)} - (1-\alpha_1)(1-\gamma)(1-\beta)f - N。$$

因此，$E[\pi_m(w_3 \mid \alpha_1, \gamma)] - E[\pi_m(w_1 \mid \alpha_1)] = N_3 - N$。如果 $N_3 < N$，$E[\pi_m(w_3 \mid \alpha_1, \gamma)] < E[\pi_m(w_1 \mid \alpha_1)]$，无策略更优。如果 $N_3 > N$，$E[\pi_m(w_3 \mid \alpha_1, \gamma)] > E[\pi_m(w_1 \mid \alpha_1)]$，入厂检测更优。若 $M > M_1$，在无策略下，无交易。在入厂检测下，若 $N + \frac{\alpha_1 \eta}{\eta-(1-\alpha_1)}M < N_1$，最优策略为 (w_3, γ, α_1)，制造商期望利润为 $E[\pi_m(w_3 \mid \alpha_1, \gamma)] > 0$。这时，实施入厂检测策略更优。

(3) 当 $1-\alpha_0 < \eta < 1$，若 $M < M_4$，在无策略下，最优策略为 (w_1, α_1)，制造商的期望利润为 $E[\pi_m(w_1 \mid \alpha_1)]$。在入厂检测策略下，若 $N + \frac{\alpha_1 \eta}{\eta-(1-\alpha_1)}M < N_1$，最优决策为 (w_3, γ, α_1)，制造商期望利润为 $E[\pi_m(w_3 \mid \alpha_1, \gamma)]$。根据性质可知，$N_3 + \frac{\alpha_1 \eta}{\eta-(1-\alpha_1)}M_4 < N_1$。此外，$E[\pi_m(w_3 \mid \alpha_1, \gamma)] - E[\pi_m(w_1 \mid \alpha_1)] = N_3$。因此，若 $M < M_4$ 且 $N < N_3$，入厂检测更优。否则，无策略更优。

若 $M_4 < M < M_2$，在无策略下，最优策略为 (w_1, α_1)，期望利润为 $E[\pi_m(w_1 \mid \alpha_1)]$。在检测策略下，若 $N < N_2$，最优策略为 (w_4, γ, α_0)，制造商的期望利润为

$$E[\pi_m(w_4 \mid \alpha_0, \gamma)] = \alpha_0 p - \frac{\alpha_0(1-\alpha_0)(1-\gamma)\beta f}{\eta-(1-\alpha_0)} - (1-\alpha_0)(1-\gamma)(1-\beta)f - N。$$

根据性质可知，

$$E[\pi_m(w_4 \mid \alpha_0, \gamma)] - E[\pi_m(w_1 \mid \alpha_1)] = N_4 + \frac{\alpha_1 \eta}{\eta-(1-\alpha_1)} M - N。$$

又因 $N_2 - \frac{\alpha_1 \eta}{\eta-(1-\alpha_1)} M_2 > N_4$，因此可得，若 $N - \frac{\alpha_1 \eta}{\eta-(1-\alpha_1)} M < N_4$，入厂检测更优。反之，无策略更优。

若 $M_2 < M$，无策略下最优策略为 (w_2, α_0)，制造商的期望利润为

$$E[\pi_m(w_2 \mid \alpha_0)] = \alpha_0 p - \frac{\alpha_0(1-\alpha_0)\beta f}{\eta-(1-\alpha_0)} - (1-\alpha_0)(1-\beta) f。$$

在入厂检测下，若 $N < N_2$，最优策略为 (w_4, γ, α_0)，制造商的期望利润为 $E[\pi_m(w_4 \mid \alpha_0, \gamma)]$。此外，$E[\pi_m(w_4 \mid \alpha_0, \gamma)] - E[\pi_m(w_2 \mid \alpha_0)] = N_5 - N$。因此可得，若 $N < N_5$，入厂检测更优。反之，无策略更优。

证毕!

10. 推论 5.8 的证明。

证明: 首先，令 $i = 1, 2, 3, 4$，$j = 1, 2, 3, 4, 5$，证明 M_i 及 τ_j 有如下性质：

(1) 当 $0 < \eta < 1$ 时，$M_5 < \tau_1$，$\tau_2 + M_5 < \tau_1$，$\tau_2 < \tau_1$，$\tau_3 < \tau_1$；

(2) 当 $1-\alpha_1 < \eta \leqslant \min\{\eta_1, 1-\alpha_0\}$ 时，

$$M_1 \leqslant M_5, \quad \tau_1 - M_1 = \tau_3 + \frac{(1-\alpha_1)(1-\eta)}{\eta-(1-\alpha_1)} M_1。$$

(3) 当 $\eta_1 < \eta \leqslant 1-\alpha_0$ 时，

$$M_5 < M_1, \quad \tau_3 + \frac{(1-\alpha_1)(1-\eta)}{\eta-(1-\alpha_1)} M_5 < \tau_1 - M_5,$$

$$\tau_2 - \frac{\alpha_1 \eta}{\eta-(1-\alpha_1)} M_1 = \tau_4;$$

(4) 当 $1-\alpha_0 < \eta$ 时，

$$M_5 < M_2, \quad \tau_3 + \frac{(1-\alpha_1)(1-\eta)}{\eta-(1-\alpha_1)} M_5 < \tau_1, \quad \tau_3 < \tau_5 < \tau_2,$$

$$\frac{\alpha_1 \eta}{\eta-(1-\alpha_1)} M_2 + \tau_4 < \tau_2, \quad \frac{\alpha_1 \eta}{\eta-(1-\alpha_1)} M_2 + \tau_4 < \tau_5。$$

这些性质保证了图 5.7 中无差异曲线的位置。

(1) 当 $0 < \eta < 1$ 时，

$$\tau_1 - M_5 = \alpha_1 p - \frac{\alpha_1(1-\alpha_0)\beta f}{\alpha_0} - (1-\alpha_1)(1-\beta)f$$
$$> \frac{\alpha_1(1-\alpha_0)(1-\beta)f}{\alpha_0} - (1-\alpha_1)(1-\beta)f$$
$$= \frac{(\alpha_1-\alpha_0)(1-\beta)f}{\alpha_0} > 0。$$

$$\tau_2 + M_5 - \tau_1 = -(\alpha_1-\alpha_0)p - (\alpha_1-\alpha_0)\beta f + \frac{(\alpha_1-\alpha_0)\beta f}{\alpha_0} - (\alpha_1-\alpha_0)(1-\beta)f$$
$$< (\alpha_1-\alpha_0)\beta f - (\alpha_1-\alpha_0)\beta f - (\alpha_1-\alpha_0)(1-\beta)f < 0。$$

$$\tau_1 - \tau_2 = (\alpha_1-\alpha_0)p + (\alpha_1-\alpha_0)\beta f > 0。$$

$$\tau_1 - \tau_3 = \alpha_1 p - \frac{\alpha_1(1-\alpha_1)\beta f}{\eta-(1-\alpha_1)} - (1-\alpha_1)(1-\beta)f > 0。$$

(2) 当 $1-\alpha_1 < \eta \leqslant \min\{\eta_1, 1-\alpha_0\}$ 时，

将 M_1 对 η 求一阶导数得：

$$\frac{\partial M_1}{\partial \eta} = \frac{(1-\alpha_1)(1-\eta)}{(\alpha_1\eta)^2}\left[\alpha_1 p - \frac{\alpha_1(1-\alpha_1)\beta f}{\eta-(1-\alpha_1)} - (1-\alpha_1)(1-\beta)f\right] + \frac{\eta-(1-\alpha_1)}{\eta}\frac{(1-\alpha_1)[\eta-(1-\alpha_1)]\beta f}{[\eta-(1-\alpha_1)]^2} > 0。$$

可见，M_1 是 η 的增函数。当 $\eta \to 1-\alpha_1$，$\lim\limits_{\eta\to 1-\alpha_1} M_1 = -\beta f$。根据假设可知，当 $\eta = \eta_1$ 时，

$$M_1 = \frac{\eta_1-(1-\alpha_1)}{\alpha_1\ \eta_1}\left[\alpha_1 p - \frac{\alpha_1(1-\alpha_1)\beta f}{\eta_1-(1-\alpha_1)} - (1-\alpha_1)(1-\beta)f\right] = M_5。$$

因此，若 $1-\alpha_1 < \eta \leqslant \min\{\eta_1, 1-\alpha_0\}$，根据单调性可得 $M_1 \leqslant M_5$。若 $\eta_1 < \eta \leqslant 1-\alpha_0$，有 $M_5 < M_1$。

$$\tau_1 - M_1 - \tau_3 - \frac{(1-\alpha_1)(1-\eta)}{\eta-(1-\alpha_1)}M_1$$
$$= \alpha_1 p - (1-\alpha_1)f - \left[\alpha_1 p - \frac{\alpha_1(1-\alpha_1)\beta f}{\eta_1-(1-\alpha_1)} - (1-\alpha_1)(1-\beta)f\right] - \frac{(1-\alpha_1)(1-\eta)\beta f}{\eta-(1-\alpha_1)}$$
$$= -(1-\alpha_1)f + (1-\alpha_1)\beta f + (1-\alpha_1)(1-\beta)f = 0。$$

(3) 当 $\eta_1 < \eta \leqslant 1-\alpha_0$ 时，

$$\tau_3 + \frac{(1-\alpha_1)(1-\eta)}{\eta-(1-\alpha_1)}M_5 - \tau_1 + M_5$$

$$= \frac{\alpha_1 \eta}{\eta-(1-\alpha_1)}M_5 + \frac{\alpha_1(1-\alpha_1)\beta f}{\eta-(1-\alpha_1)} - \alpha_1 p + (1-\alpha_1)(1-\beta)f$$

$$= -\frac{\alpha_1 \eta}{\eta-(1-\alpha_1)}(M_1 - M_5)。$$

当 $\eta_1 < \eta \leqslant 1-\alpha_0$，有 $M_5 < M_1$。因此，

$$\tau_3 + \frac{(1-\alpha_1)(1-\eta)}{\eta-(1-\alpha_1)}M_5 < \tau_1 - M_5。$$

$$\tau_2 - \frac{\alpha_1 \eta}{\eta-(1-\alpha_1)}M_1 - \tau_4 = \alpha_1 p - (1-\alpha_1)(1-\beta)f$$

$$-\frac{\alpha_1 \eta}{\eta-(1-\alpha_1)}M_1 - \frac{\alpha_1(1-\alpha_1)\beta f}{\eta-(1-\alpha_1)} = 0。$$

(4) 当 $1-\alpha_0 < \eta$ 时，

$$M_2 - M_5 = \frac{(\alpha_1-\alpha_0)(1-\eta)\beta f}{\alpha_0[\eta-(1-\alpha_1)]} > 0。$$

$$\tau_2 - \tau_5 = \alpha_0\left[p - \frac{(1-\alpha_0)\beta f}{\eta-(1-\alpha_0)}\right] - (1-\alpha_0)(1-\beta)f > 0。$$

$$\tau_5 - \tau_3 = \frac{(\alpha_1-\alpha_0)\eta(1-\eta)\beta f}{[\eta-(1-\alpha_0)][\eta-(1-\alpha_1)]} > 0。$$

$$\tau_2 - \frac{\alpha_1 \eta}{\eta-(1-\alpha_1)}M_2 - \tau_4 = \alpha_1 p - \frac{\alpha_1(1-\alpha_0)\beta f}{\eta-(1-\alpha_0)} - (1-\alpha_1)(1-\beta)f$$

$$> \alpha_0 p - \frac{\alpha_0(1-\alpha_0)\beta f}{\eta-(1-\alpha_0)} - (1-\alpha_0)(1-\beta)f > 0。$$

$$\tau_5 - \frac{\alpha_1 \eta}{\eta-(1-\alpha_1)}M_2 - \tau_4$$

$$= (\alpha_1-\alpha_0)p - \frac{(\alpha_1-\alpha_0)(1-\alpha_0)\beta f}{\eta-(1-\alpha_0)} + (\alpha_1-\alpha_0)(1-\beta)f$$

$$= (\alpha_1-\alpha_0)\left[p - \frac{(1-\alpha_0)\beta f}{\eta-(1-\alpha_0)}\right] + (\alpha_1-\alpha_0)(1-\beta)f > 0。$$

之后，将商业保险策略与无策略下的期望利润进行比较找出占优策略。

(1) 当 $1-\alpha_1 < \eta \leqslant 1-\alpha_0$ 且 $M_1 \leqslant M_5$ 时，如果 $M \leqslant M_1$，可得

$$E[\pi_m(w_5, L_1 \mid \alpha_1)] - E[\pi_m(w_1 \mid \alpha_1)] = \frac{(1-\alpha_1)(1-\eta)}{\eta-(1-\alpha_1)}(M+\beta f) - \tau。$$

因此，只有 $\tau - \frac{(1-\alpha_1)(1-\eta)}{\eta-(1-\alpha_1)}M < \tau_3$，占优策略为 (w_5, L_1, α_1)。否则，占优策略为 (w_1, α_0)。

设函数 $h(M, \tau) = \tau - \frac{(1-\alpha_1)(1-\eta)}{\eta-(1-\alpha_1)}M = \tau_3$。当 $M=0$ 时，$h(0, \tau) = \tau_3 \Rightarrow \tau = \tau_3$。当 $M = M_1$ 时，$h(M_1, \tau) = \tau_3 \Rightarrow \tau = \frac{(1-\alpha_1)(1-\eta)}{\eta-(1-\alpha_1)}(M_1 + \beta f)$。当 $M_1 < M \leqslant M_5$ 时，若 $M + \tau < \tau_1$，占优策略为 (w_5, L_1, α_1)。否则无交易。当 $M_5 < M$ 且 $\tau \leqslant \tau_2$，占优策略为 (w_6, L_2, α_0)。

$1-\alpha_1 < \eta \leqslant 1-\alpha_0$ 且 $M_5 \leqslant M_1$ 时，如果 $M \leqslant M_5$，

$$\begin{aligned} &E[\pi_m(w_5, L_1 \mid \alpha_1)] - E[\pi_m(w_1 \mid \alpha_1)] \\ &= \frac{(1-\alpha_1)(1-\eta)}{\eta-(1-\alpha_1)}(M+\beta f) - \tau。\end{aligned}$$

因此，只有 $\tau - \frac{(1-\alpha_1)(1-\eta)}{\eta-(1-\alpha_1)}M < \tau_3$，占优策略为 (w_5, L_1, α_1)。否则，占优策略为 (w_1, α_0)。当 $M = M_5$ 时，

$$h(M_5, \tau) = \tau_3 \Rightarrow \tau = \frac{(1-\alpha_1)(1-\eta)}{\eta-(1-\alpha_1)}(M_5 + \beta f)。$$

如果 $M_5 \leqslant M \leqslant M_1$，可得

$$E[\pi_m(w_6, L_2 \mid \alpha_0)] - E[\pi_m(w_1 \mid \alpha_1)] = \tau_4 + \frac{\alpha_1 \eta}{\eta-(1-\alpha_1)}M - \tau。$$

因此，只有 $\tau - \frac{\alpha_1 \eta}{\eta-(1-\alpha_1)}M < \tau_4$，占优策略为 (w_6, L_2, α_0)。否则，占优策略为 (w_1, α_0)。

如果 $M_1 < M$，若 $\tau \leqslant \tau_2$，占优策略为 (w_1, α_0)。否则无交易

(2) $1-\alpha_0 < \eta$，若 $M \leqslant M_5$，只有 $\tau - \frac{(1-\alpha_1)(1-\eta)}{\eta-(1-\alpha_1)}M < \tau_3$，占优策略为 (w_5, L_1, α_1)。否则，占优策略为 (w_1, α_0)。若 $M_5 \leqslant M \leqslant M_2$，只有 $\tau - \frac{\alpha_1 \eta}{\eta-(1-\alpha_1)}M < \tau_4$，占优策略为 (w_6, L_2, α_0)。否则，占优策略为 $(w_1,$

α_0)。若 $M_2 < M$, $E[\pi_m(w_6, L_2 \mid \alpha_0)] - E[\pi_m(w_2 \mid \alpha_0)] = \tau_5 - \tau$。只有 $\tau \geqslant \tau_7$，占优策略为 (w_2, α_0)。否则，占优策略为 (w_6, L_2, α_0)。

证毕!

11. 推论 5.11 和 5.12 的证明。

证明: 首先证明如下性质:

(1) 一定存在唯一 $\eta_2 \in (1-\alpha_1, 1)$ 满足:

$$\frac{\alpha_1 \eta_2}{\eta_2 - (1-\alpha_1)} M_5 + \tau_2 = N_1(\eta_2)。$$

(2) 一定存在唯一 $\eta' \in (1-\alpha_1, 1)$ 满足:

$$\frac{\alpha_1 \eta'}{\eta' - (1-\alpha_1)} M_5 + (\tau_1 - M_5) = N_1(\eta')。$$

(3) $\eta_2 < \eta'$。

(4) 一定存在唯一 $\eta_3 \in (1-\alpha_0, 1)$ 满足: $N_2(\eta_3) = \tau_2$。

(5) 一定存在唯一 $\eta_4 \in (1-\alpha_0, 1)$ 满足: $M_4(\eta_4) = M_5$。

(6) $\eta_3 < \eta_4$。

(7) $\eta_2 < \eta_3$。

(8) 当 $M_5 < M \leqslant M_4$，一定存在唯一 $\eta^* \in (\eta_2, \eta_3)$ 满足:

$$E[\pi_m(w_6, L_2, \alpha_0)] = E[\pi_m(w_3, \gamma, \alpha_1)]。$$

(9) 给定任意 $\eta \in (1-\alpha_1, 1)$，令 M_6 满足:

$$\frac{\alpha_1 \eta}{\eta - (1-\alpha_1)} M_6 + (\tau_1 - M_6) = N_1(\eta),$$

若 $\eta < \eta'$，则 $M_6 < M_5$，若 $\eta > \eta'$，则 $M_6 > M_5$。

(10) 令 N_6 满足: $\frac{\alpha_1 \eta}{\eta - (1-\alpha_1)} M_5 + N_6 = N_1(\eta)$，若 $\eta < \eta_2$，则 $N_6 < \tau_2$。若 $\eta > \eta_2$，则 $N_6 > \tau_2$。

(11) 当 $\eta_2 < \eta$ 时，$N_1(\eta) - \tau_2 - \frac{\alpha_1 \eta}{\eta - (1-\alpha_1)} M_5 > 0$。

(12) 给定任意 $\eta_2 < \eta$，存在 M_7 满足 $\frac{\alpha_1 \eta}{\eta - (1-\alpha_1)} M_7 + \tau_2 = N_1(\eta)$ 且 $M_5 < M_7$。

(13) 给定任意 $\eta \in (1-\alpha_0, 1)$，$\tau_1 > N_2(\eta)$。这些性质保证了图 5.9 和

5.10 中无差异曲线的位置。

(1) 定义 $g_1(\eta)=\frac{\alpha_1\eta}{\eta-(1-\alpha_1)}M_5-N_1(\eta)$。将 $g_1(\eta)$ 对 η 求一阶导数可得：

$$\frac{\partial g_1(\eta)}{\partial\eta}=-\frac{\alpha_1(1-\alpha_1)}{[\eta-(1-\alpha_1)]^2}M_5-\frac{\alpha_1(1-\alpha_1)(1-\gamma)\beta f}{[\eta-(1-\alpha_1)]^2}<0。$$

可见，$g_1(\eta)$ 是 η 的单调减函数。求当 $\eta\to 1-\alpha_1$，则 $\lim\limits_{\eta\to 1-\alpha_1}g_1(\eta)=+\infty$。当 $\eta=1$，$g_1(1)=M_5-\alpha_1 p+(1-\alpha_1)(1-\gamma)f<M_5-\alpha_1 p+(1-\alpha_1)f=M_5-\tau_1<-\tau_2$。由连续性和单调性可知，一定存在唯一 $\eta_2\in(1-\alpha_1,1)$ 满足 $g_1(\eta_2)=-\tau_2$，则 $\eta_2>1-\alpha_1$。这时，若 $\eta<\eta_2$，则 $g_1(\eta)>-\tau_2$。若 $\eta>\eta_2$，则 $g_1(\eta)<-\tau_2$。

(2) 定义 $g_2(\eta)=\frac{(1-\alpha_1)(1-\eta)}{\eta-(1-\alpha_1)}M_5-N_1(\eta)$。将 $g_2(\eta)$ 对 η 求一阶导数可得：

$$\frac{\partial g_2(\eta)}{\partial\eta}=-\frac{(1-\alpha_1)[\eta-(1-\alpha_1)]+(1-\alpha_1)(1-\eta)}{[\eta-(1-\alpha_1)]^2}M_5-\frac{\alpha_1(1-\alpha_1)(1-\gamma)\beta f}{[\eta-(1-\alpha_1)]^2}<0。$$

可见，$g_2(\eta)$ 是 η 的单调减函数。求当 $\eta\to 1-\alpha_1$，则 $\lim\limits_{\eta\to 1-\alpha_1}g_2(\eta)=+\infty$。当 $\eta=1$，$g_2(1)=-\alpha_1 p+(1-\alpha_1)(1-\gamma)f<-\tau_1<0$。由连续性和单调性可知，一定存在唯一 $\eta'\in(1-\alpha_1,1)$ 满足 $g_2(\eta')=-\tau_1$。此外，若 $\eta<\eta'$，则 $g_2(\eta)>-\tau_1$。若 $\eta>\eta'$，则 $g_2(\eta)<-\tau_1$。

(3) 由于

$$g_1(\eta_2)=\frac{\alpha_1\eta_2}{\eta_2-(1-\alpha_1)}M_5-N_1(\eta_2)=-\tau_2,$$

$$g_1(\eta')=\frac{\alpha_1\eta'}{\eta'-(1-\alpha_1)}M_5-N_1(\eta')=-\tau_1+M_5,$$

其中，$M_5-\tau_1<-\tau_2$。因此，$g_1(\eta')<g_1(\eta_2)$。又因 $g_1(\eta)$ 是 η 的单调减函数，由此可得，$\eta_2<\eta'$。

(4) 由前文可知，

$$N_2(\eta)=\alpha_0 p-\frac{\alpha_0(1-\alpha_0)(1-\gamma)\beta f}{\eta-(1-\alpha_0)}-(1-\alpha_0)(1-\gamma)(1-\beta)f。$$

将 $N_2(\eta)$ 对 η 求一阶导数可得：

$$\frac{\partial N_2(\eta)}{\partial \eta}=\frac{\alpha_0(1-\alpha_0)(1-\gamma)\beta f}{[\eta-(1-\alpha_0)]^2}>0。$$

可见，$N_2(\eta)$ 是 η 的单调减函数。求当 $\eta\to 1-\alpha_0$，则 $\lim\limits_{\eta\to 1-\alpha_0}N_2(\eta)=-\infty$。当 $\eta=1$，$N_2(1)=\alpha_0 p-(1-\alpha_0)(1-\gamma)f>\tau_2$。由连续性和单调性可知，一定存在唯一 $\eta_3\in(1-\alpha_0,1)$ 满足：$N_2(\eta_3)=\tau_2$ 且 $\eta_3=\dfrac{\alpha_0(1-\gamma)\beta}{\beta+\gamma-\beta\gamma}+(1-\alpha_0)$。这时，若 $\eta<\eta_3$，则 $N_2(\eta)<\tau_2$。若 $\eta>\eta_3$，则 $N_2(\eta)>\tau_2$。

(5) 由前文可知，$M_4(\eta)=\dfrac{(\alpha_1-\alpha_0)(1-\gamma)\beta f}{\eta-(1-\alpha_0)}$。将 $M_4(\eta)$ 对 η 求一阶导数可得：

$$\frac{\partial M_4(\eta)}{\partial \eta}=-\frac{(\alpha_1-\alpha_0)(1-\gamma)\beta f}{[\eta-(1-\alpha_0)]^2}<0。$$

可见，$M_4(\eta)$ 是 η 的单调减函数。求当 $\eta\to 1-\alpha_0$，则 $\lim\limits_{\eta\to 1-\alpha_0}M_4(\eta)=+\infty$。当 $\eta=1$，$M_4(1)=\dfrac{(\alpha_1-\alpha_0)(1-\gamma)\beta f}{\alpha_0}>\dfrac{(\alpha_1-\alpha_0)\beta f}{\alpha_0}=M_5$。由连续性和单调性可知，一定存在唯一 $\eta_4\in(1-\alpha_0,1)$ 满足：$M_4(\eta_4)=M_5$ 且 $\eta_4=1-\alpha_0\gamma$。这时，若 $\eta<\eta_4$，则 $M_4(\eta)>M_5$。若 $\eta>\eta_4$，则 $M_4(\eta)<M_5$。

(6) $\eta_4-\eta_3=\dfrac{\alpha_0\gamma(1-\gamma)(1-\beta)}{\beta+\gamma-\beta\gamma}>0$。

(7) 由前文可知，$\dfrac{\alpha_1\eta_2}{\eta_2-(1-\alpha_1)}M_5+\tau_2-N_1(\eta_2)=0$。此外，由 $\eta_3<\eta_4$ 可知，$M_4(\eta_3)>M_5$。

$$\begin{aligned}\frac{\alpha_1\eta_3}{\eta_3-(1-\alpha_1)}M_5+\tau_2-N_1(\eta_3)&=\frac{\alpha_1\eta_3}{\eta_3-(1-\alpha_1)}M_5+N_2(\eta_3)-N_1(\eta_3)\\&<\frac{\alpha_1\eta_3}{\eta_3-(1-\alpha_1)}M_4(\eta_3)+N_2(\eta_3)-N_1(\eta_3)<0。\end{aligned}$$

因此有，$\dfrac{\alpha_1\eta_3}{\eta_3-(1-\alpha_1)}M_5+\tau_2-N_1(\eta_3)<\dfrac{\alpha_1\eta_2}{\eta_2-(1-\alpha_1)}M_5+\tau_2-N_1(\eta_2)$。由 $g_1(\eta)$ 是 η 的单调减函数可知，$\eta_2<\eta_3$。

(8) $E[\pi_m(w_6, L_2, \alpha_0)]-E[\pi_m(w_3, \gamma, \alpha_1)]=\dfrac{\alpha_1\eta}{\eta-(1-\alpha_1)}M+\tau_2-$

$N_1(\eta)$。定义 $g_3(\eta)=\dfrac{\alpha_1\eta}{\eta-(1-\alpha_1)}M+\tau_2-N_1(\eta)$。将 $g_3(\eta)$ 对 η 求一阶导数可得：

$$\frac{\partial g_3(\eta)}{\partial\eta}=-\frac{\alpha_1(1-\alpha_1)}{[\eta-(1-\alpha_1)]^2}M-\frac{\alpha_1(1-\alpha_1)(1-\gamma)\beta f}{[\eta-(1-\alpha_1)]^2}<0。$$

可见，$g_3(\eta)$ 是 η 的单调减函数。求当 $\eta=\eta_2$，则

$$\begin{aligned}g_3(\eta_2)&=\frac{\alpha_1\eta_2}{\eta_2-(1-\alpha_1)}M+\tau_2-N_1(\eta_2)\\&>\frac{\alpha_1\eta_2}{\eta_2-(1-\alpha_1)}M_5+\tau_2-N_1(\eta_2)=0。\end{aligned}$$

当 $\eta=\eta_3$，

$$\begin{aligned}g_3(\eta_3)&=\frac{\alpha_1\eta_3}{\eta_3-(1-\alpha_1)}M+\tau_2-N_1(\eta_3)\\&<\frac{\alpha_1\eta_3}{\eta_3-(1-\alpha_1)}M_4+\tau_2-N_1(\eta_3)<0。\end{aligned}$$

由连续性和单调性可知，一定存在唯一 $\eta^*\in(\eta_2,\eta_3)$ 满足：$E[\pi_m(w_6,L_2,\alpha_0)]=E[\pi_m(w_3,\gamma,\alpha_1)]$。

这时，若 $\eta<\eta^*$，则 $E[\pi_m(w_6,L_2,\alpha_0)]>E[\pi_m(w_3,\gamma,\alpha_1)]$。若 $\eta>\eta^*$，则 $E[\pi_m(w_6,L_2,\alpha_0)]<E[\pi_m(w_3,\gamma,\alpha_1)]$。

(9) 给定任意 $\eta\in(1-\alpha_1,1)$，若 $\eta<\eta'$，则

$$g_2(\eta)=\frac{(1-\alpha_1)(1-\eta)}{\eta-(1-\alpha_1)}M_5-N_1(\eta)>g_2(\eta')=-\tau_1,$$

即 $$\frac{(1-\alpha_1)(1-\eta)}{\eta-(1-\alpha_1)}M_5+\tau_1>N_1(\eta)=\frac{(1-\alpha_1)(1-\eta)}{\eta-(1-\alpha_1)}M_6+\tau_1。$$

因此，$M_5>M_6$。

若 $\eta>\eta'$，则

$$g_2(\eta)=\frac{(1-\alpha_1)(1-\eta)}{\eta-(1-\alpha_1)}M_5-N_1(\eta)<g_2(\eta')=-\tau_1,$$

即 $$\frac{(1-\alpha_1)(1-\eta)}{\eta-(1-\alpha_1)}M_5+\tau_1<N_1(\eta)=\frac{(1-\alpha_1)(1-\eta)}{\eta-(1-\alpha_1)}M_6+\tau_1。$$

因此，$M_5 < M_6$。

(10) 若 $\eta < \eta_2$，则

$$g_1(\eta) = \frac{\alpha_1 \eta}{\eta - (1-\alpha_1)} M_5 - N_1(\eta) > -\tau_2,$$

即
$$\frac{\alpha_1 \eta}{\eta - (1-\alpha_1)} M_5 + \tau_2 > N_1(\eta) = \frac{\alpha_1 \eta}{\eta - (1-\alpha_1)} M_5 + N_6。$$

因此，$\tau_2 > N_6$。当 $\eta_2 < \eta$，则

$$g_1(\eta) = \frac{\alpha_1 \eta}{\eta - (1-\alpha_1)} M_5 - N_1(\eta) < -\tau_2,$$

即
$$\frac{\alpha_1 \eta}{\eta - (1-\alpha_1)} M_5 + \tau_2 < N_1(\eta) = \frac{\alpha_1 \eta}{\eta - (1-\alpha_1)} M_5 + N_6。$$

因此，$\tau_2 < N_6$。

(11) 当 $\eta_2 < \eta$ 时，

$$N_1(\eta) - \tau_2 - \frac{\alpha_1 \eta}{\eta - (1-\alpha_1)} M_5 > \frac{\alpha_1 \eta}{\eta - (1-\alpha_1)} M_5 + N_6 - \tau_2$$
$$- \frac{\alpha_1 \eta}{\eta - (1-\alpha_1)} M_5 - \tau_2 - \frac{\alpha_1 \eta}{\eta - (1-\alpha_1)} M_5 > 0。$$

(12) 当 $\eta_2 < \eta$，$\frac{\alpha_1 \eta}{\eta - (1-\alpha_1)} M_5 + \tau_2 - N_1(\eta) < 0$。令 M_7 满足

$$\frac{\alpha_1 \eta}{\eta - (1-\alpha_1)} M_7 + \tau_2 = N_1(\eta),$$

则
$$\frac{\alpha_1 \eta}{\eta - (1-\alpha_1)} M_5 < N_1(\eta) - \tau_2 = \frac{\alpha_1 \eta}{\eta - (1-\alpha_1)} M_7。$$

则 $M_5 < M_7$。

(13) 定义 $g_4(\eta) = \tau_1 - N_2(\eta)$。将 $g_4(\eta)$ 对 η 求一阶导可得：

$$\frac{\partial g_4(\eta)}{\partial \eta} = -\frac{\alpha_0(1-\alpha_0)(1-\gamma)\beta f}{[\eta - (1-\alpha_0)]^2} < 0。$$

可见，$g_4(\eta)$ 是 η 的单调减函数。当 $\eta = 1$，$g_4(1) = \alpha_1 p - (1-\alpha_1) f - \alpha_0 p + (1-\alpha_0)(1-\gamma) f > 0$。当 $\eta < 1$，$g_4(\eta) > g_4(1) > 0$。

之后，将保险策略与检测策略下的期望利润进行比较找出占优策略。

(1) 给定任意 $\eta \in (1-\alpha_1, 1)$，若 $M < M_6$，

$$E[\pi_m(w_3, \gamma, \alpha_1)] - E[\pi_m(w_5, L_1, \alpha_1)]$$
$$= N_1(\eta) - \frac{(1-\alpha_1)(1-\eta)}{\eta-(1-\alpha_1)}M - \tau_1$$
$$> N_1(\eta) - \frac{(1-\alpha_1)(1-\eta)}{\eta-(1-\alpha_1)}M_6 - \tau_1 = 0。$$

占优策略为 (w_3, γ, α_1)。若 $M > M_6$，

$$E[\pi_m(w_3, \gamma, \alpha_1)] - E[\pi_m(w_5, L_1, \alpha_1)]$$
$$< N_1(\eta) - \frac{(1-\alpha_1)(1-\eta)}{\eta-(1-\alpha_1)}M_6 - \tau_1 = 0。$$

占优策略为 (w_5, L_1, α_1)。

(2) 给定任意 $\eta < \eta_2$，若 $M_5 < M$，

$$E[\pi_m(w_3, \gamma, \alpha_1)] - E[\pi_m(w_6, L_2, \alpha_0)]$$
$$= N_1(\eta) - \frac{\alpha_1 \eta}{\eta-(1-\alpha_1)}M - \tau_2$$
$$= \frac{\alpha_1 \eta}{\eta-(1-\alpha_1)}M_5 + N_6 - \frac{\alpha_1 \eta}{\eta-(1-\alpha_1)}M - \tau_2$$
$$< \frac{\alpha_1 \eta}{\eta-(1-\alpha_1)}M_5 + N_6 - \frac{\alpha_1 \eta}{\eta-(1-\alpha_1)}M_5 - \tau_2 = N_6 - \tau_2 < 0。$$

因此，占优策略为 (w_6, L_2, α_0)。

(3) 给定任意 $1-\alpha_0 < \eta \leqslant \eta_3$，若 $M_4 < M$，

$$E[\pi_m(w_4, \gamma, \alpha_0)] - E[\pi_m(w_6, L_2, \alpha_0)] = N_2(\eta) - \tau_2 < 0。$$

因此，占优策略为 (w_6, L_2, α_0)。

(4) 给定任意的 $\eta_2 < \eta \leqslant 1-\alpha_0$，若 $M_5 < M \leqslant M_7$，

$$E[\pi_m(w_3, \gamma, \alpha_1)] - E[\pi_m(w_6, L_2, \alpha_0)]$$
$$= N_1(\eta) - \frac{\alpha_1 \eta}{\eta-(1-\alpha_1)}M - \tau_2$$
$$\geqslant N_1(\eta) - \frac{\alpha_1 \eta}{\eta-(1-\alpha_1)}M_7 - \tau_2 = 0。$$

因此，占优策略为 (w_3, γ, α_1)。

若 $M_7 < M$ 且 $\frac{\alpha_1 \eta}{\eta-(1-\alpha_1)}M+N<N_1$，

$$\begin{aligned}&E[\pi_m(w_3, \gamma, \alpha_1)]-E[\pi_m(w_6, L_2, \alpha_0)]\\&=N_1(\eta)-\frac{\alpha_1 \eta}{\eta-(1-\alpha_1)}M-\tau_2\\&<N_1(\eta)-\frac{\alpha_1 \eta}{\eta-(1-\alpha_1)}M_7-\tau_2=0,\end{aligned}$$

占优策略为 (w_6, L_2, α_0)。

(5) 给定任意的 $\max\{\eta_2, 1-\alpha_0\}<\eta \leqslant \eta_3$，如果 $M_5<M_7 \leqslant M_4$，则当 $M_5<M<M_7$ 时，

$$\begin{aligned}&E[\pi_m(w_3, \gamma, \alpha_1)]-E[\pi_m(w_6, L_2, \alpha_0)]\\&=N_1(\eta)-\frac{\alpha_1 \eta}{\eta-(1-\alpha_1)}M-\tau_2\\&\geqslant N_1(\eta)-\frac{\alpha_1 \eta}{\eta-(1-\alpha_1)}M_7-\tau_2=0。\end{aligned}$$

因此，占优策略为 (w_3, γ, α_1)。

当 $M_7<M \leqslant M_4$ 且 $\frac{\alpha_1 \eta}{\eta-(1-\alpha_1)}M+N<N_1$ 时，

$$\begin{aligned}&E[\pi_m(w_3, \gamma, \alpha_1)]-E[\pi_m(w_6, L_2, \alpha_0)]\\&=N_1(\eta)-\frac{\alpha_1 \eta}{\eta-(1-\alpha_1)}M-\tau_2\\&<N_1(\eta)-\frac{\alpha_1 \eta}{\eta-(1-\alpha_1)}M_7-\tau_2=0,\end{aligned}$$

占优策略为 (w_6, L_2, α_0)。

如果 $M_5<M_4 \leqslant M_7$，则当 $M_5<M<M_4$ 时，

$$\begin{aligned}&E[\pi_m(w_3, \gamma, \alpha_1)]-E[\pi_m(w_6, L_2, \alpha_0)]\\&=N_1(\eta)-\frac{\alpha_1 \eta}{\eta-(1-\alpha_1)}M-\tau_2\\&\geqslant N_1(\eta)-\frac{\alpha_1 \eta}{\eta-(1-\alpha_1)}M_7-\tau_2=0。\end{aligned}$$

因此，占优策略为 (w_3, γ, α_1)。

(6) 给定任意的 $\eta_3 < \eta \leqslant \eta_4$，由前文可知，$N_2(\eta) > \tau_2$ 且 $\frac{\alpha_1 \eta}{\eta-(1-\alpha_1)}M_4 + N_2(\eta) < N_1(\eta)$。因此

$$\begin{aligned}\frac{\alpha_1 \eta}{\eta-(1-\alpha_1)}M_4 + \tau_2 &< \frac{\alpha_1 \eta}{\eta-(1-\alpha_1)}M_4 + N_2(\eta) < N_1(\eta) = \tau_2 \\ &= \frac{\alpha_1 \eta}{\eta-(1-\alpha_1)}M_5 + N_6 - \frac{\alpha_1 \eta}{\eta-(1-\alpha_1)}M - \tau_2 \\ &< \frac{\alpha_1 \eta}{\eta-(1-\alpha_1)}M_5 + N_6 - \frac{\alpha_1 \eta}{\eta-(1-\alpha_1)}M_5 - \tau_2 \\ &= N_6 - \tau_2 < 0,\end{aligned}$$

占优策略为 (w_6, L_2, α_0)。

(7) 给定任意的 $\eta_4 < \eta < 1$，由前文可知，$M_4 < M_5$。当 $M_4 < M < M_5$ 时，

$$E[\pi_m(w_4, \gamma, \alpha_0)] - E[\pi_m(w_5, L_1, \alpha_1)] = N_2(\eta) - \tau_1 + M。$$

令 M_8 满足 $M_8 = \tau_1 - N_2(\eta)$。若 $M < M_8$，

$$E[\pi_m(w_4, \gamma, \alpha_0)] < E[\pi_m(w_5, L_1, \alpha_1)]。$$

若 $M > M_8$，

$$E[\pi_m(w_4, \gamma, \alpha_0)] > E[\pi_m(w_5, L_1, \alpha_1)]。$$

当 $M_5 < M$ 时，

$$E[\pi_m(w_4, \gamma, \alpha_0)] - E[\pi_m(w_6, L_2, \alpha_0)] = N_2(\eta) - \tau_2 > 0。$$

因此，占优策略为 (w_4, γ, α_0)。

证毕!